新6カ国語

Travel Phrasebook in 6 Languages

本書の使い方

本書は、基本的なあいさつから、旅行者が頻繁に使う代表的な表現、覚えておきたい緊急時のフレーズまでを紹介しています。シチュエーションごとに会話例をまとめているほか、各章の最後と巻末には旅先でよく目にする単語を中心に集めた辞書が付いています。

6カ国語共通

*日本語に記載された【　】付きの部分は、その場面状況を示しています。フレーズを使うときの参考にしてください。
*フリガナはそれぞれ、現地で自然に聞こえる発音をベースにしながら、日本人が発音しやすい音をカタカナでふりました。特に太字のアクセント部分は、ハッキリと強く発音してください。
*弱く発音する個所には、小さい文字でフリガナをふっています。軽く添える感じで弱く発音してください。
*語尾の子音は、次の語頭の母音とつながって発音されることがあります(中国語、タイ語を除く)。
*日本語にない音が多い場合、カタカナ通り読むだけでは相手に通じにくいこともあります。そんなときは、言いたい日本語に相当する外国語を指さして、相手に示してください。
*(　)内の言葉は、その前の言葉と言い換えることができます。
*〜の部分には、適当な単語を挿入してください。各章の単語集、および巻末の基本辞書をご参照ください。
*左ページの下段には、その内容と関連する部分の参照ページが入っています。
*右ページの下段には、その内容に関する特記事項が記されています。

韓国語

*韓国語の文字「ハングル」は母音と子音を組み合わせて発音しますが、子音の中でも激音と呼ばれる、ㅋ[k]、ㅌ[t]、ㅍ[p]、ㅊ[j/ch]、ㅎ[h]は、激しく息を吐き出すように発音してください。
*韓国語では長母音(アーやイーと伸ばす音)と短母音、濁音と半濁音の区別が明確ではありません。本書では、実際の会話の中で日本人が発音しやすい音を選び統一しています。

中国語(繁体字)

＊台湾で使われる中国語には日本語にない発音があり、文字ごとに4種類の声調があります。
第一声(ā):高く平らにのばし、汽笛の「ポー」のように発音する
第二声(á):しり上がりに「ええっ?」と聞き返すように発音する
第三声(ǎ):低くおさえながら、後半をわずかに上げ、がっかりしたときの「あーあ」のように発音する
第四声(à):上から下へ犬の鳴き声の「ワン」のように発音する
このほか、声調を付けずに軽く言う軽声(本書では(。)の符号)があります。

タイ語

＊タイ語の文章は、本来スペースや句読点、感嘆符などがありません。本書ではフリガナを見やすくするためスペースを入れています。
＊丁寧な表現として、文末につけるカップとカがあります。カップは男性、カは女性が用います。
＊タイ語には5種類の声調があります。声調とは音節の中での高低差のことで、この違いによって意味も変わってきます。本書ではカタカナの発音の上に、下記記号で示しています。
①平音(無記号):普段の自分の声で平らに発音する
②低音(à):平音よりも一段低いところで平らに発音する
③下声(â):高いところから下がりながら発音する
④高声(á):高いところからさらに少し上がるように発音する
⑤上声(ǎ):低いところから上がりながら発音する

スペイン語

＊スペイン語には性別があり、話し手また話の対象となる名詞の性別によって、語尾が変化します。単語の後ろの(m)は男性形、(f)は女性形、(pl)は複数形を示しています。語尾が変化する場合もあります。

新
6ヵ国語
Travel Phrasebook in 6 Languages
会話

あいさつ
質問
要望を伝える
数

日本語 Japanese	英語 English	韓国語 한국어
あいさつ Aisatsu	**Greetings** グリーティングス	**인사** インサ
おはようございます Ohayō gozaimasu	Good morning グッ モーニン	안녕하세요? アンニョンハセヨ
こんにちは Konnichiwa	Hello / Good Afternoon. ヘロゥ / グッ アーフタヌーン	안녕하세요? アンニョンハセヨ
こんばんは Konbanwa	Good evening. グッ イーヴニン	안녕하세요? アンニョンハセヨ
さようなら Sayonara	Good bye. グッ バイ	안녕히 가세요. / 안녕히 계세요. アンニョンイ カセヨ / アンニョンイ ケセヨ
ありがとう Arigatō	Thank you. サンキュー	감사합니다. カムサハムニダ
どうぞ（お願いします） Dōzo	Please. プリーズ	부탁합니다. プタッカムニダ
どういたしまして Dōitashimashite	You're welcome. ユァ ウェルカム	천만에요. チョンマネヨ
すみません Sumimasen	Excuse me. エクスキューズ ミー	실례합니다. シルレハムニダ
ごめんなさい Gomennasai	I'm sorry. アイム ソーリー	죄송합니다. チェソンハムニダ
大丈夫 ですよ Daijōbu desuyo	It's OK. イッツ オゥケー	괜찮아요. クェンチャナヨ

中国語 中文	タイ語 ไทย	スペイン語 Español
打招呼 ダーザオフー	**ทักทาย** タックターイ	**Saludos** サルードス
早安 ザオアン	สวัสดีครับ (ค่ะ) サウッディーカップ(カ)	Buenos días ブエノス ディアス
午安 / 你好 ウーアン / ニーハオ	สวัสดีครับ (ค่ะ) サウッディーカップ(カ)	Hola / Buenas tardes オラ / ブエナス タルデス
晚安 ワンアン	สวัสดีครับ (ค่ะ) サウッディーカップ(カ)	Buenas noches ブエナス ノチェス
再見 ザイジェン	สวัสดีครับ (ค่ะ) サウッディーカップ(カ)	Adiós アディオス
謝謝 シエシエ	ขอบคุณครับ (ค่ะ) コーブクンカップ(カ)	Gracias グラシアス
請 チン	เชิญครับ (ค่ะ) シューンカップ(カ)	Por favor ポル ファボル
不客氣 ブークーチー	ไม่เป็นไรครับ (ค่ะ) マイペンライカップ(カ)	De nada デ ナダ
不好意思 ブーハオイース	ขอโทษครับ (ค่ะ) コートーッカップ(カ)	Perdón ペルドン
對不起 ドゥイブチー	ขอโทษครับ (ค่ะ) コートーッカップ(カ)	Lo siento. ロ シエント
沒關係 / 沒問題 メイグアンシー / メイウェンティー	ไม่เป็นไรครับ (ค่ะ) マイペンライカップ(カ)	Está bien. エスタ ビエン

タイ語の文末につくカップは男性、カは女性が用いる。

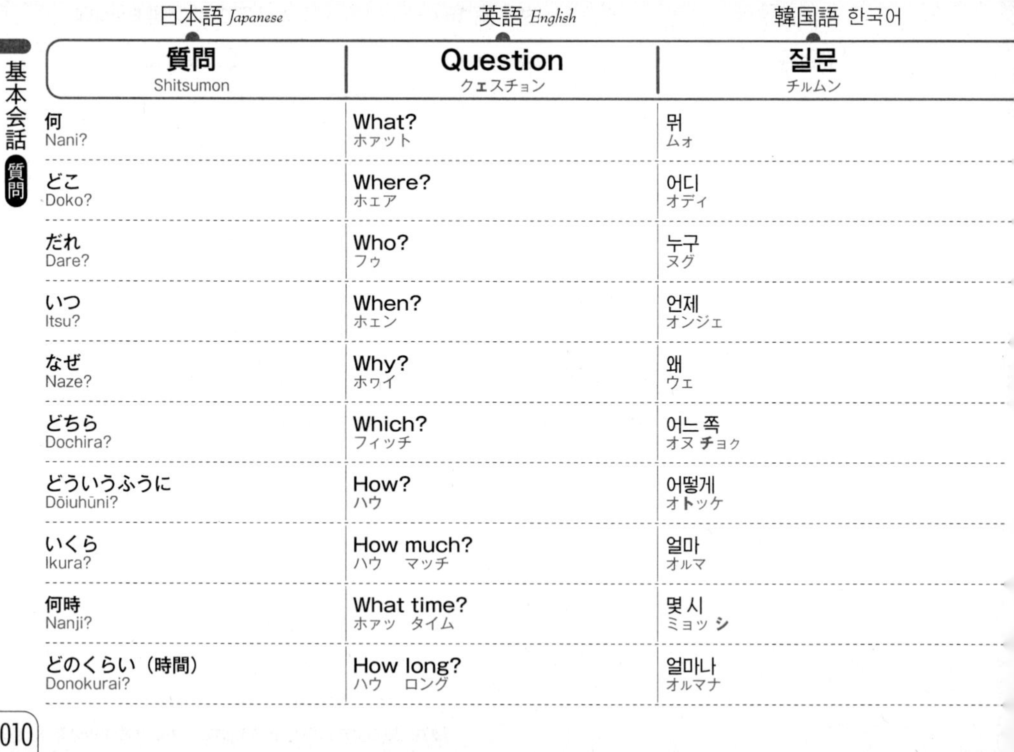

日本語 Japanese	英語 English	韓国語 한국어
質問 Shitsumon	**Question** クエスチョン	**질문** チルムン
何 Nani?	What? ホァット	뭐 ムォ
どこ Doko?	Where? ホェア	어디 オディ
だれ Dare?	Who? フゥ	누구 ヌグ
いつ Itsu?	When? ホェン	언제 オンジェ
なぜ Naze?	Why? ホワイ	왜 ウェ
どちら Dochira?	Which? フィッチ	어느 쪽 オヌ **チ**ョク
どういうふうに Dōiuhūni?	How? ハウ	어떻게 オ**ト**ッケ
いくら Ikura?	How much? ハウ　マッチ	얼마 オルマ
何時 Nanji?	What time? ホァッ　タイム	몇 시 ミョッ **シ**
どのくらい（時間） Donokurai?	How long? ハウ　ロング	얼마나 オルマナ

中国語 中文	タイ語 ไทย	スペイン語 Español
提問 ティーウェン	**คำถาม** カムターム	**Pregunta** プレグンタ
什麼? センマ	อะไร アライ	¿ Qué ? ケ
哪裡? ナーリー	ที่ไหน ティーナイ	¿ Dónde ? ドンデ
誰? セイ	ใคร クライ	¿ Quién ? キエン
什麼時候? センマシーホウ	เมื่อไหร่ ムアーライ	¿ Cuándo ? クアンド
為什麼? ウェイセンマ	ทำไม タッマイ	¿ Por qué ? ポル ケ
哪個? ナーガ	อันไหน アンナイ	¿ Cuál ? クアル
怎麼樣的? ゼンマヤンダ	อย่างไร ヤーンライ	¿ Cómo ? コモ
多少錢? ドゥオサオチエン	เท่าไหร่ タオライ	¿ Cuánto ? クアント
幾點? ジーディエン	กี่โมง ギーモーン	¿ Qué hora ? ケ オラ
多久? ドゥオジョウ	นานแค่ไหน ナーンケーナイ	¿ Cuánto tiempo ? クアント ティエンポ

日本語 Japanese	英語 English	韓国語 한국어
要望 Yōbō	**Request** リクエスト	**요청** ヨチョン
～は ありますか？ ～ wa arimasu ka?	Do you have ～？ ドゥ ユー ハヴ	～는 있어요? ヌン イッソヨ
～しても いいですか？ ～ shitemo īdesu ka?	May I ～？ メイ アイ	～해도 돼요? ヘド トェヨ
～したいの ですが ～ shitai no desuga	I want to ～. アイ ウォントゥ	～고 싶은데요. コ シプンデヨ
～が 欲しいの ですが ～ ga hoshī no desuga	I need ～. アイ ニードゥ	～가 필요한데요. ガ ピリョハンデヨ
もう一度 言ってください Mō ichido itte kudasai	Pardon? パードン	다시 한번 부탁해요. タシ ハンボン プタッケヨ
～して いただけますか？ ～ shite itadake masuka?	Could you ～？ クジュ	～해 주시겠어요? ヘ ジュシゲッソヨ
～を お願いします ～ o onegai shimasu	～, please. プリーズ	～를 부탁합니다. ルル プタッカムニダ
ちょっと待って Chotto matte	One moment. ワン モーメン	잠깐만요. チャムカンマンニョ
急いで Isoide	Hurry up. ハリー アップ	서둘러요. ソドゥルロヨ
やめて Yamete	Stop it ! ストピッ	그만하세요! クマナセヨ

要求 ヤオチュー	ขอร้อง コーローン	Solicitar ソリシタール
有～嗎? ヨウ～マ?	มี～ไหม ミー～マイ	¿ Tiene ～ ? ティエネ
可以 做 ～ 嗎? クーイー ズオ ～ マ?	ขอ～ได้ไหม コー～ダイマイ	¿ Puedo ～ ? プエド
想要 做 ～ 可以 嗎? シャン ヤオ ズオ ～ クーイー マ?	ฉันต้องการ～ シャントンガーン～	Quiero ～ キエロ
想要 ～ シャンヤオ ～	อยากได้ ヤークダイ～	Necesito ～ ネセシト
請 再 說 一次 チン ザイ スオー イーツ	กรุณาพูดอีกครั้ง ガルナープーッ イーックラン	¿ Cómo ? コモ
請 幫 我 做 ～ チン バン ウォー ズオ ～	ช่วย～ได้ไหม シュアイ～ダイマイ	¿ Podría ～ ? ポドリア
請 給 我 ～ チン ゲイ ウォー ～	ช่วย～หน่อยได้ไหม シュアイ～ノイダイマイ	～ , por favor. ポル ファボル
請 等 一下 チン ダン イーシア	รอสักครู่ ローサックルー	Un momento. ウン モメント
快一點 クァイイーディエン	รีบหน่อย リーブノイ	Rápido. ラピド
不要! ブーヤオ!	หยุด ユッ	Déjame. デハメ

日本語 *Japanese*	英語 *English*	韓国語 한국어
数字 suji	**Numbers** ナンバーズ	**숫자** スッチャ
1 / 2 / 3 / 4 / 5 ichi / ni / san / shi /go	one / two /three / four / five ワン / トゥー / スリー / フォー / ファイヴ	일 / 이 / 삼 / 사 / 오 イルイ サム サ / オ
6 / 7 / 8 / 9 / 10 roku / shichi / hachi /kyū /jū	six / seven /eight / nine / ten スィックス / セヴン / エイトゥ / ナイン / テン	육 / 칠 / 팔 / 구 / 십 ユク チル パル ク シプ
11 / 12 / 13 / 14 / 15 juuichi / juuni / juusan / juushi / juugo	eleven /twelve / thirteen / fourteen /fifteen イレヴン / トゥウェルヴ / サーティーン / フォーティーン / フィフティーン	십일 / 십이 / 십삼 / 십사 / 십오 シビル ジビ シプサム シプサ シボ
16 / 17 / 18 / 19 / 20 jūroku / jūshichi / jūhachi / jūku /nijū	sixteen / seventeen / eighteen /nineteen /twenty スィックスティーン / セヴンティーン / エイティーン / ナインティーン / トゥウェンティ	십육 / 십칠 / 십팔 / 십구 / 이십 シムニュク シプチル シプパル シプク イシプ
0 / 100 / 1000 / 10000 zero (rei) / hyaku / sen / man	zero / hundred / thousand / ten thousand ゼロ / ハンドレッ / サウザン / テンサウザン	공 / 백 / 천 / 만 コン ペク チョン マン
月曜日／ 火曜日／水曜日 getsuyōbi / kayōbi / suiyōbi	Monday / Tuesday / Wednesday マンデイ / チューズデイ / ウェンズデイ	월요일 / 화요일 / 수요일 ウォリョイル ファヨイル スヨイル
木曜日／ 金曜日 mokuyōbi / kinyōbi	Thursday / Friday サーズデイ / フライデイ	목요일 / 금요일 モギョイル クミョイル
土曜日／日曜日 doyōbi / nichiyōbi	Saturday / Sunday サタデイ / サンデイ	토요일 / 일요일 トヨイル イリョイル
平日／ 休日 heijitsu / kyūjitsu	weekday / weekend ウィークデイ / ウィーケンドゥ	평일 / 휴일 ピョンイル ヒュイル
祝祭日 shukusaijitsu	holiday ホリデイ	경축일 キョンチュギル

中国語 中文	タイ語 ไทย	スペイン語 Español
数字 スーズー	**ตัวเลข** トゥーアレーク	**Números** ヌメロス
一（壹）/二（貳）/三（參）/四（肆）/五（伍） イー/アー/サン/スー/ウー	หนึ่ง/สอง/สาม/สี่/ห้า ヌン/ソーン/サーム/シー/ハー	un / dos / tres / cuatro / cinco ウン/ドス/トレス/クアトロ/シンコ
六（陸）/七（柒）/八（捌）/九（玖）/十（拾） リョウ/チー/バー/ジョウ/シー	หก/เจ็ด/แปด/เก้า/สิบ ホック/チェッ/ペーッ/ガオ/シップ	seis / siete /ocho / nueve / diez セイス／シエテ／オチョ／ヌエベ／ディエス
十一/十二/十三/十四/十五 シーイー/シーアー/シーサン/シースー/シーウー	สิบเอ็ด/สิบสอง/สิบสาม/สิบสี่/สิบห้า シップエッ/シップソーン/シップサーム/シップシー/シップハー	once / doce / trece / catorce /quince オンセ／ドセ／トレセ／カトルセ／キンセ
十六/十七/十八/十九/二十 シーリョウ/シーチー/シーバー/シージョウ/アーシー	สิบหก/สิบเจ็ด/สิบแปด/สิบเก้า/ยี่สิบ シップホック/シップチェッ/シップペーッ/シップガオ/イーシップ	dieciséis / diecisiete / dieciocho /diecinueve /veinte ディエシセイス/ディエシシエテ/ディエシオチョ/ディエシヌエベ/ベインテ
零/一百/一千/一萬 リン/イーバイ/イーチェン/イーウン	ศูนย์/หนึ่งร้อย/หนึ่งพัน/หนึ่งหมื่น スーン/ヌンロイ/ヌンパン/ヌンムーン	zero / cien / mil / diez mil セロ / シエン / ミル / ディエス ミル
星期一/星期二/星期三 シンチーイー/シンチーアー/シンチーサン	วันจันทร์/วันอังคาร/วันพุธ ワンチャン/ワンアンカーン/ワンプッ	Lunes/Martes / Miércoles ルネス マルテス ミエルコレス
星期四/星期五 シンチースー/シンチーウー	วันพฤหัสบดี/วันศุกร์ ワンパルハッサボディー／ワンスック	Jueves / Viernes フエベス ビエルネス
星期六/星期日 シンチーリョウ/シンチーリー	วันเสาร์/วันอาทิตย์ ワンサオ/ワンアーティッ	Sábado / Domingo サバド ドミンゴ
平日/休假日 ピンリー/ショウジャーリー	วันธรรมดา /วันหยุด ワンタッマダー/ワンユッ	Días laborables / Fin de semana ディアス ラボラブレス フィン デ セマナ
國定假日 グオディンジャーリー	วันหยุดนักขัตฤกษ์ ワンユッナッカッタルーク	Festivos フェスティボス

基本会話 数

日本語 Japanese	英語 English	韓国語 한국어	中国語 中文	タイ語 ไทย	スペイン語 Español
1月 ichigatsu	January ジャニュアリー	1월 イロル	一月 イーユエ	มกราคม マガラーコム	Enero エネロ
2月 nigatsu	February フェブラリー	2월 イウォル	二月 アーユエ	กุมภาพันธ์ グンパーパン	Febrero フェブレロ
3月 sangatsu	March マーチ	3월 サムォル	三月 サンユエ	มีนาคม ミーナーコム	Marzo マルソ
4月 shigatsu	April エイプリル	4월 サウォル	四月 スーユエ	เมษายน メーサーヨン	Abril アブリル
5月 gogatsu	May メイ	5월 オウォル	五月 ウーユエ	พฤษภาคม プルサパーコム	Mayo マジョ
6月 rokugatsu	June ジューン	6월 ユウォル	六月 リョウユエ	มิถุนายน ミトゥナーヨン	Junio フニオ
7月 shichigatsu	July ジュライ	7월 チロル	七月 チーユエ	กรกฎาคม ガラガダーコム	Julio フリオ
8月 hachigatsu	August オーガストゥ	8월 パロル	八月 バーユエ	สิงหาคม シンハーコム	Agosto アゴスト
9月 kugatsu	September セプテンバー	9월 クウォル	九月 ジョウユエ	กันยายน ガンヤーヨン	Septiembre セプティエンブレ
10月 jūgatsu	October オクトウバー	10월 シウォル	十月 シーユエ	ตุลาคม トゥラーコム	Octubre オクトゥブレ
11月 jūichigatsu	November ノウヴェンバー	11월 シビロル	十一月 シーイーユエ	พฤศจิกายน プルサチガーヨン	Noviembre ノビエンブレ
12月 jūnigatsu	December ディセンバー	12월 シビウォル	十二月 シーアーユエ	ธันวาคม タンワーコム	Diciembre ディシエンブレ

現地到着

日本語 *Japanese*	英語 *English*	韓国語 한국어
機内 Kinai	**In-flight** インフライト	**기내에서** キネエソ
この 座席 は どの あたりです か？ Kono zaseki wa dono atari desu ka	Where is this seat? ホェア イズ ディス シート	이 자리는 어디쯤에 있습니까? イー ジャリヌン オディチュメ イッスムニカ
ここ は 私 の 席 だと 思います が Koko wa watashi no seki dato omoimasu ga	I think this is my seat. アイ シンク ディスィズ マイ シート	여기는 제 자리인 것 같은데요. ヨギヌン チェ ジャリイン ゴッ カトゥンデヨ
シートを倒しても いいですか？ Shīto o taoshitemo īdesu ka	May I recline my seat? メアイ リクライン マイ シート	의자를 뒤로 눕혀도 될까요? ウィジャルル トゥイロ ヌピョド トェルカヨ
毛布をもらえます か？ Mōfu o morae masu ka	May I have a blanket? メアイ ハヴァ ブランケット	담요 좀 주시겠어요? タムニョ ジョム チュシゲッソヨ
水(ビール) をお願いします Mizu (bīru) o onegai shimasu	Water (Beer), please. ウォーター（ビア） プリーズ	물 (맥주) 을 주세요. ムル（メクチュ）ウル チュセヨ
牛肉 （鶏肉）をお願いします Gyūniku (toriniku) o onegai shimasu	Beaf (Chicken) , please. ビーフ（チキン） プリーズ	소고기 (닭고기) 로 주세요. ソゴギ（タッコギ）ロ チュセヨ
トイレは どこ です か？ Toire wa doko desu ka	Where is the restroom? ホェア イザ レストルーム	화장실은 어디예요? ファジャンシルン オディエヨ

中国語 中文	タイ語 ไทย	スペイン語 Español
在 飛機上 ザイ フェイジー サン	**ในเครื่องบิน** ナイクルアンビン	**A bordo** ア ボルド
這個 座位 靠 哪邊? ジェガ ズオ ウェイ カオ ナービェン?	ที่นั่งนี้อยู่ตรงไหน ティーナンニーユートロンナイ	¿ Dónde es éste asiento ? ドンデ エス エステ アシエント
我 想 這裡 是 ウォー シャン ジャーリー シー 我 的 位子 ウォーダ ウェイズ	ฉันคิดว่านี่เป็นที่นั่งของฉัน シャンキッワー ニーペンティーナンコンシャン	Creo que es mi asiento. クレオ ケ エス ミ アシエント
我 的 座椅 可以 ウォー ダ ズオイー クーイー 往 後 嗎? ワン ホウ マ?	ขอปรับเอนพนักพิงได้ไหม コープラップエーン パナッピンダイマイ	¿ Le importa que incline レ インポルタ ケ インクリネ el respaldo? エル レスパルド
可以 給 我 クーイー ゲイ ウォー 毛毯 嗎? マオタン マ?	ขอผ้าห่มได้ไหม コーパホムダイマイ	¿ Podría traerme una manta ? ポドリア トラエルメ ウナ マンタ
請 給 我 水 (啤酒) チン ゲイ ウォー シュイ(ピージュウ)	ขอน้ำ (เบียร์) ได้ไหม コーナーム（ビアー）ダイマイ	Agua (Cerveza) , por favor. アグア（セルベサ） ポル ファボル
請 給 我 牛肉 (雞肉) チン ゲイ ウォー ニュウロウ(ジーロウ)	ขอเป็นเนื้อไก่ (เนื้อหมู) コーペンヌアガイ（ヌアムー）	Ternera (Pollo) , por favor. テルネラ（ポジョ） ポル ファボル
洗手間 在 哪裡? シーソウジィエン ザイ ナーリー?	ห้องน้ำอยู่ที่ไหน ホンナームユーティーナイ	¿ Dónde está el baño ? ドンデ エスタ エル バニョ

LCCでは、機内食や飲み物は有料。機内への持ち込みにも制限がある。

日本語 Japanese	英語 English	韓国語 한국어
機内 Kinai	**In-flight** インフライト	**기내에서** キネエソ
入国書類 をください Nyūkokushorui o kudasai	May I have an メアイ ハヴァン immigration form? イミグレーション フォーム	입국 서류를 주세요. イプクク ソリュルル チュセヨ
この 書類 の 書き方 Kono shorui no kakikata を教えてください o oshiete kudasai	Could you tell me how to クジュ テル ミー ハウトゥ fill in this form? フィリン ディス フォーム	이 서류는 어떻게 イー ソリュヌン オトッケ 쓰는지 가르쳐 주세요. スヌンジ カルチョ ジュセヨ
ここ は 何 を書けば いいですか? Koko wa nani o kakeba īdesu ka	What should I write here? ホアット シュダイ ライト ヒア	여기는 뭘 적으면 돼요? ヨギヌン ムォル チョグミョン トェヨ
気分 が 悪い ので 薬 をください Kibun ga warui node kusuri o kudasai	I feel sick. アイ フィール シック May I get some medicine? メアイ ゲッサム メディシン	속이 안 좋은데 약을 주세요. ソギ アン チョウンデ ヤグル チュセヨ
モニターが 壊れて います Monitā ga kowarete imasu	The monitor doesn't work. ザ モニター ダズン ワーク	모니터가 고장났어요. モニトガ コジャンナッソヨ
テーブルを片付けて Tēburu o katazukete もらえますか? morae masu ka	Could you clear the table? クジュ クリア ザ テイブゥ	테이블을 치워 주시겠어요? テイブルル チウォ ジュシゲッソヨ
食事 になっても Shokuji ni nattemo 起こさないでください okosanaide kudasai	Please do not プリーズ ドゥーノット disturb for meal. ディスターヴ フォー ミール	식사 시간이 돼도 깨우지 마세요. シッサ シガニ トェド ケウジ マセヨ

中国語 中文	タイ語 ไทย	スペイン語 Español
在 飛機 上 ザイ フェイジー サン	**ในเครื่องบิน** ナイクルアンビン	**A Bordo** ア ボルド
請 給 我 入境 文件 チン ゲイ ウォー ルージン ウェンジェン	ขอแบบฟอร์มการเข้าประเทศหน่อย コーベーブフォーム ガーンカオプラテッノイ	Deme el formulario デメ エル フォルムラリオ migratorio por favor. ミグラトリオ ポル ファボル
請 告訴 我 這個 チン ガオス ウォー ジェガ 文件 如何 填寫 ウェンジェン ルーハー ティエンシエ	ช่วยสอนวิธีการกรอกหน่อย シュアイソーン ウィティーガーングロークノイ	Ayúdeme cómo rellenar アジュデメ コモ レジェナル este formulario. エステ フォルムラリオ
這裡 要 填寫 什麼? ジャーリー ヤオ ティエンシエ センマ?	ตรงนี้ต้องเขียนอะไร トロンニートンキアンアライ	¿ Qué hay que poner aquí ? ケ アイ ケ ポネール アキ
覺得 不舒服 ジュエダ ブースーフ 請 給 我 藥 チン ゲイ ウォー ヤオ	ฉันรู้สึกไม่ค่อยสบาย ขอยาหน่อย シャンルースック マイコイサバイ コーヤーノイ	Me encuentro mal. メ エンクエントロ マル Déme un medicamento. デメ ウン メディカメント
螢幕 壞掉 了 インムー ファイディアオ ラ	หน้าจอเสีย ナーチョーシアー	Está estropeada la pantalla. エスタ エストロペアダ ラ パンタジャ
可以 幫 我 クーイー バン ウォー 收拾 餐桌 嗎? ソウシー ツァンズオー マ?	ช่วยเก็บโต๊ะให้หน่อย シュアイゲブト ハイノイ	¿ Podría retirarmelo ? ポドリア レティラルメロ
到 用餐時間 也 ダオ ヨンツァンシージェン イエ 不用 叫 醒 我 ブーヨン ジァオ シン ウォー	กรุณาอย่าปลุกไม่ว่าจะเป็นเวลาอาหารก็ตาม ガルナーヤープルック マイワチャペン ウェーラーアーハーンゴターム	No me despierte para comer. ノ メ デスピエルテ パラ コメール

入国時に必要な書類は、目的地などによって異なる。

乗り換え Norikae	Transit トランズィット	환승 ファンスン
私　は ロサンゼルスへ行く Watashi wa Los Angeles e iku 乗り継ぎ客　です noritsugi kyaku desu	I'm in transit アイミン トランズィット to Los Angeles. トゥ ロサンジェレス	저는 로스앤젤레스로 가는 チョヌン ロスエンゼルレスロ カヌン 환승 비행기를 타려고 합니다. ファンスン ピヘンギルル タリョゴ ハムニダ
この 便 の 出発 Kono bin no shuppatsu ターミナルは どこですか？ tāminaru wa dokodesu ka	Where is the departure ホェア イザ ディパーチャー terminal of this flight ? ターミナル オブ ディス フライト	이 비행기편 출발 イー ピヘンギピョン チュルバル 터미널은 어디입니까? トミノルン オディイムニカ
搭乗ゲートを教えてください Tōjō gēto o oshiete kudasai	Please tell me プリーズ テル ミー the boarding gate. ザ ボーディン ゲイト	이 탑승 게이트를 イー タプスン ゲイトゥルル 가르쳐 주세요. カルチョ ジュセヨ
この 搭乗ゲートまで Kono tōjō gēto made どのくらいかかりますか？ donokurai kakari masu ka	How long does it take from ハウ ロング ダズィッ テイク フロム here to this boarding gate? ヒア トゥ ディス ボーディン ゲイト	이 탑승 게이트까지 イー タプスン ゲイトゥカジ 얼마나 걸려요? オルマナ コルリョヨ
この 搭乗ゲートへの Kono tōjō gēto e no 行き方を教えてください ikikata o oshiete kudasai	How can I go to ハウ キャナイ ゴー トゥ this boarding gate? ディス ボーディン ゲイト	이 탑승 게이트로 가는 イー タプスン ゲイトゥロ カヌン 길을 가르쳐 주세요. ギルル カルチョ ジュセヨ
この 便 の 搭乗時間 に Kono bin no tōjō jikan ni 間に合いますか？ maniai masu ka	Can I make it in time キャナイ メイキット イン タイム for this flight? フォー ディス フライト	이 비행기편 탑승 시간에 イー ピヘンギピョン タプスン シガネ 맞출 수 있을까요? マッチュル ス イッスルカヨ
遅れそうです。急いでいます Okuresou desu. Isoide imasu	I'm running late. アイム ラニング レイト I'm in a hurry. アイム イナ ハリー	늦겠어요, 서두르고 있어요. ヌッケッソヨ ソドゥルゴ イッソヨ

➔P42-43…搭乗口へ

中国語 中文	タイ語 ไทย	スペイン語 Español
轉機 ジュアンジー	**เปลี่ยนเครื่อง** プリアンクルアン	**Tránsito** トランシト
我 是 要 往 洛杉磯 ウォー シー ヤオ ワン ルオサンジー(Los Angeles) 的 轉機 乘客 ダ ジュアンジー チェンカー	ฉันเป็นผู้โดยสารที่จะเปลี่ยนเครื่องไปยังลอสแอนเจลิส シャンペンプードイサーン ティーチャプリ アンクルアン パイヤンロースエンチェリス	Tengo que hacer el テンゴ ケ アセール エル transbordo para Los Angeles. トランスボルド パラ ロサンヘレス
這 班 飛機 的 出發 ジェ バン フェイジー ダ チューファー 航廈 在 哪裡? バン シア ザイ ナーリー?	ไฟลท์นี้ประตูทางออกอยู่ตรงไหน フライニープラトゥーターンオーク ユートロンナイ	¿ Dónde está la teminal ドンデ エスタ ラ テルミナル para este vuelo ? パラ エステ ブエロ
請 問 登機門 在 哪裡? チン ウェン ダンジーメン ザイ ナーリー	ช่วยบอกทางไปประตูขึ้นเครื่องนี้หน่อย シュアイボーク ターンパイプラトゥー クンクルアンニーノイ	Dígame la puerta de ディガメ ラ プエルタ デ embarque de este vuelo. エンバルケ デ エステ ブエロ
到 這個 登機門 ダオ ジェガ ダンジーメン 大概 多久? ダーガイ ドゥジョウ?	จะไปประตูขึ้นเครื่องนี้ใช้เวลาเท่าไหร่ チャパイプラトゥークンクルアンニー シャイウェラータオライ	¿ Cuánto tardaría hasta esta クアント タルダリア アスタ エスタ puerta de embarque ? プエルタ デ エンバルケ
請 問 到 這個 チン ウェン ダオ ジェガ 登機門 怎麼 走? ダンジーメン ゼンマ ゾウ?	ช่วยบอกวิธีไปทางขึ้นเครื่องนี้หน่อย シュアイボークウィティーパイ ターンクンクルアーンニーノイ	Indíqueme el camino para esta インディケメ エル カミノ パラ エスタ puerta de embarque. プエルタ デ エンバルケ
趕得上 這個 航班 的 ガンダサン ジェガ ハンバン ダ 登機時間 嗎? ダンジーシージィエン マ?	จะทันเวลาขึ้นเครื่องไฟลต์นี้ไหม チャタンウェーラー クンクルアンフライトニーマイ	¿ Llegaré a tiempo para la ジェガレ ア ティエンポ パラ ラ hora de embarque de este vuelo? オラ デ エンバルケ デ エステ ブエロ
好像 會 遲到,趕快 ハオシャン フイ チーダオ、ガン クアイ	กลัวจะไม่ทัน กำลังรีบไป グルアーチャマイタン ガムランリープパイ	Voy a llegar tarde. ボイ ア ジェガール タルデ Tengo prisa. テンゴ プリサ

乗り継ぎ便の出発時刻と搭乗ゲートは変更することも。必ず再確認をしよう。

日本語 Japanese	英語 English	韓国語 한국어
入国審査 Nyūkoku Shinsa	**Passport Control** パスポート コントロール	**입국심사** イプクゥシムサ
(旅の目的は) 観光 です/ Kankō desu / 仕事 です shigoto desu	Sightseeing / Business サイトシイング/ ビジネス	(여행 목적은) 관광입니다 / ヨヘン モクチョグン クァングァンイムニダ 비지니스입니다. ビジニスイムニダ
5日間 滞在 します Itsukakan taizai shimasu	I'm staying for アイム ステイング フォー 5 days. ファイヴ デイズ	5일간 체재합니다. オイルガン チェジェハムニダ
(滞在先は) キングホテルです/ King Hoteru desu / 友人の 家です yūjin no ie desu	(I'll stay at) (アイル ステイ アット) King Hotel / Friend' s house キング ホゥテル / フレンズ ハウス	(체재지는) 킹호텔입니다 / チェジェジヌン キンホテルイムニダ / 친구 집입니다. チング ジビムニダ
初めて (2回目) の 訪問 です Hajimete (ni kai me) no hōmon desu	It's my first イッツ マイ ファースト (second) visit. (セカンド) ヴィジット	첫번째 (두번째) 방문입니다. チョッポンチェ トゥボンチェ パンムニムニダ
個人 旅行 です/ 団体 旅行 です Kojin ryokō desu / Dantai ryokō desu	Private trip / Group tour プライベート トリップ/ グループ ツアー	개인여행입니다 / 단체여행입니다. ケインヨヘンイムニダ/タンチェヨヘンイムニダ
乗り継ぎをする だけです Noritsugi o suru dake desu	Just transit. ジャスト トランジット	환승할 뿐입니다. ファンスンハル プニムニダ
ここ に日本語 (英語) Koko ni Nihongo (Eigo) を話す 人 は いませんか? o hanasu hito wa imasen ka	Is there anyone who speaks イズ ゼァ エニワン フー スピークス Japanese (English) ? ジャパニーズ (イングリッシュ)	여기에 일본어 (영어) 를 할 수 있는 ヨギエ イルボノ ヨンオ ルル ハル ス インヌン 사람이 있습니까? サラミ イッスムニカ

→P14-15…数字

中国語 中文	タイ語 ไทย	スペイン語 Español
入境　查驗 ルージン チャーイエン	**ตรวจหนังสือเข้าเมือง** トゥルアッ　ナンスーカオムアン	**Control de pasaporte** コントロル　デ　パサポルテ
(旅遊　的　目的　是) (リューヨウ　ダ　ムーディー　シー) 為了　觀光/工作 ウェイラ　グアングアン/ゴンズオ	ท่องเที่ยว /ทำงาน トンティアウ/タムガーン	Por　turísmo / De negocios ポル　トゥリスモ/デ　ネゴシオス
要　停留　5天 ヤオ　ティンリュウ　ウーティエン	จะอยู่ 5วัน チャユーハーワン	Voy　a　estar　cinco　días. ボイ　ア　エスタル　シンコ　ディアス
(住處　是)　King飯店/ (ジュウツゥ　シー)キングファンディエン/ 朋友家 ポンヨージァー	(ที่พัก)โรงแรมคิง/บ้านของเพื่อน (ティーパック) ローンレームキン/ バーンコーンプアン	Voy a estar　en　el　KingHotel/ ボイ　ア　エスタール　エン　エル　キングホテル/ la casa de mi amigo. ラ　カサ　デ　ミ　アミーゴ
第一(二)次　來　的 ディーイー(アー)ツゥ　ライ　ダ	เป็นการมาครั้งแรก (ครั้งที่2) ペンガーンマークランレーク (クランティーソーン)	Es　la　primera　vez エス　ラ　プリメラ　ベス (la　segunda vez) que visito. (ラ　セグンダ　ベス) ケ　ビシト
自由行/ ズーヨウシン/ 團體旅行 ツァンティーリューシン	ท่องเที่ยวส่วนบุคคล /ท่องเที่ยวเป็นหมู่คณะ トンティアウスアンブッコン　/ トンティウペンムーカナ	Viajo　sólo/　Viajo　en　grupo. ビアホ　ソロ/　ビアホ　エン　グルポ
我　只　是　轉機 ウォー　ジー　シー　ジュアンジー	แค่แวะเปลี่ยนเครื่องบิน ケーウェ　プリアンクルアンビン	Tengo que hacer　transbordo. テンゴ　ケ　アセール　トランスボルド
這裡　有　沒有　會　講 ジャリー　ヨウ　メイヨウ　フイ　ジァン 日文(英文) 的　人? リーウェン(インウェン)　ダ　レン?	ที่นี่มีคนพูดภาษาญี่ปุ่น(ภาษาอังกฤษ)ไหม ティーニー　ミーコンプーッパーサーイープン (パーサーアングリット) マイ	¿ Hay　alguién　que hable アイ　アルギエン　ケ　アブレ japonés (inglés)　aquí ? ハポネス (イングレス) アキ

アメリカ（ハワイを含む）入国時は、指紋の採取と顔写真の撮影も行われる。

日本語 *Japanese*	英語 *English*	韓国語 한국어
荷物引取り Nimotsu Hikitori	**Baggage Claim** バゲッジ　クレイム	**수하물 찾는 곳** スハムル チャンヌン ゴッ
預け 荷物 は Azuke nimotsu wa どこで 受け取れます か？ dokode uketore masu ka	Where can I pick up ホェア キャナイ ピカップ my baggage? マイ バゲッジ	맡긴 짐은 어디서 찾을 マッキン チムン オディソ チュズル 수 있습니까? ス イッスムニカ
私 の スーツケースが Watashi no Sūtsukēsu ga 出てきません dete kimasen	My suitcase is missing. マイ スーツケース イズ ミッシング	제 캐리어가 안 나옵니다. チェ ケリオガ アン ナオムニダ
荷物 が 破損 して います Nimotsu ga hason shite imasu	My bag is damaged. マイ バッグ イズ ダメージド	맡긴 짐이 파손됐습니다. マッキン チミ パソントェッスムニダ
手荷物 引換証 は これです Tenimotsu hikikaeshō wa kore desu	This is my claim tag. ディス イズ マイ クレイム タグ	수하물 교환증은 スハムル キョファンチュウン 이것입니다. イゴシムニダ
大型（小型）の Ōgata (kogata) no スーツケースで、黒（銀）です。 sūtsukēsu de kuro (gin) desu	It's a big (small) suitcase. イッツァ ビッグ（スモール）スーツケース It's black (silver). イッツ ブラック（スィルバー）	대형 (소형) 캐리어 テヒョン (ソヒョン) ケリオ 까만색 (은색) 입니다. カマンセク (ウンセク) イムニダ
見つかり次第 ホテル Mitsukari shidai hoteru へ届けて ください e todokete kudasai	Please send it to my hotel プリーズ センディッ トゥー マイ ホテル as soon as you find it. アズ スーナズ ユー ファインディット	찾으면 바로 호텔로 チャズミョン パロ ホテルロ 보내 주세요. ポネ ジュセヨ
そちら の 連絡先 を Sochira no renrakusaki o 教えてください oshiete kudasai	May I have メアイ ハヴ your contact number? ヨア コンタクト ナンバー	그곳 연락처를 クゴッ ヨルラクチョルル 가르쳐 주세요. カルチョ ジュセヨ

中国語 中文	タイ語 ไทย	スペイン語 Español
提領　行李 ティーリン シンリー	**รับกระเป๋า** ラッブグラパオ	**Reclamación de equipaje** レクラマシオン　デ　エキパへ
托運行李　在　哪裡　提領 トゥオユンシンリー ザイ ナーリー ティーリン	รับสัมภาระได้ที่ไหน ラッブサンパーラダイティーナイ	¿ Dónde se recoge el equipaje ? ドンデ　セ　レコへ　エル　エキパへ
我　的　行李箱　還 ウォー ダ シンリーシァン ハイ 沒出來 メイ ツューライ	กระเป๋าเดินทางของฉันไม่ออกมา グラパオドゥンターンコーンシャン　マイオークマー	No me ha salido mi equipaje. ノ　メ　ア　サリド　ミ　エキパへ
我　的　行李　破損　了 ウォー ダ シンリー ポースン ラ	สัมภาระเสียหาย サンパーラシアーハーイ	Me han roto mi maleta. メ　アン　ロト　ミ　マレタ
這個　是　託運收據 ジェガ シー トゥオユン ソウジュ	นี่คือบัตรรับกระเป๋า ニークー　バッラップグラパオ	Éste es el resguardo エステ　エス　エル　レスグアルド de mi equipaje. デ　ミ　エキパへ
大型(小型)　的　行李箱, ダーシン(シァオシン) ダ シンリーシャン、 顏色　是　黑色(銀色) イエンサー シー ヘイサー (インサー)	เป็นกระเป๋าเดินทางใบใหญ่ (ใบเล็ก) สีดำ (สีเงิน) ペングラパオバイヤイ (バイレック) シーダム (シーグン)	Es una maleta grande(pequeña) エス　ウナ　マレタ　グランデ(ペケーニャ) de color negro(plateado). デ　コロール　ネグロ (プラテアド)
找到了　之後 ザオダオラ ジーホウ 請　送　到　飯店 チン ソン ダオ ファンディエン	หากพบแล้วกรุณาส่งไปที่โรงแรม ハークポップレウ　ガルナーソン パイティーローンレーム	Envíenmela al hotel. エンビエンメラ　アル　オテル
請　告訴　我 チン ガオスー ウォー 您　的　聯絡方式 ニン ダ リエンルオファンシー	ขอหมายเลขติดต่อของคุณด้วย コーマーイレーク ティットーコーンクンドゥアイ	Deme su contacto. デメ　ス　コンタクト

荷物の紛失や破損があった場合、到着地の空港にて航空会社の係員に申告すること。

日本語 *Japanese*	英語 *English*	韓国語 한국어
税関検査 Zeikan Kensa	**Custom** カスタム	**세관심사** セグァンシムサ
申告 するもの は ありません Shinkoku suru mono wa arimasen	I have nothing アイ ハヴ ナッシング to declare. トゥー ディクレア	신고할 물건은 없습니다. シンゴハル ムルゴヌン オプスムニダ
全部 身の 回り品 です Zenbu mino mawarihin desu	All of them are オーロブ ゼム アー my belongings. マイ ビロンギングス	전부 개인용입니다. チョンブ ケインニョンイムニダ
これ は 友人への みやげです Kore wa yūjin e no miyage desu	This is a souvenir ディスィズ ア スーヴェニア for my friend. フォー マイ フレンド	이것은 친구 선물입니다. イゴスン チング ソンムリムニダ
日本 で は 5000円 くらい Nihon de wa gosen en kurai しました shimashita	It costs about イッ コスツァバウト 5000 Yen in Japan. ファイヴ サウザンド イェン イン ジャパン	일본에서는 5000엔정도 イルボネソヌン オチョネンジョンド 했습니다. ヘッスムニダ
ウイスキー（日本酒）を Uisukī (nihonshu) o 2本 持っています ni hon motte imasu	I have 2 bottles of アイ ハヴ トゥー ボトルズ オヴ whiskey (Japanese sake). ウィスキー （ジャパニーズ サケ）	위스키 (일본술) 를 2병 ウィスキ (イルボンスル) ルル トゥビョン 가지고 있습니다. カジゴ イッスムニダ
この カメラ は 私 Kono kamera wa watashi が 使う もの です ga tsukau mono desu	This camera is ディス キャメラ イズ for personal use. フォー パーソナル ユース	이 카메라는 제가 쓸 건데요. イー カメラヌン チェガ スル コンデヨ
私 の 荷物 は Watashi no nimotsu wa これで全部 です korede zenbu desu	That's all for ザッツ オール フォー my luggage. マイ ラゲッジ	제 짐은 이게 전부입니다. チェ ジムン イゲ チョンブイムニダ

→P34-35…入国カード

中国語 中文	タイ語 ไทย	スペイン語 Español
海關行李検査 ハイグァン シンリー ジェンチャー	**ด่านศุลกากร** ダーンスラガーゴーン	**Aduana** アドゥアナ
沒有 需要 申報 的 東西 メイヨウ シューヤオ センバオ ダ ドンシー	ไม่มีสิ่งของต้องสำแดง マイミーシンコーントンサムデーン	No tengo nada para declarar. ノ テンゴ ナダ パラ デクララール
全部 都是 自己 的 東西 チュエンブー ドウシー ズージー ダ ドンシー	ทั้งหมดนี้เป็นของใช้ส่วนตัว タンモット ペンコーンシャイスアントゥーア	Son mis pertenencias. ソン ミス ペルテネンシアス
這個 是 給 朋友 的 禮物 ジェガ シー ゲイ ポンヨウ ダ リーウー	นี่เป็นของฝากให้เพื่อน ニーペン コーンファークハイプアン	Es un regalo para mi amigo. エス ウン レガロ パラ ミ アミーゴ
相等 於 シャンダン ユー (日幣 5000元) 左右 (リービー ウーチエンユエン)ズオヨウ	ราคาประมาณ (5000) เยนที่ญี่ปุ่น ラーカープラマーン（ハーパンイェーン）ティーイープン	Cuesta unos 5,000 クエスタ ウノス シンコミル yenes en Japón. ジェネス エン ハポン
我 帶 2瓶 威士忌(日本酒/清酒) ウォー ダイ リァンピン ウェイシージー (リーベンジョウ/チンジョウ)	มีวิสกี้ (สาเกญี่ปุ่น) 2 ขวด ミーウィスキー（サーゲーイープン）ソーンクアッ	Tengo 2 botellas de テンゴ ドス ボテジャス デ whiskey(sake japonés). ウイスキー（サケ ハポネス）
這個 相機 是 我 要 用 的 ジェガ シャンジー シー ウォー ヤオ ヨン ダ	กล้องถ่ายรูปนี้เป็นของฉันใช้ส่วนตัว グロンターイルーブニー ペンコーンシャンシャイスアントゥーア	Es la cámara que uso. エス ラ カマラ ケ ウソ
這 就是 ジェ ジュウシー 我 全部 的 行李 ウォー チュエンブー ダ シンリー	ทั้งหมดนี้คือสัมภาระของฉัน タンモットニー クーサンパーラコーンシャン	Esto es todo mi equipaje. エスト エス トド ミ エキパヘ

免税範囲は国により異なる。持ち込み禁止品とあわせて、必ず確認をしよう。

案内所 Annaijo	Information インフォメイション	안내소 アンネソ
観光案内所 は どこ です か？ Kankō an'naijo wa doko desu ka	Where is a tourist ホエア イザ ツーリスト information center? インフォメイション センター	관광안내소는 어디입니까? クァングァンアンネソヌン オディイムニカ
市内 へは どのように行くのが Shinai e wa donoyōni iku noga いいですか？ īdesuka	How can I get to the city ハウ キャナイ ゲットゥ ザ シティ center? センター	시내에는 어떻게 가면 됩니까? シネエヌン オトッケ カミョン トェムニカ
バス（タクシー）乗り場は どこ Basu (takushī) noriba wa doko です か？ desu ka	Where is the bus stop ホエア イズ ザ バス ストップ (taxi stand)? （タクシー スタンド）	버스（택시）타는 곳은 어디예요? ポス（テクシ）タヌン コスン オディエヨ
市内 まで タクシー代 は Shinai made takushī dai wa いくらくらいですか？ ikura kurai desuka	How much does it cost to ハウ マッチ ダズィッ コスト トゥ the city by taxi? ザ シティ バイ タクシー	시내까지 택시비는 얼마 シネカジ テクシビヌン オルマ 정도입니까? ジョンドイムニカ
キングホテルへ行くシャトルバスは King Hoteru e iku shatoru basu wa どこで 乗れます か？ dokode noremasu ka	Where can I take shuttle bus ホエア キャナイ テイク シャトル バス to King Hotel? トゥ キング ホゥテル	킹호텔에 가는 셔틀버스는 キンホテレ カヌン ショトゥルポスヌン 어디서 탑니까? オディソ タムニカ
ここで ホテルの 予約 は Koko de hoteru no yoyaku wa できますか？ dekimasu ka	Can I book hotels here? キャナイ ブック ホゥテルズ ヒア	여기서 호텔 예약을 할 ヨギソ ホテル イェヤグル ハル 수 있습니까? ス イッスムニカ
市内マップ を もらえます か？ Shinai mappu o morae masu ka	May I have a city map? メアイ ハヴァ シティ マップ	시내 지도를 받을 수 있을까요? シネ チドルル パドゥル ス イッスルカヨ

➔P130-133…観光案内所にて

中国語 中文	タイ語 ไทย	スペイン語 Español
旅客服務中心 リュウカーフーウーヅンシン	**เค้าน์เตอร์ประชาสัมพันธ์** カウンター プラシャーサンパン	**Información** インフォルマシオン
旅遊服務中心 在哪裡? リュウヨウフーウーヅンシン ザイナーリー?	ศูนย์ประชาสัมพันธ์การท่องเที่ยวอยู่ที่ไหน スーンプラシャーサンパンガーントンティーアウユーティーナイ	¿ Dónde está la información turística ? ドンデ エスタ ラ インフォルマシオン トゥリスティカ
到 市區 怎麼走 比較好? ダオ シーチュー ゼンマゾウ ビジャオハオ?	จะเดินทางเข้าเมืองได้อย่างไรบ้าง チャドゥンターン カオムアン ダイヤーンライバーン	¿ Cuál sería la mejor manera de ir al centro ? クアル セリア ラ メホル マネラ デ イル アル セントロ
客運(計程車) カーユン(ジーチャンチャー) 乘車處 在 哪裡? チェンチャーツゥ ザイ ナーリー?	ป้ายรถเมล์ (จุดจอดรถแท็กซี่) อยู่ที่ไหน パーイロットメー（チュッチョーッロッテックシー）ユーティーナイ	¿ Dónde está la parada de autobús (taxi) ? ドンデ エスタ ラ パラダ デ アウトブス（タッシ）
到 市區 的 計程車 ダオ シーチュー ダ ジーチャンチャー 費用 大概 多少? フェイヨン ダーガイドゥオサオ?	ค่าแท็กซี่เข้าเมืองประมาณเท่าไหร่ カーテックシーカオムアン プラマーンタオライ	¿ Cuánto cuesta ir en taxi al centro ? クアント クエスタ イル エン タッシ アル セントロ
到 King飯店 的 ダオ キングファンディエン ダ 接駁車 在 哪裡 上車 ジエボーチャー ザイ ナーリー サンチャー	รถรับส่งของโรงแรมคิงขึ้นได้ที่ไหน ロッラップソン コーンローンレームキンクンダイティーナイ	¿ Dónde se coge el autobús lanzadera del KingHotel ? ドンデ セ レコヘ エル アウトブス ランサデラ デル キングオテル
這裡 可以 幫我 ジャーリー クァーイー バンウォー 預定 飯店 嗎? ユーディン ファンディエン マ?	ที่นี่สามารถจองโรงแรมได้ไหม ティーニーサーマーッ チョーンローンレームダイマイ	¿ Puedo reservar un hotel aquí ? プエド レセルバル ウン オテル アキ
我 可以 拿 ウォー クァーイー ナー 市區地圖 嗎? シーチューディーツー マ?	มีแผนที่ในเมืองไหม ミーペーンティー ナイムアンマイ	¿ Podría darme un plano de la ciudad ? ポドリア ダルメ ウン プラノ デ ラ シウダ

空港内の案内所は、到着時間によっては営業時間外のこともあるので注意。

日本語 *Japanese*	英語 *English*	韓国語 한국어
両替 Ryōgae	**Exchange** エクスチェインジ	**환전** ファンジョン
両替所 は どこです か? Ryōgaejo wa dokodesu ka?	Where can I ホェア キャナイ change money ? チェインジ マニー	환전소는 어디에 있습니까? ファンジョンソヌン オディエ イッスムニカ
両替所 は 何時 まで やって Ryōgaejo wa nanji made yatte いますか? imasu ka	How long does the ハウ ロング ダズ ザ money exchange open? マニー エクスチェインジ オープン	환전소는 몇 시까지 합니까? ファンジョンソヌン ミョッ シカジ ハムニカ
100ドル両替 お願いします 100-Doru ryōgae onegaishimasu	Please exchange プリーズ エクスチェンジ 100 dollars. ワン ハンドレッド ダラァズ	100 달러를 환전해 주세요. ペクタルロルル ファジョネ ジュセヨ
今日の 為替 レートは Kyō no kawase rēto wa どのくらいですか? dono kuraidesu ka	What is the ホァッティズ ディ exchange rate today? エクスチェンジ レイト トゥデイ?	오늘 환율은 어떻게 돼요? オヌル ファンニュルン オトッケ トェヨ
小銭 も 混ぜてください Kozeni mo mazete kudasai	Please mix some coins プリーズ ミックス サム コインズ	동전도 섞어 주세요. トンジョンド ソッコ ジュセヨ
計算 が 違って いませんか? Keisan ga chigatte imasen ka	Is this bill correct? イズ ディス ビゥ コレクト	계산이 틀린 것 같은데요. ケサニ トゥルリン ゴン カトゥンデヨ
領収書 をください Ryōshūsho o kudasai	Could you クジュ give me the receipt? ギブミー ザ リシート	영수증을 주세요. ヨンスジュンウル チュセヨ

→P112-113…ホテルの両替

中国語 中文	タイ語 ไทย	スペイン語 Español
外幣兌換 ウイビードゥイフアン	**เคาน์เตอร์แลกเปลี่ยนเงิน** カウンター　レークプリアーングン	**Cambio** カンビオ
外幣兌換處(銀行) ウイビードゥイフアンチュー(インハン) 在　哪裡? ザイ ナーリー?	ที่แลกเงินอยู่ที่ไหน ティーレークグン　ユーティーナイ	¿ Dónde está　la　casa ドンデ　エスタ　ラ　カサ de cambio ? デ　カンビオ
外幣兌換處　的 ウイビードゥイフアンチュー　ダ 營業時間　到　幾點? インイエシージエン　ダオ　ジーディエン	ที่แลกเงินปิดกี่โมง ティーレークグン　ピッギーモーン	¿ Hasta cuándo está　abierta アスタ　クアンド　エスタ　アビエルタ la casa de cambio ? ラ　カサ　デ　カンビオ
請　把　100美金 チン バー イバイメイジン 換成　台幣 フアンチエン タイビー	ขอแลกเงิน 100　ดอลล่าห์ コーレークグン　ヌンロイドンラー	Quiero cambiar　100　euros. キエロ　カンビアール　シエン　エウロス
今天　的　匯率　是 ジンティエン ダ フイリュ シー 多少? ドゥオサオ?	อัตราแลกเปลี่ยนวันนี้เป็นเท่าไหร่ アットラー　レークプリアンワンニーペンタ ウライ	¿ Cuál es　el　tipo　de クアレス　エル　ティポ　デ cambio　hoy ? カンビオ　オイ
請　找　給　我 チン　ザオ　ゲイ　ウオー 一些　零錢 イーシエ　リンチエン	กรุณาผสมเหรียญให้ด้วย ガルナー　パソムリアン　ハイドゥアイ	Deme también　monedas, デメ　タンビエン　モネダス por　favor. ポル　ファボル
是　不是　算　錯 了? シー　ブーシー　スアン　ツオ ラ?	คิดเงินผิดหรือปล่าว キッグンピッ　ループラウ	Parece que está　mal パレセ　ケ　エスタ　マル el　cálculo. エル　カルクロ
請　給　我　收據 チン　ゲイ　ウオー　ソウジュ	ขอใบเสร็จด้วย コーバイセッドゥアイ	¿ Podría　darme el　recibo ? ポドリア　ダルメ　エル　レシボ

チップの習慣がある国では、小額紙幣を多めにもらおう。英語では「スモール　ビゥズ、プリーズ」。

日本語 Japanese	英語 English	韓国語 한국어
入国カード Nyuukoku kaado	**Disembarkation card** ディセンバーケイション　カード	**입국카드** イプクッカドゥ
姓/名 sei / mei	family name / first name ファミリー　ネイム　/ファースト　ネイム	성 / 명 ソン / ミョン
生年月日 seinen gappi	date of birth デイト　オブ　バース	생년월일 センニョヌォリル
性別 seibetsu	sex / gender セックス/ジェンダー	성별 ソンビョル
国籍 kokuseki	nationality ナショナリティー	국적 ククチョク
旅券番号 ryoken bangō	passport number パァスポート　ナンバー	여권번호 ヨクォンボノ
航空機便名 kōkūki binmei	flight number フライト　ナンバー	항공기 편명 ハンゴンギ ピョンミョン
職業 shokugyō	occupation オキュペイション	직업 チゴプ
居住国 kyojūkoku	country of residence カントリー　オヴ　レジデンス	거주국 コジュグク
搭乗地 tōjōchi	port of embarkation ポート　オヴ　エンバーケイション	탑승지 タプスンジ
～滞在中の住所 taizaichū no jūsho	address in ～ アドレス　イン	체재중의 주소 チェジェジュンエ チュソ
滞在目的 taizai mokuteki	purpose of visit パーパス　オヴ　ヴィジット	체재 목적 チェジェ モクチョク
滞在日数 taizai nissū	length of stay レングス　オヴ　ステイ	체제 일수 チェジェ イルス

→P20-21…機内 ②

中国語 中文	タイ語 ไทย	スペイン語 Español
入境登記表 ルージンダンジービャオ	**บัตรเข้าประเทศ** バッ カオ プラテーッ	**Tarjeta de desembarque** タルヘタ デ デセンバルケ
姓／名 シン／ミン	ชื่อ / นามสกุล シュー / ナームサクン	apellidos / nombre アペジードス／ノンブレ (m)
出生日期 チューセンリーチー	วัน เดือน ปีเกิด ワン ドゥアン ピー グーッ	fecha de nacimiento フェチャ デ ナシミエント (f)
性別 シンビエ	เพศ ペーッ	sexo セクソ (m)
国籍 グオジー	สัญชาติ サンシャーッ	nacionalidad ナシオナリダ (f)
護照號碼 フーザオハオマー	หมายเลขพาสปอร์ต マーイレークパスポーッ	número de pasaporte ヌメロ デ パサポルテ
航班編號 ハンバンビェンハオ	หมายเลขเที่ยวบิน マーイレークティアウビン	número de vuelo ヌメロ デ ブエロ
職業 ジーイエ	อาชีพ アーシープ	ocupación オクパシオン (f)
戶籍地 フージーディー	ที่อยู่ในประเทศตัวเอง ティーユーナイプラテーットアエーン	país de residencia パイス デ レシデンシア (m)
啟程地 チーチェンディー	ประเทศที่ขึ้นเครื่อง プラテーッ ティークンクルアン	país de embarque パイス デ エンバルケ (m)
在～住址 ザイ ～ デュジー	จะพักอาศัยที่ チャパックアーサイティー～	dirección en ～ ディレクシオン エン (f)
旅遊 目的 リューヨウ ムーディー	จุดประสงค์การมา チュットプラソンガーンマー	propósito de la estancia プロポシト デ ラ エスタンシア (m)
停留 日數 ティンリョウ リースウ	ระยะเวลาพำนัก ラヤウェーラーパムナック	duración de la estancia ドゥラシオン デ ラ エスタンシア (f)

税関申告書も併せて機内で配布される。すべての記入を終えておこう。

日本語 Japanese	英語 English	韓国語 한국어	中国語 中文	タイ語 ไทย	スペイン語 Español
居住者 kyojūsha	residents レジデンツ	거주자 コジュジャ	居住者 ジューデュザー	ผู้มีภูมิลำเนา プーミープームラムナオ	residente レシデンテ (m)
非居住者 hi-kyojūsha	non-residents ノン　レジデンツ	비거주자 ピーコジュャ	非居住者 フェイジューデュザー	ผู้ไม่มีภูมิลำเนา プーマイミープームラムナオ	no residente ノ　レシデンテ (m)
入国　管理 nyūkoku kanri	passport パスポート control コントロール	입국관리 イプククグァルリ	入境管理 ルージングァンリー	ตรวจคนเข้าเมือง トゥルアッ　コンカオムアン	control　de コントロール　デ inmigración インミグラシオン (m)
入国　審査 nyūkoku shinsa	immigration イミグレイション	입국심사 イプククシムサ	入境查驗 ルージンチャーイエン	ตรวจหนังสือเดินทาง トゥルアッ　ナンスードゥンターン	inmigración インミグラシオン (f)
指紋 shimon	fingerprint フィンガープリント	지문 チムン	指紋 ジーウェン	ลายนิ้วมือ ラーイニュームー	huella ウエジャ (f)
ターンテーブル tāntēburu	carousel カルセル	턴테이블 トンテイブル	行李轉盤 シンリージュアンパン	สายพาน サーイパーン	cinta シンタ (f)
カート kāto	Cart カート	카드 カドゥ	行李推車 シンリートゥイチャー	รถเข็น ロッケン	carro カロ (m)
検疫 ken-eki	quarantine クァランティーン	검역 コミョク	檢疫 ジエンイー	กักกันโรค カッカンロークク	cuarentena クアレンテーナ (f)
税関　申告書 zeikan shinkokusho	customs カスタムス declaration ディクラレイション	세관신고서 セグァンシンゴソ	海關申報單 ハイグァンセンバオダン	แบบฟอร์มศุลกากร ベーブフォームスラカーコーン	declaración デクララシオン aduanera アドゥアネラ (f)
申告　品 shinkoku hin	things to シングス　トゥ declare ディクレア	신고물품 シンゴムルプム	申報物品 センバオウーピン	สิ่งของต้องสำแดง シンコーントンサムデーン	artículo アルティクロ declarado デクララド (m)

空港カウンターへ
空港チェックイン
搭乗口へ
空港関係単語
主要空港略称

日本語 Japanese	英語 English	韓国語 한국어
空港カウンターへ Kūkō kauntā e	**At Counter** アット **カ**ウンター	**공항 카운터** コンハン カウント
日本 航空 の チェックイン Nihon Kōkū no chekku-in カウンターは どこ です か? kauntā wa doko desu ka	Where is the check-in ホェア イズ ザ **チェ**ッキン counter of Japan Airlines? **カ**ウンター オヴ ジャ**パ**ン **エ**アラインズ	일본항공 체크인 イルボンハンゴン チェクイン 카운터는 어디입니까? カウントヌン オディイムニ**カ**
710便の nana ichi maru bin no 東京 行きに乗ります Tōkyō iki ni norimasu	I'll board flight アイル **ボ**ード フライト 710 to Tokyo. セヴン ワン ゼロ トゥ **ト**ーキョー	710편 도쿄행을 탑니다. チルイルゴンピョン トキョヘンウル タムニダ
この 便 の 搭乗手続き開始 Kono bin no tōjō tetsuzuki kaishi は 何時 です か? wa nanji desu ka	What time does check-in ホワット **タ**イム ダズ **チェ**ッキン of this flight start? オブ ディス フ**ラ**イト ス**タ**ート	이 비행기편 탑승 수 속은 イー ピヘンギピョン タプ**ス**ン スソグン 몇 시에 시작합니까? ミョッ **シ**エ シジャッカムニ**カ**
この 便 は 定刻 Kono bin wa teikoku に出発 します か? ni shuppatsu shimasu ka	Will this flight ウィル ディス **フ**ライト leave on time? **リ**ーヴ オン **タ**イム	이 비행기편은 イー ピヘンギピョヌン 정시에 출발합니까? チョンシエ チュルバラムニ**カ**
ウェブで チェックイン済 です Webu de chekku in zumi desu	I have done online アイ ハヴ ダン **オ**ンライン check-in already. **チェ**ッキン オゥ**レ**ディ	인터넷으로 イントネスロ 체그인을 마쳤습니다. チェクイヌル マチョッ**ス**ムニダ
荷物 の 自動預け入れ機 Nimotsu no jidō azukeire ki は どこにありますか? wa dokoni arimasu ka	Where is a ホェア イザ baggage drop machine? **バ**ゲッジ ド**ロ**ップ マ**シ**ーン	자동 수하물 チャドン スハムル 위탁기는 어디에 있습니까? ウィタク**キ**ヌン オディエ イッ**ス**ムニ**カ**
関税 の 還付 手続き Kanzei no kanpu tetsuzuki は どこで できます か? wa dokode dekimasu ka	Where is a tax ホェア イザ **タ**ックス refund counter? リ**ファ**ンド **カ**ウンター	관세 환급 クァン**セ** ファングプ 수속은 어디서 합니까? スソグン オディソ ハムニ**カ**

中国語 中文	タイ語 ไทย	スペイン語 Español
往　報到櫃台 ウン バオダオグイタイ	**เค้าน์เตอร์เช้คอิน** カウンター　シェックイン	**Mostrador del aeropuerto** モストラドール　デル　アエロプエルト
日本航空公司　的 リーベンハンコンゴンスー　ダ 報到櫃台　在　哪裡? バオダオグイタイ　ザイ　ナーリー?	เค้าน์เตอร์เช้คอินของสายการบินญี่ปุ่นอยู่ที่ไหน カウンターシェックイン　コーンサーイガーンビンイープン　ユーティーナイ	¿ Dónde está　el ドンデ　エスタ　エル mostrador　de　JAL ? モストラドール　デ　ジャル
我　要　搭乘　往 ウォー　ヤオ　ダーチェン　ウン 東京　的　710　航班 ドンジン　ダ　チーイーリン　ハンバン	ขึ้นเที่ยวบินที่　710　ไปโตเกียว クンティアウビンティー　チェッ　ヌンスーン　パイトーキィアウ	Voy　a　coger　el　vuelo ボイ　ア　コヘール　エル　ブエロ 710　a　Tokio. シエテ　ウノ　セロ　ア　トキオ
這個　航班　的　登機 ジェガ　ハンバン　ダ　ダンジー 手續　幾點　開始? ゾウシュウ　ジーデイエン　カイシー?	เที่ยวบินนี้เปิดให้เช้คอินกี่โมง ティアウビンニー　プーッハイ　シェックイン　ギーモーン	¿ A　qué hora comienza　el ア　ケ　オラ　コミエンサ　エル embarque de　este　vuelo ? エンバルケ　デ　エステ　ブエロ
這個　航班 ジェガ　ハンバン 準時　出發　嗎? ジュンシー　ツューファー　マ?	เที่ยวบินนี้ออกตรงเวลาไหม ティアウビンニー　オーク　トロンウェーラーマイ	¿ Este　vuelo　sale　a　hora ? エステ　ブエロ　サレ　ア　オラ
已經　線上　完成　報到　手續 イージン　シェンサン　ウンチェン　バオダオ　ゾウシュウ	เช้คอินออนไลน์เรียบร้อยแล้ว シェックインオンライン　リアブロイレウ	Ya　hice　Check-in　On line. ジャ　イセ　チェッキン　オンライン
自助　託運　行李　的 ズジュウ トゥオユン シンリー ダ 地方　在　哪裡? ディーファン ザイ ナーリー?	เครื่องเช้คอินสัมภาระอัตโนมัติอยู่ที่ไหน クルアンシェックイン　サンパーラアッタノーマット　ユーティーナイ	¿ Dónde está　la　máquina automática ドンデ　エスタ　ラ　マキナ　アウトマティカ de　depósito de　equipaje ? デ　デポシト　デ　エキパヘ
退稅　手續　的　地方 トゥイスイ　ゾウシュウ　ダ　ディーファン 在　哪裡? ザイ　ナーリー?	ทำเรื่องคืนภาษีได้ที่ไหน タムルアン　クーンパーシーダイティーナイ	¿ Dónde se　hace el　reembolso ドンデ　セ　アセ　エル　レエエンボルソ del　impuesto ? デル　インプエスト

出国・現地出発 空港カウンターへ

出発時刻の約２～３時間前までには、空港に到着しておきたい。

日本語 Japanese	英語 English	韓国語 한국어
空港チェックイン Kūkō chekkuin	**Check-in at Airport** チェッキン アット エアポート	**공항 체크인** コンハン チェクイン
窓 側 （通路側） Mado gawa (tūro gawa) の 席 にしてください no seki ni shite kudasai	Window (isle) seat, please. ウィンドウ（アイル）シート プリーズ	창가쪽 (통로쪽) チャンカチョク（トンノチョク） 자리로 해 주세요. チャリロ ヘ ジュセヨ
友人と隣 の 席 にしてください Yūjin to tonari no seki ni shite kudasai	I want to sit アイ ウォントゥ スィット next to my friend. ネクストゥ マイ フレンド	친구하고 옆자리로 해 주세요. チングハゴ ヨプチャリロ ヘ ジュセヨ
預け 荷物 は 何個 （kg） Azuke nimotsu wa nan-ko (kiro) まで 無料 ですか？ made muryō desu ka	How many bags (kilos) ハウ メニィ バッグス（キロゥズ） can I check for free? キャナイ チェック フォー フリー	기내 수하물은 몇 キネ スハムルン ミョッ 개 (kg) 까지 무료입니까? ケ（キロ）カジ ムリョイムニカ
荷物 の 超過 料金 は Nimotsu no chōka ryōkin wa いくらです か？ ikura desu ka	How much is ハウ マッチ イズ excess baggage fee? エクセス バゲッジ フィー	수하물 초과 요금은 얼마입니까? スハムル チョグァ ヨグムン オルマイムニカ
空港 ラウンジは 使え ます か？ Kūkō raunji wa tsukae masu ka	May I use the メアイ ユーズ ジ airport lounge? エアポート ラウンジ	공항 라운지는 コンハン ラウンジヌン 사용할 수 있습니까? サヨンハル ス イッスムニカ
搭乗ゲートは どこ です か？ Tōjō gēto wa doko desu ka	Where is ホエア イズ the boarding gate? ザ ボーディン ゲイト	탑승 게이트는 어디입니까? タプスン ゲイトゥヌン オディイムニカ
搭乗開始 は 何時です か？ Tōjō kaishi wa nanji desu ka	What time does ホワッ タイム ダズ the boarding start? ザ ボーディン スタート	탑승 개시는 몇 시입니까? タプスン ゲシヌン ミョッ シイムニカ

中国語 中文	タイ語 ไทย	スペイン語 Español
報到 バオダオ	**เช็คอิน** シェックイン	**Facturación del aeropuerto** ファクトラシオン デル アエロプエルト
請 給 我 靠 チン ゲイ ウォー カオ 窗邊(通道)的 座位 チュアンビェン(トンダオ)ダ ズオウェイ	ขอที่นั่งริมหน้าต่าง (ริมทางเดิน) コーティーナンリムナーターン(リムターンドゥン)	Quiero la ventana. キエロ ラ ベンターナ (el pasillo) (エル パシージョ)
請 幫 我 跟 朋友 的 座位 チン バン ウォー ガン ポン ヨウ ダ ズオウェイ 劃 在一起 ファ ザイ イーチー	ขอที่นั่งติดกับเพื่อน コーティーナンティッガップアン	Quiero que mi asiento esté junto キエロ ケ ミ アシエント エステ フント al de mi amigo. アル デ ミ アミーゴ
請運行李 免費 トゥオユンシンリー ミェンフェイ 上限 為 幾個(幾公斤) サンシェン ウェイ ジーガ(ジーゴンジン)	สัมภาระถือขึ้นเครื่องได้กี่ใบ (กี่กิโล) ฟรี サンパーラ トゥークンクルアンダイ ギーバイ(ギーギロー)フリー	¿Cuántos bultos (kg) クアントス ブルトス(キロス) permite a bordo? ペルミテ ア ボルド
行李 超重費用 シンリー チャオゾン フェイヨン 多少錢 ドゥオサオチェン	น้ำหนักสัมภาระที่เกินคิดเท่าไหร่ ナームナックサンパーラ ティーグゥーンキッタオライ	¿Cuánto es el recargo por クアント エス エル レカルゴ ポル exceso de equipaje? エクセソ デ エキパヘ
可以 使用 クーイー シーヨン 機場貴賓室 嗎? ジーチャングイビンシー マ?	ห้องพักรับรองผู้โดยสารใช้ได้ไหม ホンパック ラップローン プードイサーン シャイダイマイ	¿Puedo usar la sala VIP? プエド ウサール ラ サラ ビップ
登機門 在 哪裡? ダンジーメン ザイ ナーリー?	ทางออกขึ้นเครื่องอยู่ที่ไหน ターンオーク クンクルアン ユーティーナイ	¿Dónde está la puerta ドンデ エスタ ラ プエルタ de embarque? デ エンバルケ
登機時間 ダンジーシージエン 幾點 開始? ジーディエン カイシー?	ขึ้นเครื่องได้กี่โมง クンクルアン ダイギーモーン	¿A qué hora empieza el ア ケ オラ エンピエサ エル embarque? エンバルケ

機内に持ち込める手荷物にも、大きさや重さ、個数の制限がある(航空会社により異なる)。

日本語 Japanese	英語 English	韓国語 한국어
搭乗口へ Tōjōguchi e	**To Boarding Gate** トゥ ボーディン ゲイト	**탑승구로** タプスングロ
20番 搭乗ゲートは Nijū ban tōjō gēto wa この道 でいいですか？ kono michi de īdesu ka	Is this the right way イズ ディス ザ ライト ウェイ to boarding gate 20? トゥ ボーディン ゲイト トゥウェンティ	20번 탑승 게이트는 イシプポン タプスン ゲイトゥヌン 이 길이 맞습니까? イ ギリ マッスムニカ
この便は定刻 Kono bin wa teikoku に出発 しますか？ ni shuppatsu shimasu ka	Will this flight ウィル ディス フライト leave on time? リーヴ オン タイム	이 비행기편은 イー ピヘンギピョヌン 정시에 출발합니까? チョンシエ チュルバラムニカ
免税店 は どこ ですか？ Menzeiten wa doko desu ka	Where is ホエア イズ duty-free shop? デューティーフリー ショップ	면세점은 어디예요? ミョンセジョムン オディエヨ
両替所 は ありますか？ Ryōgae-jo wa arimasu ka	Is there イズ ゼア a money exchange? ア マニー エクスチェインジ	환전소는 있습니까? ファンジョンソヌン イッスムニカ
近く に食事 が できる Chikaku ni shokuji ga dekiru ところは ありますか？ tokoro wa arimasu ka	Is there any places イズ ゼア エニィ プレイスィズ to eat around here? トゥ イート アラウンド ヒア	근처에 식사할 수 クンチョエ シクサハル ス 있는 곳이 있습니까? インヌン ゴシ イッスムニカ
この 店 は どこ にありますか？ Kono mise wa doko ni arimasu ka	Where is this shop? ホエア イズ ディス ショップ	이 가게는 어디에 있습니까? イー カゲヌン オディエ イッスムニカ
これは 機内に持ち込め ますか？ Kore wa kinai ni mochikome masu ka	Can I take this on board? キャナイ テイク ディス オン ボード	이것은 기내로 가지고 イゴスン キネロ カジゴ 들어갈 수 있습니까? トゥロガル ス イッスムニカ

➔P22-23…乗り換え

中国語 中文	タイ語 ไทย	スペイン語 Español
往 登機門 ワン ダンジーメン	**ทางออกขึ้นเครื่อง** ターンオーククンクルアン	**Puerta del embarque** プエルタ デル エンバルケ
往 20號 登機門 是 ワン アーシーハオ ダンジーメン シー 這條路 對 嗎? ジェイティアオルー ドゥイ マ?	ทางออกขึ้นเครื่องหมายเลข 20 ไปทางนี้ถูกไหม ターンオーククンクルアーン マーイレーク イーシップ パイターンニー トゥークマイ	¿ Este camino va hacia la エステ カミーノ バ アシア ラ puerta 20 ? プエルタ ベインテ
這個 航班 ジェガ ハンバン 準時 出發 嗎? ジュンシー ツューファー マ?	เที่ยวบินนี้ออกตรงเวลาไหม ティアウビンニー オークトロン ウェーラーマイ	¿ Saldrá en hora サルドラ エン オラ este vuelo ? エステ ブエロ
免稅店 在 哪裡? ミエンスイディエン ザイ ナーリー?	ร้านค้าปลอดภาษีอยู่ที่ไหน ラーンカー プローッパーシー ユーティーナイ	¿ Dónde está la tienda ドンデ エスタ ラ ティエンダ TAX FREE ? タッス フリー
有沒有 ヨウメイヨウ 外幣兌換處? ウァイビードゥイファンツュー?	มีที่แลกเงินไหม ミーティー レークグンマイ	¿ Hay casa de cambio ? アイ カサ デ カンビオ
這 附近 有 ジャ フジン ヨウ 用餐 的 地方 嗎? ヨンツァン ダ ディーファン マ	แถวนี้มีร้านอาหารไหม テーウニー ミーラーン アーハーンマイ	¿ Hay algún sitio para アイ アルグン シティオ パラ comer por aquí cerca ? コメール ポル アキ セルカ
這間店 在 哪裡? ジェジェンディエン ザイナ ーリー?	ร้านนี้อยู่ที่ไหน ラーンニー ユーティーナイ	¿ Sabe dónde está サベ ドンデ エスタ esta tienda ? エスタ ティエンダ
這個 可以 帶進 機艙 嗎? ジェガ クーイー ダイジン ジーツァン マ?	สิ่งนี้ถือติดตัวขึ้นเครื่องได้ไหม シンニー トゥー ティットゥーア クンクルアン ダイマイ	¿ Se puede llevar セ プエデ ジェバール esto a bordo ? エスト ア ボルド

出国・現地出発 搭乗口へ

深夜・早朝発の場合、空港内の両替所があいていないことも多い。

日本語 Japanese	英語 English	韓国語 한국어
空港関係単語 Kūkō kankei tango	**Words for Airport** ワーズ フォー エアポート	**공항 관련 단어** コンハン グァルリョン タノ
出発　ロビー Shuppatsu Robī	departure lounge ディパーチャー ラウンジ	출발 로비 チュルバル ロビ
到着　ロビー Tōchaku Robī	arrival lounge アライバル ラウンジ	도착 로비 トチャン ノビ
両替所 Ryōgaejo	money exchange / exchange counter マニー エクスチェインジ/エクスチェインジ カウンター	환전소 ファンジョンソ
免税店 Menzeiten	duty - free shop デューティー フリー ショップ	면세점 ミョンセジョム
機内 持ち込み 荷物 Kinai mochikomi nimotsu	carry-on baggage キャリオン バゲッジ	기내 반입 수하물 キネ パニブ スハムル
受託　手荷物 Jutaku tenimotsu	check-in baggage チェッキン バゲッジ	위탁 수하물 ウィタク スハムル
搭乗券 Tōjō ken	boarding pass ボーディン パス	탑승권 タプスンクォン
手荷物　引き換え証 Tenimotsu hikikae-shō	claim tag クレイム タグ	수하물 표 スハムル ピョ
座席　番号 Zaseki bangō	seat number シート ナンバー	좌석 번호 チュァソク ポノ
搭乗時刻 Tōjō jikoku	boarding time ボーディン タイム	탑승 시간 タプスン シガン
定刻 Teikoku	on time オン タイム	정각 チョンガク
遅延 Chien	delay ディレイ	지연 チヨン

機場相關用語 ジーチャンシャングァンヨンユー	คำศัพท์ที่เกี่ยวข้องในสนามบิน カムサップ ティーギィーアウコン ナイサナームビン	Vocabularios del aeropuerto ボカブラリオス デル アエロプエルト
出境大廳 ツュージンダーティン	ล็อบบี้ผู้โดยสารขาออก ロッビープードイサーンカーオーク	zona de salidas ソナ デ サリダス (f)
入境大廳 ルージンダーティン	ล็อบบี้ผู้โดยสารขาเข้า ロッビープードイサーンカーカオ	zona de llegadas ソナ デ ジェガダス (f)
外幣兌換處 ワイビードゥイフアンツュー	ที่แลกเงิน ティーレーグン	casa de cambio カサ デ カンビオ (f)
免税店 ミエンスイディエン	ร้านปลอดภาษี ラーン プローッパーシー	tienda TAX FREE ティエンダ タッス フリー (f)
手提(隨身)行李 ソウーティー (スイセン)シンリー	สัมภาระถือขึ้นเครื่อง サンパーラ トゥー クンクルアン	equipaje de mano エキパヘ デ マノ (m)
托運行李 トゥオユンシンリー	สัมภาระฝากขึ้นเครื่อง サンパーラ ファーククンクルアン	equipaje facturado エキパヘ ファクトゥラド (m)
登機證 ダンジーゼン	บัตรที่นั่ง バッティーナン	tarjeta de embarque タルヘタ デ エンバルケ (f)
託運收據 トゥオユンソウジュ	บัตรรับกระเป๋า バッ ラップ グラパオ	resguardo del equipaje レスグアルド デル エンバルケ (m)
座位號碼 ズオウェイハオマー	หมายเลขที่นั่ง マーイレークティーナン	número de asiento ヌメロ デ アシエント (m)
登機時間 ダンジーシージエン	เวลาขึ้นเครื่อง ウェーラークンクルアン	hora de embarque ヌメロ デ エンバルケ (m)
準時 ジュンシー	ตรงเวลา トロンウェーラー	hora prevista オラ プレビスタ (f)
延誤 イエンウー	ล่าช้า ラーシャー	retraso レトラソ(m)

世界の主な空港

コード	空港名	言語	現地語表記	読み
HNL	ダニエル・K・イノウエ国際空港（オアフ島）	英	Daniel K. Inouye International Airport	ダニエル ケー イノウイェ インタナショナル エアポート
KOA	コナ国際空港（ハワイ島）	英	Ellison Onizuka Kona International Airport at Keāhole	エリソン オニヅカ コナ インタナショナル エアポート アット ケアホレ
GUM	アントニオ・B・ウォン・パット国際空港（グアム島）	英	Antonio B. Won Pat International Airport	アントニオ ビー ウォン パット インタナショナル エアポート
LAX	ロサンゼルス国際空港	英	Los Angeles International Airport	ロサンジェレス インタナショナル エアポート
JFK	ジョン・F・ケネディ国際空港（ニューヨーク）	英	John F. Kennedy International Airport	ジョン エフ ケネディ インタナショナル エアポート
SFO	サンフランシスコ国際空港	英	San Francisco International Airport	サンフランシスコ インタナショナル エアポート
TPE	台湾桃園国際空港（台北）	中	臺灣桃園國際機場	タイワン タオユエン グオジー ジーチャン
TSA	台北松山空港	中	臺北松山機場	タイベイ ソンサン ジーチャン
KHH	高雄国際空港	中	高雄國際航空站	ガオション グオジー ハンコンザン
ICN	仁川国際空港（インチョン）	韓	인천국제공항	インチョンクチェゴンハン
GMP	金浦国際空港（ソウル）	韓	김포국제공항	キンポグッチェゴンハン
CJU	済州国際空港	韓	제주국제공항	チェジュグッチェゴンハン
PUS	金海国際空港（釜山）	韓	김해국제공항	キメクッチェゴンハン
BKK	スワンナプーム国際空港（バンコク）	タ	สนามบินสุวรรณภูมิ	サナームビンスワンナプーム
DMK	ドンムアン空港（バンコク）	タ	สนามบินดอนเมือง	サナームビンドーンムアン
MAD	アドルフォ・スアレス・マドリード=バラハス空港	ス	Aeropuerto Adolfo Suárez Madrid-Barajas	アエロプエルト アドルフォ スワレス マドリード バラハス

英 英語 *English* 韓 韓国語 한국어 中 中国語 中文 タ タイ語 ไทย ス スペイン語 Español

病気・けが❶
病気・けが❷
交通事故
薬局
病気・けが単語
盗難
紛失
トラブル単語
身体の部位

日本語 *Japanese*	英語 *English*	韓国語 한국어
病気・けが Byōki kega	**Sickness・Injury** シックネス インジュリー	**병** ピョン
医師を呼んでください Isha o yonde kudasai	Call a doctor, please. コール ア ドクター プリーズ	의사를 불러 주세요. ウィサルル プルロ ジュセヨ
病院 へ連れて行ってください Byōin e tsurete itte kudasai	Take me to a hospital. テイク ミー トゥ ア ハスピタゥ	병원에 데려가 주세요. ピョンウォネ テリョガ ジュセヨ
日本語 の 話せる Nihongo no hanaseru 医師は いますか？ ishi wa imasu ka	Is there a doctor イズ ゼア ア ドクター who speaks Japanese? フゥ スピークス ジャパニーズ	일본어를 할 수 イルボノルル ハル ス 있는 의사는 있습니까? インヌン ウィサヌン イッスムニカ
ここ が 少し (ひどく) 痛いです Koko ga sukoshi (hidoku) itai desu	I have a little アイ ハヴァ リトル (severe) pain here. (シヴィア) ペイン ヒア	여기가 조금 (너무) 아파요. ヨギガ チョグム (ノム) アパヨ
熱 が あります Netsu ga arimasu	I have a fever. アイ ハヴァ フィーバー	열이 있습니다. ヨリ イッスムニダ
下痢をして います Geri o shite imasu	I have a diarrhea. アイ ハヴァ ダイアリア	설사를 합니다. ソルサルル ハムニダ
吐き気がします Hakike ga shimasu	I feel nauseous. アイ フィール ノーシャス	토할 것 같습니다. トハル コッ カッスムニダ

➔P56-57…病気・けが単語

中国語 中文	タイ語 ไทย	スペイン語 Español
生病・受傷 センビン・ソウサン	**ป่วย・บาดเจ็บ** プアイ・バーッチェップ	**Enfermedad** エンフェルメダ
請 幫 我 找 醫生 チン バン ウォー ザオ イーセン	ช่วยเรียกหมอให้หน่อย シュアイ リアクモー ハイノイ	Lláme al médico por favor. ジャメ アル メディコ ポル ファボル
請 帶 我 去 醫院 チン ダイ ウォー チュー イーユエン	ช่วยพาไปโรงพยาบาลให้หน่อย シュアイ パーパイ ローンパヤーバーン ハイノイ	Lléveme al hospital. ジェベメ アル オスピタル
有 會 說 ヨウ フイ スオー 日文 的 醫生 嗎? リーウエン ダ イーセン マ?	มีหมอที่พูดภาษาญี่ปุ่นได้ไหม ミーモーティープーッ パーサーイープンダイ マイ	¿ Hay algún médico que アイ アルグン メディコ ケ hable japonés ? アブレ ハポネス
這裡 有點(非常)痛 ジャーリー ヨウディエン(フェイチャン)トン	เจ็บตรงนี้นิดหน่อย (มาก) チェップ トロンニー ニッノイ (マーク)	Me duele aquí un メ ドゥエレ アキ ウン poco(mucho). ポコ (ムーチョ)
有 發燒 ヨウ ファーサオ	มีไข้ ミーカイ	Tengo fiebre. テンゴ フィエブレ
拉 肚子 ラー ドゥーズ	ท้องเสีย トーンシアー	Tengo diarrea. テンゴ ディアレア
想吐 シャントゥー	รู้สึกจะอาเจียน ルースック チャ アーチアーン	Tengo náuseas. テンゴ ナウセアス

まずはホテルのフロントに相談を。緊急の場合、日本語の通じるクリニックなどを紹介してくれる。

病気・けが Byōki kega	Sickness・Injury シックネス インジュリー	병 ピョン
旅行 保険 に入っています Ryokō hoken ni haitte imasu	I have travel insurance. アイ ハヴ トラヴェル インシュランス	여행자 보험에 들어 있습니다. ヨヘンジャ ポホメ トゥロ イッスムニダ
私 の 血液型 は Watashi no ketsueki gata wa A型 です ē-gata desu	My blood type is A. マイ ブラッ タイプ イズ エー	제 혈액형은 チェ ヒョレッキョンウン A형입니다. エイヒョンイムニダ
私 は アレルギー体質 です Watashi wa arerugī taishitsu desu	I have allergies. アイ ハヴ アラージィ	저는 알레르기 체질입니다. チョヌン アルレルギ チェジリムニダ
私 は 高血圧 の Watashi wa kōketsuatsu no 持病 が あります jibyō ga arimasu	I have アイ ハヴ high blood pressure. ハイ ブラッド プレシャー	저는 고혈압 지병이 있어요. チョヌン コヒョラプ チビョンイ イッソヨ
少し（大変）よくなりました Sukoshi (taihen) yoku narimashita	I feel a littlle アイ フィール ア リトル (much) better. （マッチ） ベター	조금 (정말) 좋아졌어요. チョグム (チョンマル) チョアジョッソヨ
旅行 を続けても いいですか？ Ryokō o tsuzuketemo īdesu ka	Can I continue my trip? キャナイ コンティニュー マイ トリップ	여행을 계속해도 돼요? ヨヘンウル ケソッケド トェヨ
診断書（領収書） をください Shindansho (Ryōshūsho) o kudasai	May I have a medical メアイ ハヴァ メディカル certificate (receipt)? サーティフィケイト（レシート）	진단서 (영수증) 를 주세요. チンダンソ (ヨンスジュン) ルル チュセヨ

中国語 中文	タイ語 ไทย	スペイン語 Español
生病・受傷 センビン・ソウサン	**ป่วย・บาดเจ็บ** プアイ・バーッチェップ	**Enfermedad** エンフェルメダ
我 買了 旅遊保險 ウォー マイラ リュウヨウバオシェン	มีประกันการเดินทาง ミープラガン ガーンドゥンターン	Tengo el seguro médico. テンゴ エル セグロ メディコ
我 的 血型 是 A型 ウォー ダー シイエシン シー エイシン	เลือดฉันคือเลือดกรุ๊ปเอ ルアーッ シャン クー ルアーッ グルッ プエー	Mi grupo sanguíneo es A. ミ グルーポ サンギネオ エス アー
我 有 過敏體質 ウォー ヨウ グオミンティージー	ฉันเป็นโรคภูมิแพ้ シャンペン ロークプームペー	Tengo alérgia. テンゴ アレルヒア
我 有 高血壓 ウォー ヨウ ガオシエヤー	ฉันมีความดันโลหิตสูง シャンミー クワームダン ローヒッ スー ン	Tengo la tensión alta. テンゴ ラ テンシオン アルタ
稍微 好 一點 了/ サオウェイ ハオ イーディエン ラ/ 好 了 非常 多 ハオ ラ フェイチャン ドゥオ	ดีขึ้นบ้าง (มาก) แล้ว ディークンバーン (マーク) レァウ	Me encuentro (mucho) mejor . メ エンクエントロ (ムーチョ) メホール
可以 繼續 クーイー ジーシュウ 旅遊行程 嗎? リュウヨウシンチェン マ?	ฉันไปเที่ยวต่อเลยได้ไหม シャンパイ ティアウトー ルイダイマイ	¿ Puedo seguir viajando ? プエド セギール ビアハンド
請 給 我 診斷書 チンゲイウォージェンドゥアンスー (收據) (ソウジュウ)	ขอใบรับรองแพทย์ (ใบเสร็จ) ด้วย コー バイラップローンペーッ (バイセット) ドゥアイ	Deme el infórme médico デメ エル インフォルメ メディコ (el recibo) por favor. (エル レシーボ) ポル ファボル

持病や服用中の薬がある場合は、英文で書かれた診断書を用意しておくと安心。

日本語 *Japanese*	英語 *English*	韓国語 한국어
交通事故 Kōtsū jiko	**Traffic accident** トゥラフィック アクスィデント	**교통사고** キョトンサゴ
交通 事故が 起きました Kōtsū jiko ga okimashita	A traffic accident ア トゥラフィック アクスィデント has happened. ハズ ハプンド	교통사고가 났습니다. キョトンサゴガ ナッスムニダ
警察（救急車） Keisatsu (kyūkyūsha) を呼んでください o yonde kudasai	Call a police コール ア ポリィース (an ambulance)! （アン アンビュランス）	경찰(구급차)을 불러 キョンチャル（クグプチャ）ウル プルロ 주세요. ジュセヨ
車 に はねられました Kuruma ni hanerare mashita	I was hit by a car. アイ ワズ ヒット バイア カー	차에 치였습니다. チャエ チヨッスムニダ
状況 は よく覚えていません Jōkyō wa yoku oboete imasen	I don't remember アイ ドン リメンバー the situation well. ザ シチュエイション ウェル	상황이 기억나지 않습니다. サンファンイ キオンナジ アンスムニダ
応急 処置 をお願いします Ōkyū shochi o onegai shimasu	Please give me first aid. プリーズ ギヴ ミー ファースト エイド	응급처치를 부탁합니다. ウングプチョチルル プタッカムニダ
急いでください Isoide kudasai	Hurry up, please. ハリー アップ プリーズ	서둘러 주세요. ソドゥルロ ジュセヨ
事故証明書 をください Jiko shōmeisho o kudasai	May I have an メアイ ハヴァン accident report? アクスィデント リポート	사고 증명서를 주세요. サゴ ジュンミョンソルル チュセヨ

中国語 中文	タイ語 ไทย	スペイン語 Español
交通事故 ジャオトンシーグー	**อุบัติเหตุบนท้องถนน** ウバッティヘーッ ボン トーンタノン	**Accidente de tráfico** アクシデンテ デ トラフィコ
發生 車禍 ファーセン チャーフオ	มีอุบัติเหตุเกิดขึ้น ミーウバッティヘーッ グーッ クン	Hubo un accidente de tráfico. ウボ ウン アクシデンテ デ トラフィコ
請 幫 我 報警/ チン バン ウォー バオジン/ 請 幫 我 叫 救護車 チン バン ウォー ジャオ ジウフーチャー	ช่วยเรียกตำรวจ (รถพยาบาล) ให้หน่อย シュアイ リアクタムルアーッ (ロッパヤーバーン) ハイノイ	Avise a la Guardia アビセ ア ラ グアルディア Civíl (una ambulancia) por favor. シビル (ウナ アンブランシア) ポル ファボル
被 車 撞到 ベイ チャー ジュアンダオ	โดนรถเฉี่ยว ドーン ロッシアウ	Me ha atropellado un coche. メ ア アトロペジャード ウン コーチェ
狀況 記 不太 清楚 ジュアンクァン ジー ブータイ チンチュウ	จำสถานการณ์ไม่ได้ チャムサターンナガーン マイダイ	No recuerdo bien lo que pasó. ノ レクエルド ビエン ロ ケ パソ
請 幫 我 緊急處理 チン バン ウォー ジンジーツューリー	ช่วยทำการปฐมพยาบาลให้หน่อย シュアイ タムガーン パトムパヤーバーン ハイノイ	Hágame una cura アガメ ウナ クラ porvisional por favor. プロビシオナル ポル ファボル
請 快 一點 チン クァイ イーディエン	ช่วยรีบหน่อย シュアイ リーブノイ	Dese prisa por favor. デセ プリサ ポル ファボル
請 幫 我 開立 チン バン ウォー カイリー 事故證明書 シーグーゼンミンスー	ขอใบรับรองอุบัติเหตุด้วย コーバイラップローン ウバッティヘーッ ドゥアイ	Deme un certificado de デメ ウン セルティフィカード デ accidente por favor. アクシデンテ ポル ファボル

日本語 *Japanese*	英語 *English*	韓国語 한국어
薬局 Yakkyoku	**Pharmacy** ファーマシー	**약국** ヤククク
かぜ (頭痛/胃痛/歯痛) Kaze (zutsū/itsū/shitsū) の薬 をください no kusuri o kudasai	Do you have a medicine for cold ドゥー ユー ハヴァ メディシン フォー コウルド (headache/stomackace/toothache)? (ヘデイク/スタマケイク/トゥースエイク)	감기 (두통 / 위통 / 치통) 약을 주세요. カムギ (トゥトン / ウィトン / チトン) ヤグル チュセヨ
傷 の 薬 と 絆創膏 をください Kizu no kusuri to bansōkō o kudasai	Do you have an ドゥー ユー ハヴァン ointment and band-aid? オイントメント アンド バンデイド	상처약과 반창고를 주세요. サンチョヤククァ パンチャンコルル チュセヨ
この 処方箋 の 薬 をください Kono shōhōsen no kusuri o kudasai	Please fill プリーズ フィル this prescription. ディス プリスクリプション	이 처방전 약을 주세요. イー チョバンジョン ヤグル チュセヨ
この 薬 と 同じ Kono kusuri to onaji もの は ありますか? mono wa arimasu ka	Do you have the ドゥ ユー ハヴ ザ same medicine as this? セイム メディシン アズ ディス	이 약과 같은 것은 있습니까? イー ヤククァ カトゥン コスン イッスムニカ
生理用 ナプキンが ほしいの ですが Seiri yō napukin ga hoshī no desu ga	I need アイ ニード sanitary napkins. サニタリー ナプキンズ	생리대가 있나요? センリデガ インナヨ
歯磨き 用品 は ありますか? Hamigaki yōhin wa arimasu ka	Do you have items ドゥー ユー ハブ アイテムズ for dental care? フォー デンタル ケア	치약 용품이 있습니까? チヤン ニョンプミ イッスムニカ
私 は アレルギー体質 です Watashi wa arerugī taishitsu desu	I have allergies. アイ ハヴ アラージィ	저는 알레르기 체질이에요. チョヌン アルレルギ チェジリエヨ

トラブル 薬局

中国語 中文	タイ語 ไทย	スペイン語 Español
藥局 ヤオジュー	**ร้านยา** ラーンヤー	**Farmacia** ファルマシア
請 給 我 チン ゲ イウォー 感冒(頭痛/胃/止痛)藥 ガンマオ(トウオトン/ウェイ/ズートン)ヤオ	ขอยาแก้หวัด (ปวดหัว/ปวดท้อง/ ปวดฟัน) หน่อย コーヤーゲーワッ (プアッホアー /プアットーン/プアッファン) ノイ	Deme un medicamento para el catarro デメ ウン メディカメント パラ エル カタロ (el dolor de cabeza/estómago/muelas). (エル ドロール デ カベサ/エストマゴ/ムエラス)
請 給 我 チン ゲイ ウォー 擦傷藥 和 OK蹦 ツァーサンヤオ ハン オーケイバン	ขอยาล้างแผลและพลาสเตอร์ยาด้วย コー ヤーラーンプレー レ プラスターヤードゥアイ	Deme un medicamento para las デメ ウン メディカメント パラ ラス heridas y unas tiritas. エリーダス イ ウナス ティリータス
請 給 我 チン ゲイ ウォー 處方箋 上 的 藥 チュウファンジエン サン ダ ヤオ	ขอยาตามใบสั่งยานี้ด้วย コーヤー タームバイサンヤー ニードゥアイ	Deme esta receta. デメ エスタ レセタ
有 跟 這個藥 一樣 的 嗎? ヨウ ガン ジェイガヤオ イーヤン ダ マ?	มียาแบบเดียวกันนี้ไหม ミーヤー ベーブディアウガン ニーマイ	¿ Tiene esta misma medicina ? ティエネ エスタ ミスマ メディシーナ
我 需要 衛生棉 ウォー シューヤオ ウェイセンミエン	อยากได้ผ้าอนามัย ヤークダイ パーアナーマイ	Quiero unas compresas. キエロ ウナス コンプレサス
有沒有 刷牙 用品? ヨウメイヨウ シュアヤー ヨンピン?	มีแปรงและยาสีฟันไหม ミープレーン レ ヤーシーファンマイ	¿ Tiene productos ティエネ プロドゥクトス de higiéne bucal ? デ イヒエネ ブカル
我 有 過敏體質 ウォー ヨウ グオミンティージー	ฉันเป็นโรคภูมิแพ้ シャンペンロークプームペー	Tengo alérgia. テンゴ アレルヒア

海外の薬局では、アスピリンなど一部の薬以外、処方箋がないと薬を買えない国も多い。

日本語 *Japanese*	英語 *English*	韓国語 한국어
病気単語 Byōki tango	**Words for symptoms** ワーズ フォー シンプトムズ	**병・상처** ピョン サンチョ
診断書 shindansho	**medical certificate** メディカル サーティフィケイト	진단서 チンダンソ
喘息 zensoku	**asthma** アーズマ	천식 チョンシク
糖尿病 tōnyōbyō	**diabetes** ダイアビーディーズ	당뇨병 タンニョピョン
高血圧 ／ 低血圧 kō-ketsuatsu (tei-ketsuatsu)	**high blood pressure/low blood pressure** ハイ ブラッド プレシャー/ロウ ブラッド プレシャー	고혈압 / 저혈압 コヒョラプ/チョヒョラプ
炎症 enshō	**inflammation** インフラメイション	염증 ヨムチュン
ねんざ nenza	**sprain** スプレイン	염좌 ヨムジュア
食あたり shoku atari	**food poisoning** フード ポイズニング	체하다 チェハダ
出血 する shukketsu suru	**bleeding** ブリーディング	출혈이 있다 チュリョリ イッタ
じんましん jinmashin	**rash** ラッシュ	두드러기 トゥドゥロギ
のどの 痛み nodo no itami	**sore throat** ソー スロウト	인후통 イヌトン

看病用語 カンビンヨンユー	คำศัพท์เกี่ยวกับการเจ็บป่วย カムサップギアウガップガーンチェップアイ	Vocabulario de enfermedad ボカブラリオ デ エンフェルメダ
診斷書 ゼンドゥアンスー	ใบรับรองแพทย์ バイラップローンペーッ	informe médico インフォルメ メディコ (m)
氣喘 チーチュアン	โรคหอบหืด ロークホーブフード	asma アスマ (m)
糖尿病 タンニャオビン	โรคเบาหวาน ロークバオワーン	diabetes ディアベテス (f)
高血壓/低血壓 ガオシエヤー /ディーシエヤー	ความดันโลหิตสูง / ความดันโลหิตต่ำ クワームダンローヒットスーン / クワームダンローヒットタム	tensión alta / tensión baja テンシオン アルタ/テンシオン バハ (f)
發炎 ファーイエン	อักเสบ アックセーブ	inflamación インフラマシオン (f)
扭傷 ニョウサン	แพลง プレーン	esguince エスギンセ (m)
食物中毒 シーウーゾンドゥー	อาหารเป็นพิษ アーハーンペンピッ	intoxicación alimentaria イントシカシオン アリメンタリア (f)
出血 ツューシエ	เลือดออก ルアッオーク	sangrar サングラール
蕁麻疹 シュンマーゼン	ลมพิษ ロムピッ	urticaria ウルティカリア (f)
喉嚨痛 ホウロントン	เจ็บคอ チェップコー	dolor de garganta ドロール デ ガルガンタ (m)

日本語 *Japanese*	英語 *English*	韓国語 한국어
盗難 Tōnan	**Theft** セフト	**도난** トナン
助けて！ Tasukete	Help! ヘゥプ	도와주세요! トワチュセヨ
泥棒！ Dorobō	Theif! シーフ	도둑이야! トドゥギヤ
やめて！ Yamete	Stop it! ストピッ	그만해! クマネ
パスポート（財布）を Pasupōto (saifu) o 盗られました torare mashita	My passport マイ パースポート (wallet) was stolen. （ウォレット） ワズ ストウルン	여권 (지갑) 을 도둑맞았어요. ヨクォン (チガプ) ウル トドゥンマジャッソヨ
警察 を呼んで！ Keisatsu o yonde	Call a police! コール ア ポリィース	경찰을 불러 주세요. チョンチャルル プルロ ジュセヨ
警察署 は どこ ですか？ Keisatsusho wa doko desu ka	Where is the ホェア イザ police station? ポリィース ステイション	경찰서는 어디예요? キョンチャルソヌン オディエヨ
盗難証明書 を作って ください Tōnan shōmeisho o tsukutte kudasai	Could you make out クジュ メイカウト a theft report? ア セフト リポート	도난 증명서를 トナン ジュンミョンソルル 만들어 주세요. マンドゥロ ジュセヨ

→P62-63…トラブル単語

中国語 中文	タイ語 ไทย	スペイン語 Español
偷竊・失竊 トウチエ・シーチエ	**การโจรกรรม** ガーンチョーラガム	**Robo** ロボ
救命 啊! ジュウミン アー	ช่วยด้วย シュアイドゥアイ	¡ Socorro ! ソコロ
小偷! シァオトウ!	ขโมย カモイ	¡ Ladrón ! ラドロン
住手! ジュウソウ!	อย่า ヤー	¡ Déjame ! デハメ
護照(錢包)被 偷 了 フーザオ(チエンバオ)ベイ トウ ラ	ถูกขโมยพาสปอร์ต (กระเป๋าสตางค์) トゥーカモイパスポート (ガラパオサターン)	Me han robado el メ アン ロバード エル pasaporte(la cartera). パサポルテ (ラ カルテラ)
請 幫 我 報警 チン バン ウォー バオジン	เรียกตำรวจหน่อย リアクタムルアッ ノイ	¡ Llame a la policia ! ジャメ ア ラ ポリシア
警察局(派出所) ジンツァージュー(パイツュースオ) 在哪裡? ザイナーリー?	สถานีตำรวจอยู่ที่ไหน サターニー タムルアッ ユーティーナイ	¿ Dónde está la comisaría ? ドンデ エスタ ラ コミサリア
請 幫 我 開立 チン バン ウォー カイリー 失竊證明書 シーチエゼンミンスー	ช่วยออกใบแจ้งความให้ด้วย シュアイオーク バイチェーンクワーム ハイドゥアイ	Hágame la denuncia. アガメ ラ デヌンシア

❗観光客の多い繁華街や、バスや電車の中は、スリ・置き引きが多発しているので注意。

日本語 *Japanese*	英語 *English*	韓国語 한국어
紛失 Funshitsu	**Lost** ロスト	**분실** プンシル
パスポートをなくし ました Pasupōto o nakushi mashita	I lost my passport. アイ ロスト マイ パースポート	여권을 잃어버렸어요. ヨクォヌル イロボリョッソヨ
タクシーに携帯電話 を Takushī ni keitai denwa o 置き忘れ ました oki wasure mashita	I left my アイ レフト マイ cell phone in the taxi. セルフォン イン ザ タクシー	택시에 핸드폰을 놓고 내렸어요. テクシエ ヘンドゥポヌル ノッコ ネリョッソヨ
財布を盗られました Saifu o torare mashita	My wallet was stolen. マイ ウォレット ワズ ストウルン	지갑을 도둑맞았어요. チガブル トドゥンマジャッソヨ
財布には クレジット Saifu ni wa kurejitto カードが 入っています kādo ga haitte imasu	I have credit cards アイ ハヴ クレディットカーズ in the wallet. イン ザ ウォレット	지갑에 신용카드가 들어 있어요. チガベ シニョンカドゥガ トゥロ イッソヨ
クレジットカードを Kurejitto kādo o 停止 して ください teishi shite kudasai	Please cancel the card. プリーズ キャンセル ザ カード	신용카드를 シニョンカドゥルル 정지시켜 주세요. チョンジシキョ ジュセヨ
誰 に知らせたらいいですか？ Dare ni shirasetara iidesu ka	Who should I inform? フウ シュダイ インフォーム	누구에게 알리면 돼요? ヌグエゲ アルリミョン トェヨ
日本大使館 は Nihon taishikan wa どこに ありますか？ doko ni arimasu ka	Where is ホエア イズ Embassy of Japan? エンバシー オブ ジャパン	일본 대사관은 イルボン デサグァヌン 어디에 있습니까? オディエ イッスムニカ

→P62-63…トラブル単語

中国語 中文	タイ語 ไทย	スペイン語 Español
遺失 イーシー	**สิ่งของสูญหาย** シンコーン スーンハーイ	**Pérdida** ペルディダ
護照 不見 了 フーザオ ブージエン ラ	พาสปอร์ตหาย パスポーッハーイ	He perdido el pasaporte. エ ペルディード エル パサポルテ
手機 掉 在 計程車 上 ソウジー ディアオ ザイ ジーチャンチャー サン	ลืมโทรศัพท์มือถือไว้ในแท็กซี่ ルームトーラサップムートゥー ウイナイ テックシー	Dejé mi móvil en el táxi. デヘ ミ モビル エン エル タッシ
錢包 被 偷 了 チエンバオ ベイ トウ ラ	กระเป๋าสตางค์หาย グラパオサターン ハーイ	Me han robado la cartera. メ アン ロバード ラ カルテラ
錢包 裡 有 信用卡 チエンバオ リー ヨウ シンヨンカー	ในกระเป๋าสตางค์มีบัตรเครดิต ナイ グラパオサターン ミーバックレーディッ	Hay tarjetas de crédito アイ タルヘタス デ クレディト dentro de mi cartera. デントロ デ ミ カルテラ
請 幫 我 掛失 信用卡 チン バン ウォー グアシー シンヨンカー	ช่วยอายัดบัตรเครดิตด้วย シュアイアーヤッ バックレーディッドゥアイ	Bloquée me mi tarjeta de ブロケエメ ミ タルヘタ デ crédito por favor. クレディト ポル ファボル
需要 通知 誰 嗎? シューヤオ トンジー セイ マ?	ควรแจ้งใครดี クアーン チェーン クライディー	¿ A quién debo decírselo ? ア キエン デボ デシールセロ
日本台湾交流協会 リーベンタイワンジァオリュウシエフイ 在 哪裡? ザイ ナーリー?	สถานทูตญี่ปุ่นอยู่ที่ไหน サターントゥーッイープン ユーティーナイ	¿ Dónde está la ドンデ エスタ ラ embajada del Japón ? エンバハーダ デル ハポン

クレジットカード会社によって紛失・盗難時の緊急連絡先が異なる。事前にメモしておくと安心。

日本語 Japanese	英語 English	韓国語 한국어
トラブル単語 toraburu tango	**Words for trouble** ワーズ　フォー　トラブル	**트러블 관련 단어** トゥロブル クァルリョン タノ
クレジットカード Kurejitto kādo	credit card クレディット　カード	신용카드 シニョンカドゥ
パスポート Pasupōto	passport パースポート	여권 ヨクォン
携帯電話 Keitai denwa	cell phone / mobile phone セル　フォン　/　モバイル　フォン	핸드폰 ヘンドゥポン
財布 Saifu	wallet ウォレット	지갑 チガプ
現金 Genkin	cash キャッシュ	현금 ヒョングム
カメラ Kamera	camera キャメラ	카메라 カメラ
腕時計 Ude dokei	watch ウォッチ	손목시계 ソンモクシゲ
警察 Keisatsu	police ポリィース	경찰 キョンチャル
盗難／事故証明書 Tōnan / jiko shōmeisho	theft / accident report セフト /　アクスィデント　リポート	도난 / 사고 증명서 トナン / サゴ ジュンミョンソ
再発行 Sai hakkō	reissue リイシュー	재발행 チェバレン
日本大使館 Nihon taishikan	Embassy of　Japan エンバシー　オブ　ジャパン	일본 대사관 イルボン テサグァン
日本領事館 Nihon ryōjikan	Consulate of　Japan コンスレイト　オブ　ジャパン	일본 영사관 イルボン ヨンサグァン

中国語 中文	タイ語 ไทย	スペイン語 Español
突發狀況用語 トゥーファージュアンクアンヨンユー	**คำศัพท์เมื่อเจอปัญหา** カムサップ ムアーチュー パンハー	**Vocabulario de incidencias** ボカブラリオ デ インシデンシアス
信用卡 シンヨンカー	บัตรเครดิต バックレディッ	tarjeta de crédito(f) タルヘタ デ クレディト
護照 フーザオ	พาสปอร์ต パスポーッ	pasaporte(m) パサポルテ
手機 ゾウジー	โทรศัพท์มือถือ トーラサップ ムートゥー	teléfono móvil(m) テレフォノ モビル
錢包 チエンバオ	กระเป๋าสตางค์ グラパオ サターン	cartera(f) カルテラ
現金 シェンジン	เงินสด グンソッ	efectivo(m) エフェクティボ
相機 シャンジー	กล้องถ่ายรูป グロン ターイループ	cámara(f) カマラ
手錶 ゾウビャオ	นาฬิกาข้อมือ ナーリガー コームー	reloj(m) レロ
警察 ジンツァー	ตำรวจ タムルアッ	policía(f) ポリシア
失竊/事故證明書 シーチエ/シーグーゼンミスー	ใบรับรองการโจรกรรม/อุบัติเหตุ バイラップローン ガーンチョーラガム/ウバッティヘート	robo/denuncia(m) ロボ／デヌンシア (f)
再開立 ザイカイリー	ออกใหม่ オークマイ	renovación(f) レノバシオン
日本台湾交流協会 リーベンタイワンジァオリュウシエフイ	สถานทูตญี่ปุ่น サターントゥーッ イープン	Embajada del Japón(f) エンバハダ デル ハポン
日本台湾交流協会 リーベンタイワンジァオリュウシエフイ	สถานกงศุลญี่ปุ่น サターン ゴンスン イープン	Consulado del Japón(m) コンスラド デル ハポン

身体の部位

日	英	韓	中	タ	ス
顔kao	faceフェイス	얼굴オルグル	臉リエン	หน้าナー	cara (f) カラ
頭atama	headヘッド	머리モリ	頭トウ	หัวホアー	cabeza (f) カベサ
目me	eyeアイ	눈ヌン	眼睛イエンジン	ตาター	ojo (m) オホ
鼻hana	noseノウズ	코コ	鼻子ビーズ	จมูกチャムーク	nariz (f) ナリス
耳mimi	earイア	귀クィ	耳朵アードゥオ	หูフー	oreja (f) オレハ
口kuchi	mouthマウス	입イプ	嘴巴ズイバー	ปากパーク	voca (f) ボカ
歯ha	toothトゥース	이イ	牙齒ヤーチー	ฟันファン	diente (m) ディエンテ
首kubi	neckネック	목モク	脖子ボーズ	คอコー	cuello (m) クエジョ
のどnodo	throatスロウト	목モク	喉嚨ホウロン	คอコー	garganta (f) ガルガンタ
胸mune	chestチェスト	가슴カスム	胸部ションブー	อกオック	pecho (m) ペチョ
腹hara	stomachスタマック	배ペ	肚子ドゥーズ	ท้องトーン	tripa (f) トゥリパ
手te	handハンド	손ソン	手ソウ	มือムー	mano (f) マノ
指yubi	fingerフィンガー	손가락ソンカラク	(手)手指、(足)腳指ソウジー、ジャオジー	นิ้วニウ	dedo (m) デド
腕ude	armアーム	팔パル	手臂ソウビー	แขนケーン	brazo (m) ブラソ
肩kata	shoulderショルダー	어깨オケ	肩膀ジエンバン	ไหล่ライ	hombro (m) オンブロ
ひじhiji	elbowエルボウ	팔꿈치パルクムチ	手肘ソウゾウ	ข้อศอกコソーク	codo (m) コド
ひざhiza	kneeニー	무릎ムルプ	膝蓋シーガイ	หัวเข่าホアカオ	rodilla (f) ロディージャ
背中senaka	backバック	등トゥン	背ベイ	หลังラン	espalda (f) エスパルダ
尻shiri	buttバット	엉덩이オンドンイ	屁股ピーグ	สะโพกサポーク	culo (m) クロ
足首ashikubi	ankleアンクル	발목パルモク	腳踝ジャオフアイ	ข้อเท้าコターオ	tobillo (m) トビージョ
脚ashi	legレッグ	다리タリ	腳ジャオ	ขาカー	pierna (f) ピエルナ
足ashi	footフット	발パル	腿トゥイ	เท้าターオ	pie (m) ピエ

日 日本語 Japanese　英 英語 English　韓 韓国語 한국어　中 中国語 中文　タ タイ語 ไทย　ス スペイン語 Español

移動交通

空港から市内へ
タクシー
バス・電車

日本語 Japanese	英語 English	韓国語 한국어
空港から市内へ Kūkō kara shinai e	**From airport to the city** フロム エアポート トゥ ザ シティ	**공항에서 시내로** コンハンエソ シネロ
カートは どこ にありますか？ Kāto wa doko ni arimasu ka	Where is a trolley? ホエア イズァ トロリー	카트는 어디에 있습니까? カトゥヌン オディエ イッスムニカ
市内 まで、何 が 一番 Shinai made nani ga ichiban 速く 行けますか？ hayaku ikemasu ka	What is the fastest ホワッティズ ザ ファーステスト way to go to the city? ウェイ トゥ ゴー トゥ ザ シティ	시내까지 뭐로 가면 가장 빨라요? シネカジ ムォロ カミョン カジャン パルラヨ
バス の チケットは どこ Basu no chiketto wa doko で買えますか？ de kaemasu ka	Where can I buy ホエア キャナイ バイ a bus ticket? ア バス ティケット	버스 티켓은 어디서 살 수 ボス ティケスン オディソ サル ス 있습니까? イッスムニカ
市内 へ行くバスは どれです か？ Shinai e iku basu wa dore desu ka	Which bus goes to the city? フィッチ バス ゴーズ トゥザ シティ	시내로 가는 버스는 어느 거예요? シネロ ガヌン ボスヌン オヌ ゴエヨ
タクシー乗り場は どこ ですか？ Takushī noriba wa doko desu ka	Where is the taxi stand? ホエア イズ ザ タクシー スタンド	택시 타는 곳은 어디예요? テクシ タヌン ゴスン オディエヨ
駅 まで の 行き方を教えてください Eki made no ikikata o oshiete kudasai	Could you tell me クジュ テル ミー the way to the station? ザ ウェイ トゥ ザ ステイション	역까지 가는 법을 가르쳐 주세요. ヨクカジ カヌン ボブル カルチョ ジュセヨ
この 荷物 をタクシー Kono nimotsu o takushī 乗り場まで 運んで ください noriba made hakonde kudasai	Could you help me carrying クジュ ヘルプ ミー キャリイング this baggage to the taxi stand? ディス バゲッジ トゥザ タクシー スタンド	이 짐을 택시 타는 곳까지 イー チムル テクシ タヌン ゴッカジ 옮겨 주세요. オムギョ ジュセヨ

中国語 中文	タイ語 ไทย	スペイン語 Español
從 機場 到 市中心 ツォン ジーチャン ダオ シーヂンシン	**จากสนามบินเข้าเมือง** チャークサナームビンカオムアン	**Del aeropuerto al centro** デル アエロプエルト アル セントロ
在 哪裡 有 行李推車? ザイ ナーリー ヨウ シンリートゥイチャー？	รถเข็นอยู่ที่ไหน ロッケン ユーティーナイ	¿ Dónde están los carros ? ドンデ エスタン ロス カロス
到 市區 坐 什麼 最快? ダオ シーチュー ズオ センマ ズイクァイ？	เดินทางเข้าเมืองโดยวิธีไหนเร็วที่สุด ドゥンターン カオムアン ドイウィティー ナイ レウ ティースッ	¿ Qué trasporte es más ケ トランスポルテ エス マス rápido para ir al centro ? ラピド パラ イル アル セントロ
在 哪裡 可以 買 ザイ ナーリー クーイー マイ 客運 車票? カーユン チャーピァオ？	ซื้อตั๋วรถเมล์ได้ที่ไหน スートゥアー ロットメー ダイティーナイ	¿ Dónde puedo comprar ドンデ プエド コンプラール el billete de autobús ? エル ビジェテ デ アウトブス
往 市區 的 客運 哪一個? ワン シーチュー ダ カーユン ナーイガ？	อันไหนคือรถเมล์เข้าเมือง アンナイ クー ロットメー カオムアン	¿ Qué autobús va al centro ? ケ アウトブス バ アル セントロ
計程車 乘車處 ジーチェンチャー チェンチャーツュウ 在 哪? ザイ ナー？	จุดขึ้นรถแท็กซี่อยู่ที่ไหน チュッ クンロッ テックシー ユーティーナイ	¿ Dónde está la parada ドンデ エスタ ラ パラダ de taxi ? デ タッシ
往 車站 要 怎麼 走? ワン チャージャン ヤオ ゼンマ ヅウ？	ช่วยบอกวิธีไปสถานีหน่อย シュアイボークウィティー パイサターニーノイ	Indíqueme cómo ir a la インディケメ コモ イル ア ラ estación por favor. エスタシオン ポル ファボル
請 幫 我 把 這個 行李 送 チン バン ウォー バー ジェガ シンリー ソン 到 計程車 乘車處 ダオ ジーチャンチャー チェンチャーツュウ	ช่วยขนสัมภาระนี้ไปที่จุดขึ้นแท็กซี่ให้ด้วย シュアイコン サンパーラニー パイティー チュッ クンテックシードゥアイ	Lléveme mi maleta hasta la ジェベメ ミ マレタ アスタ ラ parada de taxi por favor. パラダ デ タッシ ポル ファボル

日本語 *Japanese*	英語 *English*	韓国語 한국어
タクシー Takushī	**Taxi** タクシー	**택시** テクシ
タクシーを呼んでください Takushī o yonde kudasai	Could you call a taxi? クジュ コールァ タクシー	택시를 불러 주세요. テクシルル プルロ ジュセヨ
キングホテルまで お願いします Kingu hoteru made onegai shimasu	To King Hotel, please. トゥ キング ホゥテル プリーズ	킹호텔까지 부탁합니다. キンホテルカジ プタッカムニダ
【メモを見せながら】 この 住所 へ行ってください Kono basho e itte kudasai	To this address, please. トゥ ディス アドレス プリーズ	이 주조로 가 주세요. イー チュソロ カ ジュセヨ
荷物 をトランクに Nimotsu o toranku ni 入れてください irete kudasai	Could you put クジュ プッ my baggage in the trunk? マイ バゲッジ インザ トランク	짐을 트렁크에 실어 주세요. チムル トゥロンクエ シロ ジュセヨ
ここ で 停めてください。降ります Koko de tomete kudasai. Orimasu	Please stop here. プリーズ ストップ ヒア I'll get off. アイル ゲットフ	여기서 세워 주세요, 내릴게요. ヨギソ セウォ ジュセヨ ネリルケヨ
いくらですか？ Ikura desu ka	How much? ハウ マッチ	얼마예요? オルマエヨ
値段 が メーターと 違います Nedan ga mētā to chigai masu	The price doesn't ザ プライス ダズン match with the meter. マッチ ウィズ ザ メーター	택시비가 미터기하고 다른데요. テクシビガ ミトギハゴ タルンデヨ

中国語 中文	タイ語 ไทย	スペイン語 Español
計程車 ジーチャンチャー	**แท็กซี่** テックシー	**Taxi** タッシ
請 幫 我 叫車 チン バン ウォー ジァオチャー	ช่วยเรียกแท็กซี่หน่อย シュアイリアク テックシーノイ	Pídame un taxi por favor. ピダメ ウン タッシ ポル ファボル
請 到 King飯店 チン ダオ キングファンディエン	ไปโรงแรมคิง パイローンレームキン	Lléveme al Kinghotel. ジェベメ アル キングホテル
請 到 這個 地址 チン ダオ ジェガ ディージー	ช่วยไปตามที่อยู่นี้ シュアイパイ タームティーユーニー	Lléveme a esta dirección. ジェベメ ア エスタ ディレクシオン
請 幫 我 把 行李 チン バン ウォー バー シンリー 放 到 後車箱 ファン ダオ ホウチャーシャン	ช่วยเก็บของไว้ท้ายรถด้วย シュアイゲップコーン ワイターイロッ ドゥアイ	Pónga mi maleta ポンガ ミ マレタ en el maletero. エン エル マレテロ
請 在 這裡 停車 チン ザイ ジャーリー ティンチャー 我 要 下車 ウォー ヤオ シアチャー	ช่วยจอดด้วย จะลงตรงนี้ シュアイチョーッドゥアイ チャロン トロンニー	Pare el taxi パレ エル タッシ aquí, que me bajo. アキ ケ メ バホ
多少錢 ドゥオサオチエン	เท่าไหร่ タオライ	¿ Cuánto es ? クアント エス
費用 跟 フェイヨン ガン 跳錶 不一樣 ティアオビアオ ブーイーヤン	ราคาต่างจากมิเตอร์ ラーカー ターンチャークミトゥー	Me está cobrando distinto メ エスタ コブランド ディスティント a lo que marca el taximetro. ア ロ ケ マルカ エル タッシメトロ

タクシーに乗ったら、運転手がメーターを作動させたか、正常に動いているかを確認しよう。

日本語 Japanese	英語 English	韓国語 한국어
バス・電車 Basu Densha	**Bus・Train** バス トレイン	**버스・전철** ポス チョンチョル
バス（電車）の 切符 は Basu (densha) no kippu wa どこ で 買えますか？ doko de kaemasu ka	Where can I buy ホエア キャナイ バイ a bus (train) ticket? ア バス（トレイン） ティケット	버스 (전철) 표는 어디서 사요? ポス（チョンチョル）ピョヌン オディソ サヨ
観光 客向 け の Kankō kyaku muke no 乗り放題券 は ありますか？ norihōdai ken wa arimasu ka	Is there an unlimited-ride イズ ゼア アン アンリミテッド ライド ticket for tourists? ティケット フォー ツーリスツ	관광객용 자유이용티켓은 있습니까? クァングァンゲンニョン チャユイヨンティ ケスン イッスムニカ
IC カードが ほしいの です が Ai shī kādo ga hoshī no desu ga	I want a smartcard. アイ ウォンタ スマートカード	IC카드를 만들고 싶은데요. アイシカドゥルル マンドゥルゴ シプンデヨ
バス（電車） Basu (densha) は 何時 発 です か？ wa nanji shuppatsu desu ka	What time does ホアッタイム ダズ the bus (train) leave? ザ バス（トレイン） リーヴ	버스 (전철) 는 ポス（チョンチョル）ヌン 몇 시 출발입니까? ミョッ シ チュルバリムニカ
中央 駅 行きは Chūō eki iki wa 何番線 から 出ます か？ nanbansen kara demasu ka	Which track does the train for フィッチ トラック ダズ ザ トレイン フォー Central station leave from? セントラル ステイション リーヴ フロム	중앙역행은 몇 チュンアンニョッケンウン ミョッ 번선에서 출발합니까? ポンソネソ チュルバラムニカ
キングホテルへ行くには、 Kingu Hoteru e iku ni wa どこ で 降りればいいですか？ doko de orireba īdesu ka	Where should I get off ホエア シュダイ ゲットフ to get to King Hotel? トゥ ゲットゥ キングホゥテル	킹호텔에 가려면 キンホテレ カリョミョン 어디서 내리면 돼요? オディソ ネリミョン トェヨ
スーツケースは 電車 内 に Sūtsukēsu wa densha nai ni 持ち込め ます か？ mochikome masu ka	Are we allowed to bring アー ウィー アラウトゥ ブリング suitscases on the train? スーツケイスィズ オン ザ トレイン	캐리어는 전철 안에 ケリオヌン チョンチョ ラネ 가지고 들어갈 수 있습니까? カジゴ トゥロガル ス イッスムニカ

→P76-77…電車・地下鉄

中国語 中文	タイ語 ไทย	スペイン語 Español
公車・捷運(火車) ゴンチャー ジエユン(フオチャー)	**รถเมล์・รถไฟ** ロッメー ロッファイ	**Autobús・Tren** アウトブス トレン
在 哪裡 可以 買 ザイ ナーリー クーイー マイ 公車票(捷運車票/火車票)? ゴンチャーピャオ(ジエユンチャーピャオ/フオチャーピャオ)?	ตั๋วรถเมล์ (รถไฟ) ซื้อได้ที่ไหน トゥアーロットメー(ロッファイ)スーダイティーナイ	¿Dónde puedo comprar el ドンデ プエド コンプラール エル billete de autobús (tren)? ビジェテ デ アウトブス(トレン)
有 給 觀光客 無限次 ヨウ ゲイ グァングァンカー ウーシェンツー 搭乘 的 車票 嗎? ダーチェン ダ チャーピャオマ?	มีตั๋วสำหรับนักท่องเที่ยวที่ใช้ได้ไม่จำกัดเที่ยวไหม ミートゥアー サムラップナックトンティーウ ティーシャイダイ マイチャムガッティアウマイ	¿Hay abono turístico? アイ アボノ トゥリスティコ
我 想 買 電子票證 ウォー シャン マイ ディエンズーピャオゼン (悠遊卡/一卡通/愛金卡/有錢卡) (ヨウヨウカー/イーカートン/アイジンカー/ヨウチエンカー)	อยากได้ตั๋วที่เติมเงินได้ ヤークダイトゥアーティー トゥームグンダイ	Quiero una tarjeta TCI. キエロ ウナ タルヘタ テーセーイー
公車(捷運/火車) ゴンチャー(ジエユン/フオチャー) 幾點 出發? ジーディエン ツューファー?	รถเมล์ (รถไฟ) ออกกี่โมง ロッメー(ロッファイ)オークギーモーン	¿A qué hora sale el ア ケ オラ サレ エル autobús (tren)? アウトブス(トレン)
往 中央車站 的 列車 ワン ゾンヤンチャーザン ダ リエチャー 從 幾號 月台 出發? ツォン ジーハオ ユエタイ チューファー?	รถที่ไปสถานีกลางออกจากชานชลาหมายเลขใด ロッティーパイ サターニーグラーン オークチャーク シャーンシャラー マイレークダイ	¿De qué andén sale el tren デ ケ アンデン サレ エル トレン para ir a la estación central? パラ イル ア ラ エスタシオン セントラル
要 去 king飯店 在 ヤオ チュー キングファンディエン ザイ 哪裡 下車 比較 好? ナーリー シアチャー ビージャオ ハオ?	จะไปโรงแรมคิงต้องลงตรงไหน チャパイ ローンレームキン トンロントロンナイ	¿En qué parada tengo que エン ケ パラダ テンゴ ケ bajar para ir al Kinghotel? バハール パラ イル アル キングホテル
行李箱 可以 帶進 シンリーシャン クーイー ダイジン 車廂 嗎? チャーシャン マ?	เอากระเป๋าเดินทางขึ้นรถไฟได้ไหม アオグラパオドンターン クンロッファイ ダイマイ	¿Puedo llevar la maleta プエド ジェバール ラ マレタ dentro del tren? デントロ デル トレン

ハワイの The Bus は、スーツケースなどの大きな荷物が持ち込めないので注意。

日本語 Japanese	英語 English	韓国語 한국어
一人歩き Hitoriaruki	**Solo travel** ソロ トラヴェル	**혼자 여행** ホンジャ ヨヘン
すみません。道に迷いました Sumimasen Michi ni mayoi mashita	Excuse me. エクスキュース ミー I got lost. アイ ガット ロスト	저기요, 길을 잃었어요. チョギヨ キルル イロッソヨ
博物館 へ行く Hakubutsukan e iku 道 を教えてください michi o oshiete kudasai	Could you tell me クジュ テル ミー the way to the museum? ザ ウェイ トゥ ザ ミューズィアム	박물관에 가는 パンムルグァネ カヌン 길을 가르쳐 주세요. ギルル カルチョ ジュセヨ
この 近く に Kono chikaku ni 観光案内所 は ありますか? kankō annaijo wa arimasu ka	Is there a tourist イズ ゼアァ ツーリスト information around here? インフォメイション アラウンド ヒア	이 근처에 イー クンチョエ 관광안내소는 있습니까? クァングァンアンネソヌン イッスムニカ
博物館 へは Hakubutsukan e wa ここから歩け ますか? kokokara aruke masu ka	Can I walk to キャナイ ウォーク トゥ the museum? ザ ミューズィアム	박물관에는 여기서 パンムルグァネヌン ヨギソ 걸어갈 수 있어요? コロガル ス イッソヨ
ここから 一番 近い Koko kara ichiban chikai 駅 は どこ です か? eki wa doko desu ka	Where is a nearest ホエア イズァ ニアレスト station from here? ステイション フロム ヒア	여기서 가장 가까운 ヨギソ カジャン カカウン 역은 어디예요? ヨグン オディエヨ
(地図を見せて) 私 が今 Watashi ga ima いるの は どこ ですか? iru no wa doko desu ka	Where am I now? ホエア アマイ ナウ	제가 지금 있는 곳은 어디예요? チェガ チグム インヌン ゴスン オディエヨ
この 通りは 何 といいますか? Kono tōri wa nan to īmasu ka	What is the name ホワッティズ ザ ネイム of this street? オブ ディス ストリート	이 거리는 뭐라고 합니까? イー コリヌン ムォラゴ ハムニカ

中国語 中文	タイ語 ไทย	スペイン語 Español
一個人散步 イガレンサンブー	**เดินคนเดียว** ドゥンコンディアウ	**Viajar sólo** ビアハール ソロ
不好意思, 我 迷路 了 ブーハオイース、ウォー ミールー ラ	ขอโทษ ฉันหลงทาง コートーッ シャンロンターン	Oiga perdone. Me he perdido. オイガ ペルドネ メ エ ペルディード
往 博物館 怎麼 走? ワン ボーウーグァン ゼンマ ゾウ?	ช่วยบอกทางไปพิพิธภัณฑ์หน่อย シュアイボークターンパイ ピピッタパンノイ	Dígame cómo ir al ディガメ コモ イル アル museo por favor. ムセオ ポル ファボル
這邊 附近 有 ザビェン フージン ヨウ 旅客服務中心 嗎? リュウカーフーウーゾンシン マ?	แถวนี้มีศูนย์ประชาสัมพันธ์การท่องเที่ยวไหม テウニー ミースーンプラシャーサンパン ガーントンティウマイ	¿ Hay algún punto de información アイ アルグン プント デ インフォルマシオン de turísumo cerca de aquí ? デ トゥリスモ セルカ デ アキ
從 這裡 往 博物館 ツォン ジャーリー ワン ボーウーグァン 走路 會 到 嗎? ゾウルー フイ ダオ マ?	จากตรงนี้เดินไปพิพิธภัณฑ์ได้ไหม チャークトロンニー ドゥーンパイピピッタパン ダイマイ	¿ Puedo ir andando プエド イル アンダンド desde aquí hasta el museo ? デスデ アキ アスタ エル ムセオ
離 這裡 最近 的 リー ジャーリー ズイジン ダ 捷運站(火車站)在 哪裡? ジエユンザン(フオチャーザン)ザイ ナーリー?	จากตรงนี้สถานีที่ใกล้ที่สุดอยู่ที่ไหน チャークトロンニー サターニー ティーグライ ティースッ ユーティーナイ	¿ Qué estación está ケ エスタシオン エスタ más cerca de aquí ? マス セルカ デ アキ
我 現在 在 哪裡? ウォー シェンザイ ザイ ナーリー?	ตอนนี้ฉันอยู่ตรงไหน トーンニー シャンユートロンナイ	¿ Puede indicarme プエデ インディカルメ dónde estoy ? ドンデ エストイ
這條路 叫 什麼? ジャーティアオルー ジィアオ センマ?	เส้นนี้คือถนนอะไร センニー クータノンアライ	¿ Cómo se llama esta calle ? コモ セ ジャマ エスタ カジェ

日本語 *Japanese*	英語 *English*	韓国語 한국어
一人歩き Hitoriaruki	**Solo travel** ソロ　トラヴェル	**혼자 여행** ホンジャ ヨヘン
グランドホテルを探して　います Gurando hoteru　o sagashite imasu	I'm　looking for アイム　ルッキン　フォー Grand Hotel. グランド ホゥテル	그랜드호텔을 찾고 있어요. グレンドゥホテルル チャッコ イッソヨ
博物館　へは どう行けば Hakubutsukan e wa dō　ikeba いいですか？ īdesu　ka	How can I　get to ハウ　キャナイ　ゲットゥ the museum? ザ　ミューズィアム	박물관에는 パンムルグァネヌン 어떻게 가면 돼요? オトッケ カミョン トェヨ
あの建物　は 何です か？ Ano tatemono wa nandesu ka	What is　that　building? ホワッティズ　ザット　ビルディング	저 건물은 뭐예요? チョー コンムルン ムォエヨ
何　か 目印　は ありますか？ Nani ka mejirushi wa arimasu　ka	Is　there any　landmarks? イズ　ゼア　エニィ　ランドマークス	뭔가 표시가 ムォンガ ピョシガ 될만한 것은 있습니까? トェルマナン ゴスン イッスムニカ
まっすぐに行くの です か？ Massugu　ni iku　no desu ka	Going　straight? ゴーイング　ストレイト	똑바로 가면 돼요? トゥパロ カミョン トェヨ
ここ に書いてもらえます か？ Koko ni kaite　morae masu ka	Could you write down here? クジュ　ライト　ダウン　ヒア	여기에 써 주시겠어요? ヨギエ ソ ジュシゲッソヨ
もう少し　ゆっくり Mō　sukoshi yukkuri 話して　もらえます か？ hanashite morae masu ka	Could you speak クジュ　スピーク more slowly,　please? モア　スロウリィ　プリーズ	조금 더 천천히 チョグム ドー チョンチョニ 말씀해 주시겠어요? マルスメ ジュシゲッソヨ

中国語 中文	タイ語 ไทย	スペイン語 Español
一個人散步 イガレンサンブー	**เดินคนเดียว** ドゥンコンディアウ	**Viajar sólo** ビアハール ソロ
Grand飯店 在 哪裡? グランドファンディエン ザイ ナーリー?	ฉันกำลังหาโรงแรมแกรนด์ シャンガムランハー ローンレームグレーン	Estoy buscando Grandhotel. エストイ ブスカンド グランオテル
往 博物館 怎麼 走? ワン ボーウーグァン ゼンマ ゾウ?	ไปพิพิธภัณฑ์อย่างไร パイピピッタパン ヤーンライ	¿ Cómo se va al museo ? コモ セ バ アル ムセオ
那 一 棟 ナー イー ドン 建築物 是 什麼? ジェンズーウー シー センマ?	ตึกนี้คือตึกอะไร トゥックニー クートゥック アライ	¿ Qué edificio es aquel ? ケ エディフィシオ エス アケル
有 什麼 路標 嗎? ヨウ センマ ルービャオ マ?	มีอะไรเป็นที่สังเกตไหม ミーアライペンティー サンゲーッマイ	¿ Hay algo que me guie ? アイ アルゴ ケ メ ギエ
是 一直 走 嗎? シー イージー ゾウ マ?	ตรงไปหรือ トロンパイ ルー	¿ Hay que ir recto ? アイ ケ イル レクト
可以 幫 我 クーイー バン ウォー 寫 在 這裡 嗎? シエ ザイ ジャーリー マ?	ช่วยเขียนตรงนี้ให้หน่อย シュアイキアン トロンニー ハイノイ	¿ Podría escribirlo aquí ? ポドリア エスクリビルロ アキ
可以 說 クーイー スオー 慢 一點 嗎 ? マン イーディエン マ?	ช่วยพูดช้าลงหน่อย シュアイプーッ シャーロンノイ	¿ Podría hablar ポドリア アブラール más despacio por favor? マス デスパシオ ポル ファボル

日本語 Japanese	英語 English	韓国語 한국어
電車・地下鉄 Densha Chikatetsu	**Train・Subway** トレイン サブウェイ	**전철・지하철** チョンチョル チハチョル
ここ から 一番 近い Koko kara ichiban chikai 駅 は どこ ですか？ eki wa doko desu ka	Where is a nearest ホエア イズァ ニアレスト station from here? ステイション フロム ヒア	여기서 가장 가까운 역은 어디예요? ヨギソ カジャン カカウン ヨグン オディエヨ
スタジアムへ行くの は Stajiamu e iku no wa 何 線 ですか？ nani sen desu ka	Which line goes フィッチ ライン ゴウズ to the stadium トゥ ザ ステイディアム	스타지움에 가는 건 무슨 선이에요? スタジウメ カヌン ゴン ムスン ソニエヨ
スタジアムは Sutajiamu ha いくつめ の 駅 です か？ ikutsu me no eki desu ka	How many stops ハウメニィ ストップス to the stadium? トゥ ザ ステイディアム	스타지움은 몇 번째 역이에요? スタジウムン ミョッ ポンチェ ヨギエヨ
地下鉄 の 路線図 をください Chikatetsu no rosenzu o kudasai	May I have a route メアイ ハヴァ ルート map of subway? マップ オブ サブウェイ	지하철 노선도를 주세요. チハチョル ノソンドルル チュセヨ
I C カード を Ai shī kādo o チャージしたいの です が chāji shitai no desu ga	I want to top アイ ウォントゥ トップ up my smartcard. アップ マイ スマートカード	IC카드를 충전하고 싶은데요. アイシカドゥルル チュンジョナゴ シプンデヨ
美術館 へ行くには、 Bijutsukan e iku ni wa どこ で 乗り換えです か？ doko de norikae desu ka	Which station should I transfer フィッチ ステイション シュダイ トランスファー to go to the art museum? トゥ ゴー トゥ ジ アート ミューズィアム	미술관에 가려면 ミスルグァネ カリョミョン 어디서 갈아탑니까? オディソ カラタムニカ
美術館 への 出口 は Bijutsukan e no deguchi wa どれですか？ dore desu ka	What exit is ホワッ エグジット イズ the art museum? ジ アート ミューズィアム	미술관으로 가는 ミスルグァヌロ カヌン 출구는 어디예요? チュルグヌン オディエヨ

中国語 中文	タイ語 ไทย	スペイン語 Español
火車・捷運 フオチャー ジエユン	**รถไฟ・รถไฟใต้ดิน** ロッファイ ロッファイタイディン	**Tren・Metro** トレン メトロ
離 這裡 最近 的 リー ジャーリー ズイジン ダ 捷運站(火車站) 在 哪裡? ジエユンザン(フオチャーザン) ザイ ナーリー？	จากตรงนี้สถานีที่ใกล้ที่สุดอยู่ที่ไหน チャークトロンニー サターニー ティーグライ ティースッ ユーティーナイ	¿ Dónde está la estación ドンデ エスタ ラ エスタシオン más cercana de aquí? マス セルカナ デ アキ
往 球場 的 列車 ワン チュウチャン ダ リエチャー 從 幾號 月台 出發? ツォン ジーハオ ユエタイ チューファー？	ไปสเตเดี้ยมขึ้นสายไหน パイステーディアム クンサーイナイ	¿ Qué línea va al estadio ? ケ リネア バ アル エスタディオ
到 離 球場 最近 ダオ リー チュウチャン ズイジン 的 站 還要 幾個站? ダ ザン ハイヤオ ジーガザン？	ไปสเตเดี้ยมสถานีที่เท่าไร パイステーディアム サターニー ティータオライ	¿ Cuántas paradas hay クアンタス パラダス アイ hasta el estadio ? アスタ エル エスタディオ
可以 給 我 クーイー ゲイ ウォー 捷運 的 路線圖 嗎? ジエユン ダ ルーシエントゥー マ？	ขอแผนที่เส้นทางรถไฟใต้ดินหน่อย コーペーンティーセンターン ロッファイタイディンノイ	Deme un plano de metro. デメ ウン プラノ デ メトロ
我 想 儲值 電子票證 ウォー シアン ツュージー ティエンズピァオゼン (悠遊卡/一卡通/愛金卡/有錢卡) (ヨウヨウカー/イーカートン/アイジンカー/ヨウチェンカー)	อยากเติมเงินในบัตร ヤークトゥームグン ナイバッ	Quiero cargar la tarjeta. キエロ カルガール ラ タルヘタ
去 美術館 チュー メイシュウグァン 在 哪裡 換車? ザイ ナーリー フアンチャー？	จะไปพิพิธภัณฑ์ต้องเปลี่ยนรถที่ไหน チャパイピピッタパン トンプリアンロッティーナイ	¿ En qué parada tengo que エン ケ パラーダ テンゴ ケ cambiar para llegar al museo ? カンビアール パラ ジェガール アル ムセオ
往 美術館 的 出口 ワン メイスウグァン ダ ツューコウ 在 哪裡? ザイ ナーリー？	ทางออกไปพิพิธภัณฑ์อันไหน ターンオーク パイピピッタパン アンナイ	¿ Qué salida es la del ケ サリーダ エス ラ デル museo ? ムセオ

市内交通 電車・地下鉄

❗海外では乗り越し精算ができないところが多い。特に IC カード利用者は要注意!

日本語 Japanese	英語 English	韓国語 한국어
バス・トラム Basu Toramu	**Bus・Tram** バス トラム	**버스・노면전차** ポス ノミョンチョンチャ
この 近く にバス停 Kono chikaku ni basutei (トラム乗り場) は ありますか？ (toramu noriba) wa arimasu ka	Is there a bus (tram) イズ ゼア ア バス (トラム) stop around here? ストップ アラウンド ヒア	이 근처에 버스 정류장 イー クンチョエ ポス ジョンニュジャン (노면전차 타는 곳) 은 있습니까? (ノミョンチョンチャ タヌン ゴッ) ウン イッスムニカ
切符 は どこ で 買うの です か？ Kippu wa doko de kau no desu ka	Where can I buy a ticket? ホエア キャナイ バイ ア ティケット	표는 어디서 사요. ピョヌン オディソ サヨ
バス (トラム) の Basu (toramu) no 路線図 をください rosenzu o kudasai	Could I get a bus クダイ ゲッタ バス (tram) route map? (トラム) ルート マップ	버스 (노면전차) ポス (ノミョンチョンチャ) 노선도를 주세요. ノソンドルル チュセヨ
市場 へ行くバス (トラム) Ichiba e iku basu (toramu) は ありますか？ wa arimasu ka	Is there a bus (tram) イズ ゼア ア バス (トラム) goes to the market? ゴウズ トゥ ザ マーケット	시장에 가는 シジャンエ カヌン 버스 (노면전차) 는 있습니까? ポス (ノミョンチョンチャ) ヌン イッスムニカ
市場 で 降りたいの です が Ichiba de oritai no desu ga	I'd like to get off アイド ライク トゥ ゲットフ at the market. アット ザ マーケット	시장에서 내리고 싶은데요. シジャンエソ ネリゴ シプンデヨ
市場 は いくつ目 です か？ Ichiba wa ikutsume desu ka	How many stops ハウ メニィ ストップス to the market? トゥ ザ マーケット	시장은 몇 번째예요? シジャンウン ミョッ ポンチェエヨ
ここ で 降ります Koko de orimasu	I'll get off here. アイゥ ゲットフ ヒア	여기서 내립니다. ヨギソ ネリムニダ

中国語 中文	タイ語 ไทย	スペイン語 Español
公車・輕軌 ゴンチャー　チングイ	**รถเมล์ ・รถแทรม** ロッメー　ロットレム	**Autobús · Tranvía** アウトブス　トランビア
這　附近　有 ジャー　フージン　ヨウ 公車站(輕軌站)　嗎? ゴンチャーザン(チングイザン)マ？	แถวนี้มีป้ายเมล์ (จุดขึ้นรถแทรม)　ไหม テーウニーミーパーイロッメー (チュッ　クンロットレム) マイ	¿ Hay　parada　de アイ　パラーダ　デ autobús　(tranvía)　cerca ? アウトブス (トランビア) セルカ
在　哪裡　可以　買　票? ザイ　ナーリー　クーイー　マイ　ピャオ？	ซื้อตั๋วได้ที่ไหน スートゥーアダイティーナイ	¿Dónde　puedo ドンデ　プエド comprar　el　billete? コンプラール　エル　ビジェテ
請　給　我 チン　ゲイ　ウォー 公車(輕軌)　路線圖 ゴンチャー(チングイ)ルーシェントゥー	มีแผนที่เส้นทางรถเมล์ (รถแทรม)　ไหม ミーペーンティーセンターンロッメー (ロットレム) マイ	Deme el　plano　de デメ　エル　プラノ　デ autobús　(tranvía). アウトブス (トランビア)
有　往　傳統市場　的 ヨウ　ウン　チュアントンシーチャン　ダ 公車(輕軌)　嗎? ゴンチャー(チングイ)マ？	มีรถเมล์ (รถแทรม) ไปตลาดไหม ミーロッメー　(ロットレム) パイタラーッマイ	¿ Hay　algún　autobús (tranvía) アイ　アルグン　アウトブス(トランビア) que vaya　al　mercado ? ケ　バジャ　アル　メルカド
我　想　在 ウォー　シアン　ザイ 傳統市場　下車 チュアントンシーチャン　シアチャー	อยากลงที่ตลาด ヤークロンティータラーッ	Quiero bajar　en　el　mercado. キエロ　バハール　エン　エル　メルカド
到　離　傳統市場 ダオ　リー　チュアントンシーチャン 最近　的　站　還要　幾個站? ズイジン　ダ　ザン　ハイヤオ　ジーガザン？	ตลาดคือป้ายที่เท่าไหร่ タラーックーパーイティータオライ	¿ Cuántas　paradas　quedan クアンタス　パラーダス　ケダン para　el　mercado ? パラ　エル　メルカド
我　要 ウォー　ヤオ 在　這站　下車 ザイ　ジャーザン　シアチャー	ขอลงตรงนี้ コーロントロンニー	Bajo　aquí. バホ　アキ

路線図チェックや乗り換え検索にはアプリがおすすめ。事前に入手しておこう。

日本語 *Japanese*	英語 *English*	韓国語 한국어
鉄道・駅 Tetsudō Eki	**Train station** トレイン ステイション	**전철・역** チョンチョル ヨク
切符 売り場は どこ です か？ Kippu uriba wa doko desu ka	Where is a ホェア イザ ticket counter? ティケット カウンター	표 사는 곳은 어디예요? ピョ サヌン ゴスン オディエヨ
予約 は どの 窓口 で Yoyaku wa dono maduguchi de できますか？ dekimasu ka	Which counter can I フィッチ カウンター キャナイ make a reservation? メイカ リザヴェイション	예약은 어느 창구에서 합니까? イェヤグン オヌ チャングエソ ハムニカ
～までの 列車 の 座席 を ～ made no ressha no zaseki o 予約 したいの です が yoyaku shitai no desu ga	I'd like to アイドゥ ライク トゥ reserve seats to ～ リザーヴ シーツ トゥ	～까지 열차 좌석을 カジ ヨルチャ チュァソグル 예약하고 싶은데요. イェヤッカゴ シプンデヨ
指定 席 券 は いくらです か？ Shitei seki ken wa ikura desu ka	How much ハウ マッチ is the reserved seat? イズ ザ リザーヴド シート	지정석표는 얼마예요? チジョンソクピョヌン オルマエヨ
観光 客 向け の Kankō kyaku muke no 割引 パス は ありますか？ waribiki pasu wa arimasu ka	Is there a discount イズ ゼア ア ディスカウント pass for tourists? パス フォー ツーリスツ	관광객용 할인 クァングァンゲンニョン ハリン 버스는 있습니까? ポスヌン イッスムニカ
これ は ～ 行きの Kore wa ～ no iki no 列車 です か？ ressha desu ka	Is this train goes to ～? イズ ディス トレイン ゴウズ トゥ	이것은 ～행 열차입니까? イゴスン ヘン ヨルチャイムニカ
何番 線 から 発車 します か？ Nanban sen kara hassha shimasu ka	Which track does フィッチ トラック ダズ the train leave from? ザ トレイン リーヴ フロム	몇 번선에서 출발합니까? ミョッ ポンソネソ チュルバラムニカ

エリア移動 鉄道・駅

中国語 中文	タイ語 ไทย	スペイン語 Español
火車・火車站 フオチャー　フオチャーザン	**รถไฟ・สถานี** ロッファイ　サターニー	**Estación de tren** エスタシオン　デ　トレン
售票口　在　哪裡? ソウピャオコウ　ザイ　ナーリー?	ที่ซื้อตั๋วอยู่ที่ไหน ティースートゥーア　ユーティーナイ	¿ Dónde está　la　ventanilla? ドンデ　エスタ　ラ　ベンタニージャ
在　哪個　窗口 ザイ　ナーガ　チュアンコウ 可以　預約? クーイー　ユーユエ?	จองตั๋วได้ที่ช่องไหน チョーントゥーアダイティーションナイ	¿ Puedo hacer　la　reserva プエド　アセール　ラ　レセルバ en　ventanilla? エン　ベンタニージャ
我　想　訂 ウォー　シャン　ディン 到　～　的　車票 ダオ　～　ダ　チャーピャオ	อยากจองที่นั่งรถไฟไปยัง～ ヤークチョーン　ティーナンロッファイパイ ヤン～	Quiero reservar　billete　hasta ～ キエロ　レセルバル　ビジェテ　アスタ
對號坐　的 ドゥイハオズオ　ダ 車票　要　多少錢? チャーピャオ　ヤオ　ドゥオサオチエン?	ตั๋วระบุที่นั่งราคาเท่าไหร่ トゥーアラブテーナン　ラーカータオライ	¿ Cuánto　cuesta　el クアント　クエスタ　エル billete　con　reserva? ビジェテ　コン　レセルバ
有　給　觀光客 ヨウ　ゲイ　グアングアンカー 折扣　的　車票　嗎? ザーコウ　ダ　チャーピャオ　マ?	มีตั๋วลดราคาสำหรับนักท่องเที่ยวไหม ミートゥーアロットラーカー　サムラップ ナックトンティウマイ	¿ Tiene　descuento　este ティエネ　デスクエント　エステ autobús　para　turístas? アウトブス　パラ　トゥリスタス
這　是　往　～　的 ジャー　シー　ウン　～　ダ 列車　嗎? リエチャー　マ?	นี่เป็นรถไฟที่ไป～ใช่ไหม ニーペンロッファイ　テーパイ～シャイマイ	¿ Este　tren　va　a ～ ? エステ　トレン　バ　ア
從　幾號 ツォン　ジーハオ 月台　出發? ユエタイ　ツューファー?	รถออกจากชานชลาที่เท่าไหร่ ロットオークチャーク　シャーンシャラー ティータオライ	¿ De qué andén　sale ? デ　ケ　アンデン　サレ

日本語 Japanese	英語 English	韓国語 한국어
鉄道・車内 Tetsudō Shanai	**On the train** オン ザ トレイン	**열차 안** ヨルチャ アン
この 席 は ふさがっていますか？ Kono seki wa fusagatte imasu ka	Is this seat occupied? イズ ディス シート オキュパイド	이 자리에 누가 있습니까? イー チャリエ ヌガ イッスムニカ
ここ は Koko wa 私 の 席 だと思います が watashi no seki dato omoi masu ga	I think this is my seat. アイ シンク ディスイズ マイ シート	여기는 제 자리인데요. ヨギヌン チェ ジャリインデヨ
～駅 まで、 eki made あとどの くらいかかりますか？ ato dono kurai kakari masu ka	How long ハウ ロング does it take to ～ station? ダズィット テイク トゥ ステイション	～역까지 앞으로 얼마 정도 걸려요? ヨクカジ アプロ オルマ ジョンド コルリョヨ
今 どこ を走って いますか？ Ima doko o hashitte imasu ka	Where are we now? ホエア アー ウィ ナウ	지금 어디를 달리고 있어요? チグム オディルル タルリゴ イッソヨ
窓 を開けても いいですか？ Mado o akete mo īdesu ka	May I open the window? メアイ オウプン ザ ウィンドウ	창문을 열어도 돼요? チャンムヌル ヨロド トェヨ
切符 をなくし ました kippu o nakushi mashita	I lost my ticket. アイ ロスト マイ ティケット	표를 잃어버렸어요. ピョルル イロボリョッソヨ
列車 の 中 にカバンを Ressha no naka ni kaban o 置き忘れ ました oki wasure mashita	I left my bag アイ レフト マイ バッグ on the train. オン ザ トレイン	열차 안에 가방을 ヨルチャ アネ カバンウル 놓고 내렸어요. ノッコ ネリョッソヨ

→P60-61…紛失

中国語 中文	タイ語 ไทย	スペイン語 Español
火車・車廂內 フオチャー　チャーシャンネイ	**รถไฟ・ในรถไฟ** ロッファイ　ナイロッファイ	**En el tren** エン　エル　トレン
這個　座位 ジェイガ　ズオウエイ 有人　坐　嗎? ヨウレン　ズオ　マ?	ที่นั่งนี้ไม่ว่างหรือ ティーナンニーマイウーンルー	¿ Está　ocupado ? エスタ　オクパード
我　想　這　是 ウォー　シャン　ジャー　シー 我　的　座位 ウォー　ダ　ズオウエイ	ฉันคิดว่าที่นั่งนี้เป็นของฉัน シャンキッウー　ティーナンニー　ペンコーンシャン	Este　es　mi　asiento. エステ　エス　ミ　アシエント
到　～　站 ダオ　～　ザン 大概　還要　多久? ダーガイ　ハイヤオ　ドゥオジォウ?	กว่าจะถึงสถานี～ ใช้เวลานานแค่ไหน グウーチャトゥン　サターニー～　シャイ ウェーラー　ナーンケーナイ	¿ Cuánto　tarda　en　llegar クアント　タルダ　エン　ジェガール hasta　la　estación　de ～ ? アスタ　ラ　エスタシオン　デ
現在　到　哪裡? シェンザイ　ザイ　ナーリー?	ตอนนี้วิ่งอยู่ที่ไหน トーンニー　ウィン　ユーティーナイ	¿ Por　dónde vamos? ポル　ドンデ　バモス
可以　開　窗戶　嗎? クーイー　カイ　チュアンフー　マ?	ขอเปิดหน้าต่างได้ไหม コープーッ　ナーターン　ダイマイ	¿ Puedo abrir　la　ventana? プエド　アブリル　ラ　ベンタナ
我　把　車票 ウォー　バー　チャーピャオ 搞丟　了 ガオディウ　ラ	ทำตั๋วหาย タムトゥーアハーイ	He perdido　mi　billete. エ　ペルディード　ミ　ビジェテ
我　把　行李 ウォー　バー　シンリー 忘　在　車上 ワン　ザイ　チャーサン	ลืมกระเป๋าไว้ในรถไฟ ルームグラパオ　ウイナイ　ロッファイ	He dejado　mi　bolso エ　デハード　ミ　ボルソ en　el　tren. エン　エル　トレン

エリア移動
鉄道・車内

日本語 Japanese	英語 English	韓国語 한국어
長距離バス Chōkyori basu	**Long-distance bus** ロング ディスタンス バス	**장거리 버스** チャンゴリ ポス
明日の 切符 を Asu no kippu o 予約 したいの です が yoyaku shitai no desu ga	I'd like to アイドゥ ライク トゥ reserve seats for tomorrow. リザーヴ シーツ フォー トゥモロウ	내일 표를 예약하고 싶은데요. ネイル ピョルル イェヤッカゴ シプンデヨ
～行きを２枚、お願いします iki o ni-mai onegai shimasu	Two tickets to ～ , please. トゥー ティケッツ トゥ プリーズ	～행 2장 주세요. ヘン トゥジャン チュセヨ
～行きの バス は iki no basu wa 何時に 出ます か？ nanji ni demasu ka	What time ホワッ タイム does the bus to ～ leave? ダズ ザ バス トゥ リーヴ	～행 버스는 몇 시에 출발해요? ヘン ポスヌン ミョッ シエ チュルバレヨ
この 座席 は あいていますか？ Kono zaseki wa aite imasu ka	Is this seat empty? イズ ディス シート エンプティ	이 자리는 비어 있나요? イー チャリヌン ピオ インナヨ
冷房 を少し 弱めて ください Reibō o sukoshi yowamete kudasai	Could you turn クジュ ターン down the AC? ダウン ジ エイ スィー	냉방을 조금 약하게 해 주세요. ネンバンウル チョグム ヤッカゲ ヘ ジュセヨ
そこに 着いたら教えてください Soko ni tsuitara oshiete kudasai	Please let me know プリーズ レッ ミー ノウ when we get there. ホエン ウィー ゲッ ゼア	거기에 도착하면 가르쳐 주세요. コギエ トチャッカミョン カルチョ ジュセヨ
ここ で 降ろしてください Koko de oroshite kudasai	Please drop me off here. プリーズ ドロップ ミー オフ ヒア	여기서 내려 주세요. ヨギソ ネリョ ジュセヨ

中国語 中文	タイ語 ไทย	スペイン語 Español
客運 カーユン	**รถบัสระยะทางไกล** ロッバスラヤターングライ	**Líneas regulares** リネアス レグラレス
我 想 預約 ウォー シャン ユユエー 明天 的 車票 ミンティエン ダ チャーピャオ	อยากจองตั๋วของวันพรุ่งนี้ ヤークチョーントゥーア コーンワンプルンニー	Quiero reservar el キエロ レセルバル エル billete para mañana. ビジェテ パラ マニャーナ
我 想 買 ウォー シャン マイ 往 〜 的 車票 ワン 〜 ダ チャーピャオ	ขอตั๋วไป〜2 ใบ コートゥーアパイ〜 ソーンバイ	Ðos billetes para 〜, ドス ビジェテス パラ por favor. ポル ファボル
往 〜 的 客運 ワン 〜 ダ カーユン 幾點 出發? ジーディエン チューファー?	รถบัสไป〜 ออกกี่โมง ロットバスパイ〜 オークギーモーン	¿A qué hora sale el ア ケ オラ サレ エル autobús para 〜? アウトブス パラ
這個 坐位 有人 坐 嗎? ジェガ ズオウェイ ヨウレン ズオ マ?	ที่นั่งนี้ว่างไหม ティーナンニー ウーンマイ	¿Está libre este asiento? エスタ リブレ エステ アシエント
冷氣 可以 ランチー クーイー 開 弱一點 嗎? カイ ルオイーディエン マ?	ช่วยหรี่แอร์ลงหน่อย シュアイリーエー ロンノイ	Suba la temperatura por favor. スバ ラ テンペラトゥラ ポル ファボル
到 那裡 請 告訴 我 ダオ ナーリー チン ガオスー ウォー	ถ้าถึงที่นั่นแล้วช่วยบอกด้วย タートゥンティーナンレーウ シュアイボークドゥアイ	Avíseme cuando tenga que bajar. アビセメ クアンド テンガ ケ バハール
請 讓 我 チン ラン ウォー 在 這裡 下車 ザイ ジャーリー シアチャー	ช่วยจอดให้ลงตรงนี้ด้วย シュアイチョーッ ハイロントロンニー ドゥアイ	Déjeme bajar aquí. デヘメ バハール アキ

エリア移動 長距離バス

バスの中は空調が効きすぎていることも。特に夏場は羽織物があると安心だ。

日本語 *Japanese*	英語 *English*	韓国語 한국어
船 Fune	**Ship / Cruise** シップ　クルーズ	**배** ペ
～行きの 船 は iki no fune wa 1日 何便 ありますか？ ichinichi nanbin arimasu ka	How many cruises to ～ ハウ メニィ クルーズィズ トゥ are there each day? アー ゼア イーチ デイ	～행 배는 하루에 ヘン ペヌン ハルエ 몇 편 있습니까? ミョッ ピョン イッスムニカ
予約 は 必要 ですか？ Yoyaku wa hitsuyō desu ka	Do I need a reservation? ドゥ アイ ニーダ リザヴェイション	예약이 필요하나요? イェヤギ ピリョハナヨ
次は 何時出航 ですか？ Tsugi wa nanji shukkō desu ka	What time does ホワッ タイム ダズ the next cruise leave? ザ ネクスト クルーズ リーヴ	다음 배는 몇 タウム ペヌン ミョッ 시에 출발해요? シエ チュルバレヨ
乗り場は どこ ですか？ Noriba wa doko desu ka	Where can we board? ホェア キャン ウィー ボード	배 타는 곳은 어디예요? ペ タヌン ゴスン オディエヨ
乗船 時間は 何時ですか？ Jōsen jikan wa nanji desu ka	What time do we board? ホワッ タイム ドゥ ウィー ボード	승선 시간은 몇 시예요? スンソン シガヌン ミョッ シエヨ
～まで、どのくらいかかりますか？ made dono kurai kakari masu ka	How long does it ハウ ロング ダズィッ take to ～? テイク トゥ	～까지 얼마나 걸려요? カジ オルマナ コルリョヨ
船酔い しました。 Funayoi shimashita. 薬 をもらえますか Kusuri o morae masu ka	I got sea sick. アイ ガット シーシック May I have some medicine? メアイ ハヴ サム メディシン	배멀미를 해요. 약을 주시겠어요? ペモルミルル ヘヨ ヤグル チュシゲッソヨ

中国語 中文	タイ語 ไทย	スペイン語 Español
船 チュアン	**เรือ** ルア	**Barco** バルコ
往 ～ 的 班次 ワン ～ ダ バンツー 一天 有 幾班? イーティエン ヨウジーバン？	ใน 1 วันมีเรือขาไปวิ่งกี่เที่ยว ナイヌンワン ミールアーカーパイ ウィンギーティアウ	¿ Cuántas veces al クアンタス ベセス アル día sale el barco para ～ ? ディア サレ エル バルコ パラ
需要 預約 嗎? シュウヤオ ユーユエ マ？	จำเป็นต้องจองไหม チャンペントンチョーンマイ	¿ Hace falta reservar ? アセ ファルタ レセルバル
下一班 シアイーバン 幾點 出發? ジーディエン ツューファー？	เรือเที่ยวถัดไปออกกี่โมง ルアーティアウタッパイ オーッギーモーン	¿ A qué hora sale el siguiente ? ア ケ オラ サレ エル シゲンテ
乘船處 在 哪裡? チェンチュアンツュー ザイ ナーリー？	จุดขึ้นอยู่ที่ไหน チュックン ユーティーナイ	¿ Dónde se monta ? ドンデ セ モンタ
幾點 開始 搭 船? ジーディエン カイシー ダー チュアン？	เวลาขึ้นเรือคือกี่โมง ウェーラークンルアー クーギーモーン	¿ A qué hora se embarca ? ア ケ オラ セ エンバルカ
到 ～ ダオ ～ 大概 要 多久? ダーガイ ヤオ ドゥオジュウ？	ไปถึงที่ ใช้เวลาเท่าไหร่ パイトゥンティー～シャイウェーラータオライ	¿ Cuánto tarda hasta ～ ? クアント タルダ アスタ
暈 船 了。 ユン チュアン ラ。 有 暈船藥 嗎? ヨウ ユンチュアンヤオ マ？	ฉันเมาเรือแล้ว ขอยาได้ไหม シャンマオルアレウ コーヤーダイマイ	Me he mareado. Deme algún メ エ マレアド デメ アルグン medicamento para eso por favor. メディカメント パラ エソ ポル ファボル

エリア移動 船

天候などによって減便・欠航になることも。必ず現地で、最新情報を入手しよう。

日本語 Japanese	英語 English	韓国語 한국어
レンタカー Rentakā	**Car rental** カー レンタル	**렌터카** レントカ
レンタカーは Rentaka wa どこで 借りられますか？ dokode karirare masu ka	Where can I rent a car? ホエア キャナイ レンタ カー	렌터카는 어디서 빌릴 수 있어요? レントカヌン オディソ ピルリル ス イッソヨ
車種 は どんな Shashu ni wa donna ものが ありますか？ monoga arimasu ka	What kind of ホワッ カインドブ cars do you have? カーズ ドゥ ユー ハヴ	차종은 어떤 게 있어요? チョジョンウン オトン ゲ イッソヨ
料金表 を見せてください Ryōkin hyō o misete kudasai	May I see a price list? メアイ シー ア プライス リスト	요금표를 보여 주세요. ヨグムピョルル ポヨ ジュセヨ
その料金 には 保険 Sono ryōkin ni wa hoken が含まれて いますか？ ga hukumarete imasu ka	Does the price ダズ ザ プライス include insurance? インクルード インシュランス	이 요금에는 보험이 イー ヨグメヌン ポホミ 포함되어 있나요? ポハムドェオ インナヨ
車の 乗り捨ては できますか？ Kuruma no norisute wa dekimasu ka	Can I drop off the car? キャナイ ドロッポフ ザ カー	렌터카는 원하는 지점에 レントカヌン ウォナヌン チジョメ 반납할 수 있습니까? パンナパル ス イッスムニカ
何時 までに、どこへ Nanji made ni doko e 車 を返せば よいですか? kuruma o kaeseba yoidesu ka?	What time and where does ホワッ タイム アンド ホエア ダズ the car need to be returned? ザ カー ニートゥビー リターンド	몇 시까지 어디에 ミョッ シカジ オディエ 차를 반납하면 돼요? チャルル パンナパミョン トェヨ
事故の 場合の Jiko no baai no 連絡先 を教えてください renrakusaki o oshiete kudasai	Who should I call フゥ シュダイ コール if there is an accident? イフ ゼア イズ アン アクシデント	사고가 났을 경우 サゴガ ナッスル キョンウ 연락처를 가르쳐 주세요. ヨルラクチョルル カルチョ ジュセヨ

→P52-53…交通事故

中国語 中文	タイ語 ไทย	スペイン語 Español
租車 ズーチャー	**รถเช่า** ロッシャウ	**Coches de alquiler** コーチェス エン アルキレール
在 哪裡 可以 租車? ザイ ナーリー クーイー ズーチャー?	เช่ารถได้ที่ไหนบ้าง シャウロッダイティーナイバーン	¿ Dónde puedo pedir ドンデ プエド ペディール un coche de alquiler ? ウン コチェ デ アルキレール
有 哪些 車型/車種? ヨウ ナーシエ チャーシン/チャーゾン?	มีรถประเภทไหนบ้าง ミーロッ プラペーッ ナイバーン	¿ Qué tipo de coches tiene ? ケ ティポ デ コチェス ティエネ
請 讓 我 看 チン ラン ウォー カン 價目表 ジャームービャオ	ขอดูตารางราคาหน่อย コードゥー ターラーンラーカーノイ	Déjeme ver la tarifa. デヘメ ベール ラ タリファ
租金 含 保險 嗎? ズージン ハン バオシエン マ?	ราคานี้รวมประกันแล้วหรือยัง ラーカーニールアムプラガン レウルーヤン	¿ Está incluido el エスタ インクルイド エル seguro en el precio ? セグロ エン エル プレシオ
可以 甲租乙還 嗎? クーイー ジャーズーイーファン マ?	คืนรถที่ไหนก็ได้ใช่ไหม クーンロッティーナイゴーダイ シャイマイ	¿ Puedo dejar el プエド デハール エル coche en otro lugar ? コチェ エン オトロ ルガール
幾點 前 ジーディエン チエン 在 哪裡 還車? ザイ ナーリー フアンチャー?	ต้องคืนรถที่ไหน ภายในกี่โมง トンクーンロッティーナイ パーイナイギーモーン	¿ Hasta qué hora y dónde アスタ ケ オラ イ ドンデ hay que devolverlo ? アイ ケ デボルベルロ
請 告訴 我 發生 チン ガオスー ウォー ファーセン 事故 時 的 聯絡方式 シーグー シー ダ リエンルオファンシー	ขอหมายเลขติดต่อเมื่อเกิดอุบัติเหตุด้วย コーマーイレークティットー ムアーグーッウバッティヘーッドゥアイ	Deme un contacto デメ ウン コンタクト en caso de accidente. エン カソ デ アクシデンテ

エリア移動 レンタカー

❗万が一に備えて、保険は補償が一番手厚い内容のものに加入しておこう。

日本語 Japanese	英語 English	韓国語 한국어
交通関係単語 Kōtsū kankei tango	**Words for transportation** ワーズ フォー トランスポテイション	**교통 관련 단어** キョトン クァルリョン タノ
～行き ～ iki	bound for ～ / to ～ バウンド フォー /トゥ	～행 ヘン
～経由 ～ keiyu	via ～ ヴィア	～경유 キョンユ
出発 地 shuppatsu chi	place of departure プレイス オヴ ディパーチャー	출발지 チュルバルジ
目的 地 mokuteki chi	destination デスティネイション	목적지 モクチョクチ
運賃 unchin	fare フェア	운임 ウニム
切符 売り場 kippu uriba	ticket office ティケット オフィス	표 사는 곳 ピョ サヌン ゴッ
自動 券売機 jidō kenbaiki	ticket machine ティケット マシーン	자동발매기 チャドンバルメギ
窓 側 ／通路側 mado gawa / tūro gawa	window / isle ウィンドウ / アイル	창가쪽 / 통로쪽 チャンカチョク / トンノチョク
普通 列車 futsū ressha	local train ロゥカル トレイン	보통 열차 ポトン ニョルチャ
特急 列車 tokkyū ressha	limited express リミテッド エクスプレス	특급 열차 トゥククプ ニョルチャ
特急 料金 tokkyū ryōkin	limited express fare リミテッド エクスプレス フェア	특급 요금 トゥククプ ニョグム
通常 料金 tsūjō ryōkin	regular fare レギュラー フェア	일반 요금 イルバン ニョグム

中国語 中文	タイ語 ไทย	スペイン語 Español
交通相關用語 ジャオトンシャングアンヨンユー	**คำศัพท์เกี่ยวการเดินทาง** カムサップギィアウガップ　ガーンドゥンターン	**Vocabulario de tráfico** ボカブラリオ　デ　トラフィコ
往〜 ワン〜	ขาไป〜 カーパイ〜	para 〜 パラ
經由〜 ジンヨウ〜	ผ่าน〜 パーン〜	por 〜 / vía 〜 ポル / ビア
出發地點 ツューファーディディエン	ต้นทาง トンターン	origen オリヘン　(m)
目的地 ムーディーディー	ปลายทาง プラーイターン	destino デスティノ　(m)
車資 チャーズー	ค่าโดยสาร カードーイサーン	tarifa タリファ (f)
售票處 ソウピャオチュー	จุดขายตั๋ว チュッ　カーイトゥーア	ventanilla ベンタニージャ (f)
售票機 ソウピャオジー	เครื่องขายอัตโนมัติ クルアンカーイ　アッタノーマッ	expendedora　(de billetes) エスペンデドーラ（デ　ビジェテス）(f)
靠窗/靠走道 カオチュアン/カオゾウダオ	ริมหน้าต่าง ริมทางเดิน リムナーターン　/　リムターンドゥン	ventana　/ pasillo ベンターナ/パシージョ (f)/(m)
區間車 チュージェンチャー	ขบวนธรรมดา カブアン　タンマダー	cercanias セルカニアス
自強號 ズーチャンハオ	ขบวนด่วนพิเศษ カブアン　ドゥアンピセーッ	AVE アベ
自強號票價 ズーチャンハオピャオジャー	ค่าธรรมเนียมรถด่วนพิเศษ カータムニアム　ロッドゥアンピセーッ	suplemento del tren rápido スプレメント　デル　トレン　ラピド
全票票價 チュエンピャオピャオジャー	ค่าธรรมเนียมปกติ カータムニアム　パガティ	suplemento del tren exprés スプレメント　デル　トレン　エスプレス

日本語 *Japanese*	英語 *English*	韓国語 한국어
交通関係単語 Kōtsū kankei tango	**Words for transportation** ワーズ フォー トランスポテイション	**교통 관련 단어** キョトン クァルリョン タノ
バス停 basutei	bus stop バス ストップ	버스 정류장 ポス ジョンニュジャン
乗り継ぎ noritsugi	transfer トランスファー	환승 ファンスン
運転手 untenshu	driver ドライヴァー	운전수 ウンジョンス
時刻表 jikokuhyō	schedule スケジュール	시각표 シガㇰピョ
路線図 rosenzu	route map ルート マップ	노선도 ノソンド
禁煙 kin-en	No smoking ノー スモウキング	금연 クミョン
飲食 禁止 inshoku kinshi	No eating or drinking ノー イーティン オァ ドリンキン	음식금지 ウムシㇰクㇺジ
優先 席 yūsen seki	priority seating プライオリティ シーティング	교통약자석 キョトンヤㇰチャソㇰ
入口 ／出口 iriguchi / deguchi	entrance / exit エントランス / エグジット	입구 / 출구 イㇷ゚ク / チュルグ
改札 口 kaisatsu guchi	ticket gate ティケット ゲイト	개찰구 ケチャルグ
プラットホーム puratto hōmu	platform プラットフォーム	플랫폼 プレッポㇺ
トイレ toire	lavatory / restroom ラヴァトリー / レストルーム	화장실 ファジャンシル

中国語 中文	タイ語 ไทย	スペイン語 Español
交通相關用語 ジャオトンシャングアンヨンユー	**คำศัพท์เกี่ยวการเดินทาง** カムサップギィアウガッブ ガーンドゥンターン	**Vocabulario de tráfico** ボカブラリオ デ トラフィコ
公車站 ゴンチャーザン	ป้ายรถเมล์ パーイロッメー	parada de autobús パラダ デ アウトブス (f)
轉乘 ズアンチェン	เปลี่ยนสาย プリアンサーイ	transbordo トランスボルド (m)
司機(運將) スージー(ウンチャン)	คนขับ コンカップ	conductor コンドゥクトール (m)
時刻表 シーカービャオ	ตารางเวลา タラーンウェーラー	panel de horarios パネル デ オラリオス (m)
路線圖 ルーシェントゥー	แผนที่เส้นทาง ペーンティーセンターン	mapa de rutas マパ デ ルタス (m)
禁菸 ジンイェン	ห้ามสูบบุหรี่ ハームスーブリー	No Fumar ノ フマール
禁止飲食 ジンジーインシー	ห้ามทานอาหาร ハームターン アーハーン	Prohibido comer y beber プロイビド コメール イ ベベール
博愛座 ボーアイズオ	ที่นั่งสำรองพิเศษ ティーナン サムローン ピセーッ	asiento reservado アシエント レセルバド
入口/出口 ルーコウ/ツューコウ	ทางเข้า / ทางออก ターンカオ / ターンオーク	entrada / salida エントラダ／サリダ
驗票口 イエンピャオコウ	ช่องตรวจตั๋ว ショントルアーットゥーア	puertas de acceso プエルタス デ アクセソ
月台 ユエタイ	ชานชลา シャーンシャラー	andén アンデン (m)
洗手間(廁所/化妝室) シーソウジェン(ツァースオ/ファジュアンシー)	ห้องน้ำ ホンナーム	aseo アセオ (f)

移動・交通 交通関係単語②

日本語 Japanese	英語 English	韓国語 한국어
交通関係単語 Kōtsū kankei tango	**Words for transportation** ワーズ　フォー　トランスポテイション	**교통 관련 단어** キョトン クァルリョン タノ
タクシー乗り場 takushī　noriba	taxi　stand タクシー　スタンド	택시 타는 곳 テクシ タヌン ゴッ
空車 kūsha	vacant ヴェイカント	빈차 ピンチャ
回送 kaisō	out of　service アウトヴ　サービス	회송 フェソン
荷物 nimotsu	baggage バゲッジ	짐 チム
料金　メーター ryōkin mētā	meter メーター	요금 미터기 ヨグム ミトギ
おつり otsuri	change チェインジ	거스름돈 コスルムトン
チップ chippu	tip　/　gratuity ティップ / グラチュイティ	팁 ティプ
領収書 Ryōshūsho	receipt リシート	영수증 ヨンスジュン
ガソリンスタンド gasorin　sutando	gas　station ギャス　ステイション	주유소 チュユソ
満タン mantan	full　tank フル　タンク	가득 カドゥク
道路 地図 dōro　chizu	road　map ロード　マップ	노선 도 ノソンド
駐車場 chūshajō	parking lot パーキン　ロット	주차장 チュチャジャン

中国語 中文	タイ語 ไทย	スペイン語 Español
交通相關用語 ジャオトンシャングアンヨンユー	**คำศัพท์เกี่ยวการเดินทาง** カムサップギィアウガップ　ガーンドゥンターン	**Vocabulario de tráfico** ボカブラリオ　デ　トラフィコ
計程車乘車處 ジーチャンチャーチェンチャーツュー	จุดขึ้นแท็กซี่ チュッ　クン　テックシー	parada de taxi パラダ　デ　タッシ
空車 コンチャー	รถว่าง ロッ　ウーン	libre リブレ
暫停服務 ザンティンフーウー	กลับอู่ グラップ　ウー	ocupado オクパド
行李 シンリー	สัมภาระ サンパーラ	equipaje エキパヘ(m)
計程車計費表 ジーチャンチャージーフェイビャオ	มิเตอร์ ミトゥー	taxímetro タッシメトロ (m)
找錢 ザオチェン	เงินทอน グントーン	cambio カンビオ (m)
小費 シャオフェイ	ทิป ティップ	propina プロピナ (f)
收據 ソウジュー	ใบเสร็จ バイセット	recibo レシーボ (m)
加油站 ジャーヨウザン	ปั๊มน้ำมัน パムナンマン	gasolinera ガソリネラ (f)
加滿 ジャーマン	เต็มถัง テムタン	lleno ジェノ
地圖 ディートゥー	แผนที่เส้นทาง ペーンティーセンターン	mapa de carreteras (m) マパ　デ　カレテラス
停車場 ティンチャーチャン	ลานจอดรถ ラーンチョーッロッ	parking (m) パルキン

日ハワイの主な交通標識 | 英Main traffic signs in Hawaii
Hawai no omona kōtsū hyōshiki | メイン トラフィック サインズ イン ハワイ

日
追い越し禁止地区
英
NO PASSING ZONE
ノゥ パシング ゾーン

日
一時停止
英
STOP
ストップ

日
優先道路あり(ゆずれ)
英
YIELD
イールド

日
右折禁止
英
NO RIGHT TURN
ノゥ ライト ターン

日
駐車禁止
英
NO PARKING
ノゥ パーキング

日
Uターン禁止
英
NO U-TURN
ノゥ ユーターン

日
最高速度50マイル(約80km/h)
英
SPEED LIMIT 50 MPH
スピード リミット

日
指定方向外進行禁止
英
FOLLOW THE DIRECTIONS
フォロゥ ザ ダイレクションズ

日
行き止まり
英
ROAD CLOSED
ロゥド クロゥズド

日
本線
英
THRU TRAFFIC
スルゥ トゥラフィック

日
出口
英
EXIT
エグジット

日
夜間制限速度45マイル(約72km/h)
英
NIGHT SPEED LIMIT 45 MPH
ナイト スピード リミット

ホテル

日本語 Japanese	英語 English	韓国語 한국어
チェックイン Chekku in	**Check-in** チェッキン	**체크인** チェクイン
チェックインをお願いします Chekku in o onegai shimasu	Check-in, please. チェッキン プリーズ	체크인 부탁합니다. チェクイン プタッカムニダ
予約 をしています、田中 です Yoyaku o shite imasu Tanaka desu	I have a reservation. アイ ハヴァ リザヴェイション My name is Tanaka. マイ ネイム イズ タナカ	예약한 다나카입니다. イェヤッカン タナカイムニダ
これ が 確認書 です Kore ga kakunin sho desu	Here is ヒアイズ a confirmation letter. ア コンファメイション レター	이게 확인서입니다. イゲ ファギンソイムニダ
ウェブ予約 しました。 Webu yoyaku shimashita. 予約 番号 は 〜 です。 Yoyaku bangō wa 〜 desu.	I booked online. アイ ブックド オンライン Confirmation number is 〜. コンファメイション ナンバァ イズ 〜	인터넷으로 예약했습니다. イントネスロ イェヤッケッスムニダ 예약번호는 〜입니다. イェヤクポノヌン 〜イムニダ
ツインの 部屋 は ありますか？ Tsuin no heya wa ari masu ka	Do you have a ドゥ ユー ハヴァ twin room? トゥウィン ルーム	트윈방은 있습니까? トゥウィンバンウン イッスムニカ
眺め の いい部屋を Nagame no ī heya o お願いします onegai shimasu	I'd like a room with a アイド ライクァ ルーム ウィズァ nice view. ナイス ヴュー	전망이 좋은 방을 チョンマンイ チョウン バンウル 부탁합니다. プタッカムニダ
静か な 部屋 をお願いします Shizuka na heya o onegai shimasu	I'd like a quiet room. アイド ライクァ クワイエット ルーム	조용한 방을 부탁합니다. チョヨンハン バンウル プタッカムニダ

中国語 中文	タイ語 ไทย	スペイン語 Español
登記入住 ダンジールーズー	**เช็คอิน** シェックイン	**Check-in** チェッキン
我 想 Check in ウォー シャン チェックイン	ขอเช็คอินด้วย コーシェックインドゥアイ	Quiero hacer el Check-in. キエロ アセール エル チェッキン
我 是 有 訂房 的 ウォー シー ヨウ ディンファン ダ 田中 ティエンヅン	จองไว้แล้ว ชื่อทานากะ チョーンウイレウ シュータナカ	Soy Tanaka que reservé. ソイ タナカ ケ レセルベ
這 是 確認書 ジャー シー チュエレンスー	นี่เป็นใบยืนยัน ニーペンバイユーンヤン	Es la confirmación. エス ラ コンフィルマシオン
我 在 網路上 預約 了。 ウォー ザイ ワンルーサン ユーユエ ラ。 預約號碼 是 ～ ユーユエハオマー シー ～。	จองออนไลน์ไว้แล้วหมายเลขการจองคือ～ チョーンオーンラインウイレウ マーイレークガーンチョーンクー～	He reservado por la página web. エ レセルバド ポル ラ パヒナ ウエブ El número de la reserva es ～ エル ヌメロ デ ラ レセルバ エス ～
請 問 有 兩小床 チンウェン ヨウ リャンシャオチュアン 的 房間 嗎? ダ ファンジエン マ?	มีห้องเตียงคู่ไหม ミーホンティンクーマイ	¿ Hay habitación doble ? アイ アビタシオン ドブレ
可以 幫 我 安排 風景 クーイー バン ウォー アンパイ フォンジン (視野)比較 好 的 房間 嗎? (シーイエ)ビージャオ ハオ ダ ファンジエン マ?	ขอห้องวิวสวยๆ コーホン ウィウ スアイスアイ	Una habitación que tenga la ウナ アビタシオン ケ テンガ ラ buena vista. ブエナ ビスタ
可以 幫 我 安排 クーイー バン ウォー アンパイ 安靜點 的 房間 嗎? アンジンディエン ダ ファンジエン マ?	ขอห้องเงียบๆด้วย コーホン ギィアブギィアブドゥアイ	Una habitación sin ruidos ウナ アビタシオン シン ルイドス por favor. ポル ファボル

日本語 *Japanese*	英語 *English*	韓国語 한국어
チェックイン Chekku in	**Check-in** **チェ**ッキン	**체크인** チェクイン
朝食 は 付いていますか？ Chōshoku wa tsuite imasu ka	Is breakfast イズ ブ**レ**ックファスト included? インク**ル**ーディッド	아침 식사는 포함되어 アチム シク**サ**ヌン ポハムトェオ 있습니까? イッ**ス**ムニ**カ**
この クレジットカードは Kono kurejitto kādo wa 使えます か？ tsukaemasu ka	Can I use this キャナイ **ユ**ーズ ディス credit card? ク**レ**ディット **カ**ード	이 신용카드는 쓸 수 イー シニョンカドゥヌン **ス**ル **ス** 있습니까? イッ**ス**ムニ**カ**
部屋 で Wi-Fi に接続 Heya de wai fai ni setsuzoku できますか？ dekimasu ka	Can I use Wi-Fi キャナイ **ユ**ーズ **ワ**イファイ in the room? イン ザ **ル**ーム	방에서 Wi-Fi를 접속할 パンエソ ワイパイルル チョプ**ソ**ッカル 수 있습니까? **ス** イッ**ス**ムニ**カ**
今 から 部屋を使え ます か？ Ima kara heya o tsukae masu ka	May I use the room メアイ **ユ**ーズ ザ **ル**ーム from now? フロム **ナ**ウ	지금 방을 쓸 수 있습니까? チグム パンウル **ス**ル **ス** イッ**ス**ムニ**カ**
部屋 まで 荷物 を運んで もらえ Heya made nimotsu o hakonde morae ます か？ masu ka	Could you carry my baggage クジュ **キャ**リー マイ **バ**ゲッジ to the room? トゥ ザ **ル**ーム	방까지 짐을 갖다 주시겠어요? パン**カ**ジ チムル カッ**タ** チュシゲッソヨ
この 部屋 は 気に入りません Kono heya wa kini irimasen	I don't like this room. アイ ドン **ラ**イク ディス **ル**ーム	이 방은 마음에 안 들어요. イー パンウン マウメ アン ドゥロヨ
この 部屋 にします Kono heya ni shimasu	I'll take this room. アイゥ **テ**イク ディス **ル**ーム	이 방으로 하겠습니다. イー パンウロ ハゲッ**ス**ムニダ

中国語 中文	タイ語 ไทย	スペイン語 Español
登記入住 ダンジールーズー	**เช็คอิน** シェックイン	**Check-in** チェッキン
有 附 早餐 嗎? ヨウ フー ザオツァン マ?	มีอาหารเช้าด้วยไหม ミーアーハーンシャーウドゥアイマイ	¿ Tiene el desayuno ? ティエネ エル デサジュノ
可以 用 クーイー ヨン 這張 信用卡 嗎? ジェザン シンヨンカー マ?	เครดิตการ์ดนี้ใช้ได้ไหม クレーディッガーッ ニー シャイダイマイ	¿ Se puede usar esta セ プエデ ウサール エスタ tarjeta de crédito ? タルヘタ デ クレディト
房間 裡 有 ファンジエン リー ヨウ Wi-Fi 嗎? ワイファイ マ?	ที่ห้องต่อวายฟายได้ไหม ティーホントー ワイファイ ダイマイ	¿ Se conecta WiFi en la セ コネクタ ウィフィ エン ラ habitación ? アビタシオン
現在 就 可以 入住 嗎? シェンザイ ジウ クーイー ルーズー マ?	ใช้ห้องได้เลยไหม シャイホン ダイルイマイ	¿ Puedo usar la プエド ウサール ラ habitación ya ? アビタシオン ジャ
可以 幫 我 把 行李 クーイー バン ウォー バー シンリー 送到 房間 嗎? ソンダオ ファンジエン マ?	ช่วยขนสัมภาระไปที่ห้องให้ด้วยได้ไหม シュアイコン サンパーラパイティーホン ハイドゥアイダイマイ	¿ Podría subir mis equipajes ポドリア スビール ミス エキパヘス hasta la habitación ? アスタ ラ アビタシオン
我 不 喜歡 ウォー ブー シーファン 這個 房間 ジェガ ファンジエン	ไม่ถูกใจห้องนี้ マイトゥークチャイホンニー	No me gusta esta habitación. ノ メ グスタ エスタ アビタシオン
就 決定 這個 房間 ジウ ジュエディン ジェガ ファンジエン	ขอเลือกห้องนี้ コールアーク ホンニー	Me quedo en esta habitación. メ ケド エン エスタ アビタシオン

ホテル チェックイン②

❗ホテルでの Wi-Fi 接続は、パスワードが必要な場合がほとんど。チェックイン時に確認を。

日本語 *Japanese*	英語 *English*	韓国語 한국어
ホテル案内 Hoteru Annai	**Hotel Information** ホゥテル インフォメイション	**호텔 안내** ホテル アンネ
朝食 は 何時からですか? Chōshoku wa nanji kara desu ka	What time is breakfast? ホァッタイム イズ ブレックファスト	아침 식사는 몇 시부터예요? アチム シクサヌン ミョッ シブトエヨ
プールは 何階 にありますか? Pūru wa nankai ni arimasu ka	What floor is the pool on? ホァット フロァ イザ プール オン	수영장은 몇 층에 スヨンジャンウン ミョッ チュンエ 있습니까? イッスムニカ
日本語 を話せる 人 は Nihongo o hanaseru hito wa いますか? imasu ka	Is there anyone イズ ゼア エニワン who speaks Japanese? フー スピークス ジャパニーズ	일본어를 할 수 있는 사람은 イルボノルル ハル ス インヌン サラムン 있습니까? イッスムニカ
この 荷物 を5時まで 預かって Kono nimotsu o goji made azukatte もらえますか? morae masu ka	Could you keep my baggage クジュ キープ ライ バゲッジ until 5 o'clock? アンティル ファイヴ オクロック	이 짐을 5시까지 맡아 イー チムル タソッシカジ マタ 주시겠어요? ジュシゲッソヨ
この ホテルの 住所 を書いた Kono hoteru no jūsho o kaita カードをください kādo o kudasai	May I have a card with メアイ ハヴァ カード ウィズ hotel's address? ホゥテルズ アドレス	이 호텔 주소가 적힌 イー ホテル チュソガ チョキン 카드를 주세요. カドゥルル チュセヨ
ツアーデスク は ありますか? Tsuā desuku wa arimasu ka	Is there a tour desk? イズ ゼア ア トゥアー デスク	투어데스크는 있습니까? トゥオデスクヌン イッスムニカ
私 宛 の 手紙 (伝言) Watashi ate no tegami (dengon) が 届いていますか? ga todoite imasu ka	Are there any letters アーゼア エニ レターズ (messages) for me? (メセジズ) フォー ミー	제 앞으로 편지 (전언) 가 チェ アプロ ピョンジ (チョノン) ガ 있었습니까? イッソッスムニカ

中国語 中文	タイ語 ไทย	スペイン語 Español
飯店資訊 ファンディエンズーシュン	**ข้อมูลอื่นๆในโรงแรม** コームーン ウーンウーン ナイローンレーム	**Información de hotel** インフォルマシオン デ オテル
早餐 幾點 開始? ザオツァン ジーディエン カイシー?	อาหารเช้าเริ่มกี่โมง アーハーンシャーウ ルームギーモーン	¿A qué hora empieza ア ケ オラ エンピエサ el desayuno? エル デサジュノ
游泳池 在 幾樓? ヨウヨンチー ザイ ジーロウ?	สระว่ายน้ำอยู่ที่ชั้นไหน サワーイナーム ユーティーシャンナイ	¿En qué planta está エン ケ プランタ エスタ la piscina? ラ ピシーナ
有 沒有 會 講 ヨウ メイヨウ フイ ジャン 日文 的 人? リーウェン ダ レン?	มีคนที่พูดภาษาญี่ปุ่นได้ไหม ミーコンティープーッパーサーイープンダイマイ	¿Hay alguien que hable アイ アルギエン ケ アブレ japonés? ハポネス
這個 行李 可以 寄放 ジェガ シンリー クーイー ジーファン 到 5點 嗎? ダオ ウーディエン マ?	ขอฝากสัมภาระนี้จนถึง 5โมงได้ไหม コーファークサンパーラニー チョントゥン ハモーン ダイマイ	¿Podría dejar este ポドリア デハール エステ equipaje hasta las 5? エキパヘ アスタ ラス シンコ
請 給 我 有 寫 チン ゲイ ウォー ヨウ シエ 飯店 地址 的 名片 ファンディエン ディージー ダ ミンピエン	ขอที่อยู่ของโรงแรมหน่อย コーティーユー コーンローンレームノイ	Deme la tarjeta que venga la デメ ラ タルヘタ ケ ベンガ ラ dirección de este hotel. ディレクシオン デ エステ オテル
有 團桌 嗎? ヨウ ツァンズオー マ?	มีโต๊ะบริการทัวร์ไหม ミートッ ボリガーン トゥーアマイ	¿Hay una mesa de アイ ウナ メサ デ información turística? インフォルマシオン トゥリスティカ
有 寄 給 我 的 ヨウ ジー ゲイ ウォー ダ 信(留言) 嗎? シン(リョウイエン) マ?	มีจดหมาย ข้อความ ฝากถึงฉันไหม ミー チョッマーイ コークワーム ファークトゥンシャンマイ	¿Puede chequear si hay alguna プエデ チェケアール シ アイ アルグーナ carta(un mensaje)para mí? カルタ(ウン メンサヘ)パラ ミ

ホテル
ホテル案内

大きな荷物をホテルに預ける際、貴重品は必ず自分で管理すること。ホテルとはいえ油断は禁物!

日本語 *Japanese*	英語 *English*	韓国語 한국어
部屋で Heya de	**In the room** イン　ザ　**ルーム**	**방에서** パンエソ
ちょっとお願いしたいの です が Chotto　onegai shitai　no desu ga	Could you do　me クジュ　**ドゥ**　ミー a　favor? ア　**フェ**イヴァー	부탁이 있는데요. プタギ インヌンデヨ
モーニングコールを Mōningukōru　o お願いします onegai shimasu	I'd　like a　wake-up　call, アイド　ライクァ　**ウェ**イカップ　**コ**ール please. **プリ**ーズ	모닝콜을 부탁합니다. モニンコルル プタッカムニダ
ドライヤーを貸してください Doraiyā　o kashite kudasai	May I borrow a　hairdryer? メアイ　**ボ**ロゥ　ア　**ヘ**アドライヤー	드라이어를 빌려 주세요. トゥライオルル ピルリョ ジュセヨ
エアコンを切りたいの です が Eakon　o kiritai　no desu ga	I　want to turn off アイ　ウォントゥ　**タ**ーノフ the AC. ジ　**エ**イシー	에어컨을 끄고 싶은데요. エオコヌル **ク**ゴ シプンデヨ
氷 をください Kōri o kudasai	May I have some ice? メアイ　**ハ**ヴ　サム　**ア**イス	얼음을 주세요. オルムル チュセヨ
タオルを余分 にもらえます か? Taoru　o yobun ni morae　masu ka	May I have an メアイ　ハヴァン extra　towels? **エ**クストラ　**タ**ウォルズ	타월을 여분으로 받을 タウォルル ヨブヌロ パドゥル 수 있을까요? **ス** イッスル**カ**ヨ
金庫 の 使い方　を Kinko no tsukaikata o 教えてください oshiete kudasai	Please tell me how to プリーズ　テルミー　**ハ**ウトゥ use a　safe. **ユ**ーズァ　**セ**イフ	금고 사용법을 가르쳐 주세요. クムゴ サヨンポブル カルチョ ジュセヨ

ホテル 部屋で

中国語 中文	タイ語 ไทย	スペイン語 Español
房間內 ファンジエンネイ	**ในห้อง** ナイホン	**En la habitación** エン ラ アビタシ**オ**ン
可以 幫 我 一下 嗎? クーイー バン ウォー イーシア マ?	อยากจะรบกวนหน่อย ヤークチャロップグアンノイ	Le quería pedir una cosa. レ ケ**リ**ア ペ**ディ**ール **ウ**ナ **コ**サ
我 需要 Morning call ウォー シューヤオ モーニングコール	อยากให้โทรปลุกตอนเช้า ヤークハイトー プルックトーンシャーウ	Quiero pedir el キ**エ**ロ ペ**ディ**ール エル despertador por favor. デスペルタ**ド**ール ポル ファ**ボ**ル
請 借 我 吹風機 チン ジエ ウォー チュイフォンジー	ขอยืมไดร์เป่าผมหน่อย コーユーム ダイパオポムノイ	Déjeme el secador **デ**ヘメ エル セカ**ド**ール por favor. ポル ファ**ボ**ル
我 想 關掉 冷氣 ウォー シャン グァンディアオ ランチー	อยากปิดแอร์ ヤークピットエー	Quiero apagar el キ**エ**ロ アパ**ガ**ール エル aireacondicionado. アイレアコンディシオ**ナ**ード
請 給 我 冰塊 チン ゲイ ウォー ピンクァイ	ขอน้ำหน่อย コーナームノイ	Deme unos hielos por favor. **デ**メ **ウ**ノス イ**エ**ロス ポル ファ**ボ**ル
請 給 我 チン ゲイ ウォー 多 一點 毛巾 ドゥオ イーディエン マオジン	ขอผ้าขนหนูเพิ่มได้ไหม コーパーコンヌー プームダイマイ	¿ Podría darme un poco ポド**リ**ア **ダ**ルメ ウン **ポ**コ más de toallas ? **マ**ス デ ト**ア**ジャス
請 告訴 我 チン ガオスー ウォー 保險箱 的 使用方式 バオシエンシャン ダ シーヨンファンシー	แนะนำวิธีใช้ตู้เซฟหน่อย ネナム ウィティーシャイ トゥーセーフノイ	Dígame cómo usar **ディ**ガメ **コ**モ ウ**サ**ール la caja fuerte por favor. ラ **カ**ハ フ**エ**ルテ ポル ファ**ボ**ル

荷ほどきする前に、部屋の設備や水回りをチェック。不備があったらすぐに連絡を。

日本語 *Japanese*	英語 *English*	韓国語 한국어
苦情・ホテル内トラブル Kujō Hoteru nai toraburu	**Troubles at hotel** トラブルズ アット ホゥテル	**클레임・호텔 내 트러블** クルレイム ホテル ネ トゥロブル
締め 出されました shime dasare mashita	I'm locked out. アイム ロックド アウト	문이 잠겨 버렸어요. ムニ チャムギョ ボリョッソヨ
カードキーが 認識 しません Kādokī ga ninshiki shimasen	The keycard doesn't work. ザ キーカード ダズント ワーク	카드키가 인식이 안 돼요. カドゥキガ インシギ アン ドェヨ
エアコンが 壊れて います Eakon ga kowarete imasu	The AC is broken. ジ エイシー イズ ブロウクン	에어컨이 고장났어요. エオコニ コジャンナッソヨ
部屋 の 電気 が つき ません Heya no denki ga tsuki masen	The lights don't turn on. ザ ライツ ドント ターノン	방에 불이 안 켜져요. バンエ プリ アン キョジョヨ
お湯 が 出ません Oyu ga demasen	There is no hot water. ゼア イズ ノー ホット ウォーター	뜨거운 물이 안 나와요. トゥゴウン ムリ アン ナワヨ
トイレの 水 が 流れ ません Toire no mizu ga nagare masen	The toilet doesn't flush. ザ トイレット ダズント フラッシュ	화장실 물이 안 내려가요. ファジャンシル ムリ アン ネリョガヨ
部屋 を変更 できますか？ Heya o henkō dekimasu ka	Can I change my room? キャナイ チェインジ マイ ルーム	방을 바꿀 수 있나요? パンウル パクル ス インナヨ

客訴・飯店内突發狀況 カースー、ファンディエンネイトゥーファージュアンクアン	ร้องเรียน・ปัญหาในโรงแรม ローンリアーン パンハー ナイローンレーム	Reclamación・Problema en el hotel レクラマシオン プロブレマ エン エル オテル
被 鎖起來 了 ベイ スオチライ ラ	ฉันเข้าห้องไม่ได้ シャンカウホンマイダイ	Se me cerró la puerta. セメ セロ ラ プエルタ
房卡 無法 開鎖 ファンカー ウーファー カイスオ	คีย์การ์ดไม่ตอบสนอง キーガーッ マイトープサノーン	No se reconoce la tarjeta llave. ノ セ レコノセ ラ タルヘタ ジャベ
冷氣 壞掉 ランチー ファイディアオ	แอร์เสีย エーシアー	Está estropeado el aire. エスタ エストロペアド エル アイレ
房間 的 燈 打不開 ファンジエン ダ ダン ダーブーカイ	ไฟในห้องไม่ติด ファイナイホン マイティッ	No se enciende la luz de la habitación. ノ セ エンシエンデ ラ ルス デ ラ アビタシオン
沒有 熱水 メイヨウ ラースイ	น้ำร้อนไม่ออก ナームローンマイオーク	No sale el agua caliente. ノ サレ エル アグア カリエンテ
馬桶 塞住 了 マートン サイズー ラ	น้ำในชักโครกไม่ไหล ナーム ナイシャックローク マイライ	No va el agua del inodoro. ノ バ エル アグア デル イノドロ
可以 幫 我 換 房間 嗎? クーイー バン ウオー ファン ファンジエン マ?	ขอเปลี่ยนห้องได้ไหม コープリアンホン ダイマイ	¿ Podría cambiarme la habitación ? ポドリア カンビアルメ ラ アビタシオン

ホテル 苦情・ホテル内トラブル

カードキーは磁気不良がおこりやすい。テレビやスマホなどに近づけないこと。

日本語 Japanese	英語 English	韓国語 한국어
クリーニング他 Kuriningu hoka	**Cleaning** クリーニング	**세탁 등** セタク **ト**ゥン
部屋 の 掃除が 済んでいません Heya no sōji ga sunde imasen	My room hasn't been マイ ルーム **ハ**ズント ビーン cleaned yet. クリーンド **イ**エット	방 청소가 아직 안 パン チョンソガ アジク アン 끝났습니다. クンナッ**ス**ムニダ
タオルを 交換 して ください Taoru wo kōkan shite kudasai	Please change my towels. プリーズ **チェ**インジ マイ **タ**ウォルズ	타월을 바꿔 주세요. タウォルル パ**ク**ォ ジュセヨ
シャンプーを補充して ください Shanpū o hojū shite kudasai	Please refill the shampoo. プリーズ リー**フィ**ル ザ シャン**プー**	샴푸를 넣어 주세요. シャンプルル ノオ ジュセヨ
バスタブ が 汚れて います Basutabu ga yogorete imasu	The bathtub is dirty. ザ **バー**スタブ イズ **ダー**ティー	목욕 탕이 더러워요. モギョク タンイ トロウォヨ
ワイシャツをクリーニングに Waishatsu o kurīningu ni 出したいの ですが dashitai no desu ga	I'd like my shirt アイド ライク マイ **シャ**ート cleaned. クリーンド	와이셔츠를 세탁소에 맡기고 ワイショチュルル セタク**ソ**エ マッ**キ**ゴ 싶은데요. シプンデヨ
この シミ を取ってもらえますか？ Kono shimi o totte morae masu ka	Can you get キャニュー **ゲ**ット this stain out? ディス ステイ**ナ**ウト	이 얼룩을 지울 수 있어요? イー オルルグル チウル **ス** イッソヨ
できるだけ早く お願いします Dekirudake hayaku onegai shimasu	As soon an possible, please. アズ **スー**ナズ **ポ**スィブル プリーズ	가능한 빨리 부탁합니다. カヌンハン **パ**ルリ プタッカムニダ

中国語 中文 **打掃** ダーサオ	タイ語 ไทย **ซักรีดและอื่นๆ** サックリーツ レ ウーンウーン	スペイン語 Español **Limpieza** リンピエサ
房間 還 沒 打掃 ファンジエン ハイ メイ ダーサオ	ห้องยังทำความสะอาดไม่เสร็จ ホンヤンタム クワームサアーツ マイセット	No se ha terminado la ノ セ ア テルミナド ラ limpieza de la habitación. リンピエサ デ ラ アビタシオン
請 交換 毛巾 チン ジャオファン マオジン	ช่วยเปลี่ยนผ้าขนหนูให้ด้วย シュアイプリアン パーコンヌー ハイドゥアイ	Cámbieme las toallas カンビエメ ラ トアジャス por favor. ポル ファボル
請 補充 洗髮精 チン プーチョン シーファージン	ช่วยเติมแชมพูให้ด้วย シュアイトゥーム シェーンプー ハイドゥアイ	Reponga el champú レポンガ エル チャンプー por favor. ポル ファボル
浴缸 髒髒 的 ユーガン ザンザン ダ	น้ำในอ่างไม่ไหล ナームナイアーン マイライ	La bañera está sucia. ラ バニェラ エスタ スシア
我 想 送洗 襯衫 ウォー シャン ソンシー チェンサン	อยากส่งซักเสื้อเชิ้ต ヤークソンサックスアーシューッ	Quiero sacar mi camisa キエロ サカール ミ カミサ a la lavandería. ア ラ ラバンデリア
請 幫 我 チン バン ウォー 去掉 污漬 チューディアオ ウーズー	ช่วยล้างคราบนี้ออกได้ไหม シュアイラーンクラープニー オークダイマイ	¿ Podría quitar esta mancha ? ポドリア キタール エスタ マンチャ
如果 可能 的 話, ルーグオ クーナン ダ ファ、 請 快 一點 チン クアイ イーディエン	อยากได้เร็วที่สุด ヤークダイ レウティースッ	Cuanto antes posible クアント アンテス ポシブレ por favor. ポル ファボル

グラスが割れた、カーペットにワインをこぼしたなど、不慮のトラブルはすぐに清掃係へ連絡を。

日本語 *Japanese*	英語 *English*	韓国語 한국어
ホテルの朝食 Hoteru no chōshoku	**Breakfast at hotel** ブレックファスト アット ホゥテル	**호텔 조식** ホテル ジョシク
朝 7時 にルームサービスを Asa shichiji ni rūmusābisu o お願いします onegai shimasu	I'd like to order room アイド ライク トゥ オーダー ルーム service at 7 in the morning. サーヴィス アット セヴン インザ モーニング	아침 7시에 룸서비스를 アチム イルゴプシエ ルムソビスルル 부탁합니다. プタッカムニダ
アメリカンブレックファストを Amerikan burekku fasuto o 2人 分 お願いします ni mei bun onegai shimasu	Amenican breakfast アメリカン ブレックファスト for two, please. フォー トゥー プリーズ	아메리칸 블랙퍼스트를 アメリカン プルレクポストゥルル 2인분 부탁합니다. イインブン プタッカムニダ
ジュースは 何 がありますか Jūsu wa nani ga arimasu ka	What kind of juice ホワッ カインドヴ ジュース do you have? ドゥー ユー ハヴ	주스는 뭐가 있어요? チュスヌン ムォガ イッソヨ
コーヒー（紅茶）をください Kōhi (kōcha) o kudasai	Coffee (Tea), please. コフィー（ティー） プリーズ	커피 (홍차) 를 주세요. コピ (ホンチャ) ルル チュセヨ
卵 は 両面 焼きに Tamago wa ryōmen yaki ni してください shite kudasai	I want my eggs アイ ウォント マイ エッグス over-hard. オウヴァーハード	달걀은 양면을 구워 주세요. タルギャルン ヤンミョヌル クウォ ジュセヨ
これは 頼んで いません Kore wa tanonde imasen	This is not what I ディス イズ ノット ホワッタイ ordered. オーダード	이건 안 시켰는데요. イゴン アン シキョンヌンデヨ
注文 したもの がまだ 来ません Chūmon shita mono ga mada kimasen	My order still hasn't マイ オーダー スティル ハズン arrived. アライヴド	주문한 게 아직 안 나와요. チュムナン ゲ アジク アン ナワヨ

中国語 中文	タイ語 ไทย	スペイン語 Español
飯店早餐 ファンディエンザオツァン	**อาหารเช้าที่โรงแรม** アーハーンシャーウ ティーローンレーム	**Desayuno de hotel** デサジュノ デ オテル
早上 7點 ザオサン チーディエン 請 開始 客房服務 チン カイシー カーファンフーウー	ขอใช้บริการรูมเซอร์วิสตอน 7โมงเช้าด้วย コーシャイボリガーン ルームサービス トーンチェッモーンシャーオドゥアイ	Necesito el servicio de habitaciones ネセシト エル セルビシオ デ アビタシオネス a las 7 de la mañana. ア ラス シエテ デ ラ マニャーナ
請 給 我 兩份 チン ゲイ ウォー リャンフェン 美式早餐 メイシーザオツァン	ขออเมริกันเบรคฟาสท์สำหรับ 2ที่ コーアメリガンブレークファスト サムラップソーンティー	Un desayuno americano para ウン デサジュノ アメリカノ パラ dos personas por favor. ドス ペルソナス ポル ファボル
有 什麼 果汁? ヨウ センマ グオジー?	มีเครื่องดื่มผลไม้อะไรบ้าง ミークルアーンドゥーム ポンラマイ アライバーン	¿ Qué tipo de zumos tiene ? ケ ティポ デ スモス ティエネ
請 給 我 チン ゲイ ウォー 咖啡(紅茶) カーフェイ(ホンチャー)	ขอกาแฟ ชา ด้วย コーガフェー (シャー) ドゥアイ	Café (Té) por favor. カフェ (テ) ポル ファボル
荷包蛋 要 兩面 煎 ハーバオダン ヤオ リャンミエン ジエン	กรุณาทอดไข่ให้สุกทั้งสองด้าน ガルナー トートカイハイスック タンソーンダーン	El huevo fríto por エル ウエボ フリート ポル ambos lados por favor. アンボス ラドス ポル ファボル
沒有 點 這個 メイヨウ ディエン ジェガ	ไม่ได้สั่งอันนี้ マイダイサン アンニー	Esto no lo he pedido. エスト ノ ロ エ ペディード
點 的 餐 沒有 來 ディエン ダ ツァン メイヨウ ライ	ของที่สั่งไว้ยังไม่มา コーンティーサンウイ ヤンマイマー	Aún no me ha traido アウン ノ メ ア トライド lo que pedí. ロ ケ ペディ

日本語 Japanese	英語 English	韓国語 한국어
両替 Ryōgae	**Exchange** エクスチェインジ	**환전** ファンジョン
両替 は どこでできます か？ Ryōgae wa dokode dekimasu ka	Where can I ホェア キャナイ exchange money ? エクスチェインジ マニー	환전은 어디서 할 수 있습니까? ファジョヌン オディソ ハル ス イッスムニカ
10000円を（通貨） 10000Yen o (tūka) に換えてください ni kaete kudasai	Please change 10,000 プリーズ チェインジ テン サウサンド Yen to US dollars. イェン トゥ ユーエス ダラァズ	10000엔을 원으로 바꿔 주세요. マネヌル ウォヌロ パクォ ジュセヨ
今日の 為替 レートは、 Kyō no kawase rēto wa どのくらいです か？ donokurai desu ka	What is the ホァティズ ディ exchange rate today? エクスチェインジ レイト トゥデイ	오늘 환율은 어떻게 돼요? オヌル ファンニュルン オトッケ トェヨ
小額 紙幣 で もらえます か？ Shōgaku shihei de morae masu ka	Can I have it キャナイ ハヴィット in small bills? イン スモール ビゥズ	소액 지폐로 받을 수 있을까요? ソエク チペロ パドゥル ス イッスルカヨ
レートが 良くないの です が Rēto ga yokunai no desu ga	The rate isn't good. ザ レイト イズン グッド	환율이 안 좋은데요. ファンニュリ アン ジョウンデヨ
（計算が）正しい です か Tadashī desu ka	Is this correct? イズ ディス コレクト	계산이 맞습니까? ケサニマッスムニカ
領収書 をください Ryōshūsho o kudasai	May I have the receipt? メアイ ハヴ ザ リシート	영수증을 주세요. ヨンスジュンウル チュセヨ

→P32-33…入国・両替

中国語 中文	タイ語 ไทย	スペイン語 Español
外幣兌換 ウァイビードゥイフアン	**แลกเงิน** レークグン	**Cambio** カンビオ
哪裡 可以 ナーリー クーイー 兌換 外幣 ドゥイフアン ウァイビー	สามารถแลกเงินได้ที่ไหน サーマーッ レークグン ダイティーナイ	¿ Dónde puedo ドンデ プエド cambiar dinero ? カンビアール ディネロ
請 幫 我 把 1萬日幣 チン バン ウォー バー イーウァンリービー 換 成 台幣 ファン チェン タイビー	ขอแลกเงิน 10,000 เยนนี้เป็นเงินบาท コーレークグン ヌンムーン イェーンニー ペングンバーツ	Cámbieme los 10,000 yenes カンビエメ ロス ディエスミル ジェネス a euros por favor. ア エウロス ポル ファボル
今天 的 匯率 ジンティエン ダ フイリュ 是 多少 シー ドゥオサオ	วันนี้เรตเงินเท่าไหร่ ワンニー レートグンタオライ	¿ A cómo está ア コモ エスタ el cambio hoy ? エル カンビオ オイ
可以 換 給 我 クーイー ファン ゲイ ウォー 一些 紙鈔 イーシエ ジーツァオ	ขอแบ้งค์ปลีกด้วยได้ไหม コーベンプリークドゥアイ ダイマイ	¿ Podría darme ポドリア ダルメ billetes pequeños ? ビジェテス ペケーニョス
匯率 不好 フイリュウ ブーハオ	เรตเงินไม่ดีเลย レートグンマイディールイ	El tipo de cambio no es bueno. エル ティポ デ カンビオ ノ エス ブエノ
金額 正確 嗎? ジンアー ゼンチュエ マ?	ถูกต้องหรือปล่าว トゥークトンループラウ	¿ Está correcto así ? エスタ コレクト アシ
請 給 我 收據 チン ゲイ ウォー ソウジュー	ขอใบเสร็จด้วย コーバイセッドゥアイ	Deme el recibo por favor. デメ エル レシーボ ポル ファボル

ホテル 両替

❗現地の銀行や両替商と比べて、ホテルでの両替はレートが良くないことが多い。最小限に留めよう。

日本語 Japanese	英語 English	韓国語 한국어
レストラン Resutoran	**Restaurant** レストラン	**레스토랑** レストラン
朝食　は 何時から です か? Chōshoku wa nanji kara desu ka	What time is breakfast? ホワッタイム イズ ブレックファスト	아침 식사는 몇 시부터예요? アチム シクサヌン ミョッ シブトエヨ
この バウチャーは Kono bauchā wa 使え ます か? tsukae masu ka	Can I use this boucher? キャナイ ユーズ ディス バウチャー	이 교환권을 イー キョファンクォヌル 쓸 수 있습니까? スル ス イッスムニカ
2名 です。 Ni mei desu. 部屋 番号 は 5 0 3 です Heya bangō wa gō maru san desu	2 people. トゥー ピープル Room number is 5 0 3. ルーム ナンバー イズ ファイヴ オウ スリー	2명입니다. トゥミョンイムニダ 방은 503호실입니다. パンウン オベクサモシリムニダ
窓際　の 席 をお願いします Madogiwa no seki o onegai shimasu	I'd like a table アイド ライカ テイブゥ by the window. バイ ザ ウィンドウ	창가쪽 자리로 부탁합니다. チャンカチョク チャリロ プタッカムニダ
フォークを落としました。 Fōku o otoshi mashita. 換えてください Kaete kudasai	I dropped the fork. アイ ドゥロップド ザ フォーク Can I have new one? キャナイ ハヴ ニュー ワン	포크를 떨어뜨렸어요. ポクルル トロ トゥリョッソヨ 바꿔 주세요. パクォ ジュセヨ
注文 しても いいですか? Chūmon shitemo īdesu ka	May I order? メアイ オーダー	주문해도 돼요? チュムネド トェヨ
日本食　の メニューは Nihonshoku no menyū wa ありますか? arimasu ka	Do you have a ドゥ ユー ハヴァ menu of Japanese food? メニュー オブ ジャパニーズ フード	일식 메뉴는 있습니까? イルシク メニュヌン イッスムニカ

ホテル レストラン

中国語 中文	タイ語 ไทย	スペイン語 Español
餐廳 ツァンティン	**ร้านอาหาร** ラーンアーハーン	**Restaurante** レスタウランテ
早餐 時間 ザオツァン シージェン 幾點 開始? ジーディエン カイシー	อาหารเช้าเริ่มกี่โมง アーハーンシャーオ ルームギーモーン	¿A qué hora ア ケ オラ empieza el desayuno ? エンピエサ エル デサジュノ
可以 使用 クーイー シーヨン 這個 優惠卷 嗎? ジェガ ヨウフイジュエン マ?	เวาเชอร์นี้ใช้ได้ไหม ワウチューニー シャイダイマイ	¿Puedo usar este bono ? プエド ウサール エステ ボノ
兩位, リャンウェイ、 房間號碼 是 503 ファンジェンハオマー シー ウーリンサン	2ที่ ห้องหมายเลข 5 0 3 ソーンティー ホンマーイレーク ハースーンサーム	Somos dos. Carguen a la ソモス ドス カルゲン ア ラ habitación 5 0 3. アビタシオン シンコ セロ トレス
請 給 我 チン ゲイ ウォー 靠窗 的 座位 カオチュアン ダ ズオウェイ	ขอที่นั่งริมหน้าต่าง コーティーナンリムナーターン	La mesa que está al lado ラ メサ ケ エスタ アル ラド de la ventana por favor. デ ラ ベンタナ ポル ファボル
叉子 掉了, ツァーズ ディアオラ、 請 幫忙 換 一根 チン バンマン ファン イーガン	ส้อมตก ขอเปลี่ยนหน่อย ソムトック コープリアンノイ	Se me ha caido el tenedor. セ メ ア カイード エル テネドール Tráigame otro por favor. トライガメ オトロ ポル ファボル
可以 點餐 了 嗎? クーイー ディエンツァン ラ マ?	ขอสั่งอาหารหน่อย コーサンアーハーンノイ	¿Puedo pedir ya ? プエド ペディール ジャ
有 日本料理 的 ヨウ リーベンリャオリー ダ 菜單 嗎? ツァイダン マ?	มีเมนูอาหารญี่ปุ่นไหม ミーメーヌー アーハーンイープンマイ	¿Hay carta en japonés ? アイ カルタ エン ハポネス

日本語 Japanese	英語 English	韓国語 한국어
手配を頼む Tehai o tanomu	**Request** リクエスト	**필요사항을 부탁** ピリョサハンウル プタク
今晩 7時 にディナーの Konban shichiji ni dinā no 予約 をお願いします yoyaku o onegai shimasu	I'd like to reserve アイド ライク トゥ リザーヴ table at 7 tonight. テイブゥ アット セヴン トゥナイト	오늘 7시에 オヌル イルゴブシエ 저녁을 예약해 주세요. チョニョグル イェヤッケ ジュセヨ
この 手紙 を航空 便 Kono tegami o kōkū bin で 出してください de dashite kudasai	Please send this プリーズ センディス letter by air mail. レター バイ エア メイル	이 편지를 항공편으로 イー ピョンジルル ハンゴンピョヌロ 부쳐 주세요. プチョ ジュセヨ
ここ で 市内 観光 の Koko de shinai kankō no ツアーは 申し込め ます か？ tsuā wa mōshikome masu ka	Can I book a キャナイ ブックァ city tour here? シティ トゥアー ヒア	여기서 시내 관광 ヨギソ シネ クァングァン 투어를 신청할 수 있어요? トゥオルル シンチョンハル ス イッソヨ
マッサージを Massāji o お願いしたいの です が onegai shitai no desu ga	I'd like to アイド ライク トゥ have a massage. ハヴァ マサージ	마사지를 부탁하고 싶은데요. マサジルル プタッカゴ シプンデヨ
もう1日 延泊 できます か？ Mō ichinichi enpaku dekimasu ka	May I stay one more night? メアイ ステイ ワン モア ナイト	1박 더 연장할 수 있어요? イルバク トー ヨンジャンハル ス イッソヨ
今晩、 Konban 清算 を済ませても いいですか？ seisan o sumasete mo īdesu ka	May I pay for メアイ ペイ フォー everything tonight? エヴリシング トゥナイト	오늘 밤에 미리 계산해도 돼요? オヌル パメ ミリ ケサネド トェヨ
チェックアウトの Chekku auto no 時間を遅く できます か？ jikan o osoku dekimasu ka	Can I extend the キャナイ エクステンド ザ check-out time? チェッカウト タイム	체크아웃 시간을 チェクアウッ シガヌル 늦출 수 있습니까? ヌチュル ス イッスムニカ

協助安排 シエズーアンパイ	การขอใช้บริการต่างๆ ガーンコーシャイ　ボリガーンターンターン	Organizar オルガニサール
想　預約 シァン　ユーユエー 今晚　7點　的　訂位 ジンウン　チーディエン　ダ　ディンウェイ	ขอจองอาหารเย็นตอน 1 ทุ่ม コーチョーンアーハーンイェン　トーンヌン トゥム	Reserve la　mesa a　las　siete レセルベ　ラ　メサ　ア　ラス　シエテ de la　noche por　favor. デ　ラ　ノチェ　ポル　ファボル
這封信 ジェ　フォン　シン 請　用　航空郵件　寄送 チン　ヨン　ハンコンヨウジエン　ジーソン	ช่วยส่งจดหมายนี้ทางอากาศ シュアイソンチョッマイニー　ターンアー ガーッ	Envie　esta　carta エンビエ　エスタ　カルタ por　avión　por　favor. ポル　アビオン　ポル　ファボル
這裡　可以　報名　參加 ジャーリー　クーイー　バオミン　ツァンジアー 市區觀光　行程　嗎? シーチューグァングァン　シンチエン　マ?	จองทัวร์เที่ยวชมเมืองที่นี่ได้ไหม チョーントーア　ティアウショムアーン ティーニーダイマイ	¿ Puedo pedir　el　tour プエド　ペディール　エル　トゥール de la　ciudad aquí ? デ　ラ　シウダ　アキ
想　要　按摩 シァン　ヤオ　アンモー	อยากใช้บริการนวดหน่อย ヤークシャイボリガーン　ヌアーッノイ	Quiero pedir　un　masaje. キエロ　ペディール　ウン　マサヘ
可以　再　延住　一晚　嗎? クーイー　ザイ　イエンズー　イーウンマ?	ขอพักต่ออีกหนึ่งวันได้ไหม コーパックトー　イークヌンワン　ダイマイ	¿ Puedo quedarme プエド　ケダルメ una　noche más ? ウナ　ノチェ　マス
今晚　可以　讓　我 ジンウン　クーイー　ラン　ウォー 結清　費用　嗎? ジエチン　フェイヨン　マ?	ชำระบัญชีให้เสร็จสิ้นเย็นนี้ได้ไหม シャムラ　バンシー　ハイセッシンイェン ニー　ダイマイ	¿ Podría　cerrar　la ポドリア　セラール　ラ cuenta　esta　noche ? クエンタ　エスタ　ノチェ
退房　時間 トゥイファン　シージエン 可以　晚　一點　嗎? クーイー　ウン　イーディエン　マ?	ขอเช้คเอ้าท์ช้าหน่อยได้ไหม コーシェックアウッ　シャーノイ　ダイマイ	¿ Podría　hacer　el ポドリア　アセール　エル check out　más　tarde ? チェカウ　マス　タルデ

ホテル 手配を頼む

❗出発が朝早い場合、前日の晩に清算を済ませよう。前日のうちに明細を届けてくれるホテルもある。

日本語 *Japanese*	英語 *English*	韓国語 한국어
チェックアウト Chekku auto	**Check-out** チェッ**カ**ウト	**체크아웃** チェクアウッ
チェックアウトをお願いします Chekku auto o onegai shimasu	I'd like to check out, please. アイド ライク トゥ チェッ**カ**ウト プ**リ**ーズ	체크아웃을 부탁합니다. チェクアウスル プタッカムニダ
ミニバーは 利用 していません Mini bā wa riyō shite imasen	I didn't use the minibar. アイ ディドゥン **ユ**ーズ ザ ミニ**バ**ー	방 안 냉장고는 안 썼습니다. パン アン ネンジャンゴヌン アン **ソ**ッ**ス**ムニダ
ビールを2 缶 飲みました Bīru o futa kan nomimashita	I had two cans of beer. アイ ハッド **トゥ**ー **キャ**ンズ オブ **ビ**ア	맥주캔을 2개 마셨어요. メク**チ**ュケヌル トゥゲ マショッソヨ
ルームサービス代 が 含まれて いません Rūmu sābisu dai ga fukumarete imasen	Room service isn't charged. **ル**ーム **サ**ーヴィス イズント **チャ**ージド	룸서비스비가 포함되어 있지 않습니다. ルムソビスビガ ポハムドェオ イッ**チ** アンスムニダ
明細 を見せてください Meisai o misetekudasai	Can I see an invoice? キャナイ **シ**ー アン **イ**ンヴォイス	명세서를 보여 주세요. ミョンセソルル ポヨ ジュセヨ
【明細を見ながら】 この 金額 は 何です か？ Kono kingaku wa nandesu ka	What is this item? ホワッティズ **ディ**ス **ア**イテム	이 금액은 뭐예요? イー クメグン ムォエヨ
計算 違い が あるようです Keisan chigai ga aru yō desu	I think there is a mistake in this bill. アイ シンク ゼア イズ ア ミス**テ**イク イン ディス **ビ**ゥ	계산이 틀린 것 같습니다. ケサニ トゥルリン ゴッ カッスムニダ

中国語 中文	タイ語 ไทย	スペイン語 Español
退房 トゥイファン	**เช้คเอ้าท์** シェックアウッ	**Check-out** チェカウ
我 想 退房 ウォー シァン トゥイファン	ขอเช้คเอ้าท์ コーシェックアウッ	Check-out por favor. チェカウ ポル ファボル
沒有 使用 minibar メイヨウ シーヨン ミニバー	ไม่ได้ใช้ของในมินิบาร์ マイダイシャイコーン ナイミニバー	No he utilizado el minibar. ノ エ ウティリサド エル ミニバル
喝 了 兩瓶 啤酒 ハー ラ リャンピン ピージュウ	ดื่มเบียร์ไปสองกระป๋อง ドゥームビアーパイ ソーングラポン	He tomado dos cervezas del エ トマド ドス セルベサス デル minibar. ミニバル
不含 客房服務 費用 ブーハン カーファンフーウー フェイヨン	ไม่มีค่ารูมเซอร์วิสรวมอยู่ マイミーカー ルームスーヴィス ルアムユー	No está incluido el ノ エスタ インクルイド エル servicio de habitaciones. セルビシオ デ アビタシオネス
請 讓 我 看 明細 チン ラン ウォー カン ミンシー	ขอดูรายละเอียดหน่อย コードゥー ラーイライアッノイ	Déjeme ver la factura デヘメ ベル ラ ファクトゥラ por favor. ポル ファボル
這個 金額 是 什麼 費用? ジェガ ジンアー シー センマ フェイヨン?	จำนวนเงินนี้คืออะไร チャムヌゥアングンニー クーアライ	¿ Qué es este gasto ? ケ エス エステ ガスト
好像 算 錯 了 ハオシャン スアン ツオ ラ	น่าจะคำนวณผิด ナーチャ カムヌァアンピッ	Creo que no está bien クレオ ケ ノ エスタ ビエン éste cálculo. エステ カルクロ

❗明細書は隅々まで確認しよう。身に覚えのない請求があったら、必ず訂正を入れること。

日本語 *Japanese*	英語 *English*	韓国語 한국어
チェックアウト後 chekku aouto go	**After check-out** アフター チェッカウト	**체크아웃 후** チェクアウッ フ
この 荷物 を3時 まで 預かって Kono nimotsu o sanji made azukatte もらえます か？ morae masu ka	Could you keep my baggage クジュ キープ マイ バゲッジ until 3 o'clock? アンティル スリー オクロック	이 짐을 3시까지 맡길 イー チムル セシカジ マッキル 수 있습니까? ス イッスムニカ
喫煙所 は ありますか？ Kitsuenjo wa arimasu ka	Is there a smoking area? イズ ゼア ア スモウキン エーリア	흡연 장소는 있습니까? フビョン ジャンソヌン イッスムニカ
荷物 は 自分で 運び ます Nimotsu wa jibun de hakobi masu	I'll bring my baggabe アイル ブリング マイ バゲッジ by myself. バイ マイセルフ	짐은 제가 옮기겠습니다. チムン チェガ オムギゲッスムニダ
部屋 に忘れ物 をしました Heya ni wasuremono o shimashita	I left something アイ レフト サムシング in my room. イン マイ ルーム	방에 물건을 놓고 왔어요. パンエ ムルゴヌル ノッコ ワッソヨ
ここ での 滞在を Koko deno taizai o 楽しめ ました よ tanoshime mashita yo	I enjoyed my stay. アイ エンジョイド マイ ステイ	머무는 동안 즐거웠어요. モムヌン ドンアン チュルゴウォッソヨ
空港 まで の 送迎を手配 Kūkō made no sōgei o tehai できますか？ dekimasu ka	Could you arrange クジュ アレンジ transfer to the airport? トランスファー トゥ ジ エアポート	공항까지 픽업편을 알아봐 コンハンカジ ピゴプピョヌル アラボァ 주시겠어요? ジュシゲッソヨ
タクシーを呼んでください Takushī o yonde kudasai	Please call a taxi プリーズ コールァ タクシー for me. フォー ミー	택시를 불러 주세요. テクシルル プルロ ジュセヨ

中国語 中文	タイ語 ไทย	スペイン語 Español
退房後 トゥイファンホウ	**หลังเช็คเอ้าท์** ランシェックアウッ	**Después de check-out** デスプエス デ チェカウ
行李 可以 寄放 シンリー クーイー ジーファン 到 3點 嗎? ダオ サンディエン マ?	ขอฝากสัมภาระนี้จนถึงบ่ายสามได้ไหม コーファーク サンパーラニー チョントゥンバーイサーム ダイマイ	¿ Puede guardar este プエデ グアルダール エステ equipaje hasta las 3 ? エキパヘ アスタ ラス トレス
有 吸菸區 嗎? ヨウ シーイエンチュウ マ?	มีที่สูบบุหรี่ไหม ミーティースーブリーマイ	¿ Tienen sala de fumadores ? ティエネン サラ デ フマドーレス
行李 自己 提 シンリー ズージー ティー	จะขนสัมภาระเอง チャコン サンパーラ エーン	Yo llevo mi equipaje. ジョ ジェボ ミ エキパヘ
把 東西 忘 バー ドンシー ウン 在 房間 裡 了 ザイ ファンジエン リー ラ	ลืมของไว้ที่ห้อง ルームコーンウイティーホン	Se me ha olvidado una cosa セ メ ア オルビダド ウナ コサ en la habitación. エン ラ アビタシオン
在 這裡 的 住宿 期間 ザイ ジャーリー ダ ズース チージエン 很 開心 ヘン カイシン	พักที่นี่แล้วประทับใจมาก パックティーニーレーウ プラタップチャイマーク	Ha sido una estancia ア シド ウナ エスタンシア muy buena. ムイ ブエナ
有 到 機場 的 ヨウ ダオ ジーチャン ダ 接送服務 嗎? ジエソンフーウー マ?	จัดรถไปส่งสนามบินได้ไหม チャットロット パイソンサナームビン ダイマイ	¿ Podría contratar un ポドリア コントラタル ウン traslado al aeropuerto ? トラスラド アル アエロプエルト
請 幫 我 叫 車 チン バン ウォー ジャオ チャー	ช่วยเรียกแท็กซี่ให้หน่อย シュアイリアクテックシーハイノイ	Pida un taxi por favor. ピダ ウン タツシ ポル ファボル

日本語 *Japanese*	英語 *English*	韓国語 한국어
ホテル関係単語 Hoteru kankei tango	**Words for hotel** ワーズ フォー ホゥテル	**호텔 관련 단어** ホテㇽ クァルリョン タノ
ロビー robī	lobby ロビィ	로비 ロビ
受付 uketsuke	reception レセプション	접수 チョㇷ゚ス
宿泊　カード shukuhaku kādo	resistration card レジストレイション カード	숙박 카드 スㇰパㇰ カドゥ
デポジット（預り金） depojitto (azukarikin)	deposit デポジット	보증금 ポジュングㇺ
総支配人 sō shihainin	general manager ジェネラル マネジャー	총지배인 チョンジベイン
フロントスタッフ furonto sutaffu	reception staff レセプション スタッフ	프론트 스탭 プロントゥ ステㇷ゚
クローク kurōku	cloak クローク	휴대품 보관 룸 ヒュデプㇺ ポグァン ルㇺ
ベルパーソン beru pāson	bell person ベゥ パーソン	벨 맨 ペル メン
ドアパーソン doa pāson	door person ドァ パーソン	도어 맨 トオ メン
コンシェルジュ konsheruju	concierge コンシエーゥジュ	컨시어지 コンシオジ
ハウスキーパー hausu kīpā	housekeeper ハウスキーパー chambermaid チェインバーメイド	객실 청소 관리자 ケㇰシㇽ チョンソ クァルリジャ

中国語 中文	タイ語 ไทย	スペイン語 Español
飯店相關用語 ファンディエンシャングァンヨンユー	**คำศัพท์เกี่ยวกับโรงแรม** カムサップ ギアウガップ ローンレーム	**Vocabulario de hotel** ボカブラリオ デ オテル
大廳 ダーティン	ล็อบบี้ ロッビー	hall ホール
櫃檯 グイタイ	แผนกต้อนรับ / รีเซฟชั่น パネークトーンラップ / リーセーフシャン	recepción レセプシオン (f)
住宿資料 ズースーズーリャオ	บัตรที่พัก バッティーパック	tarjeta de regístro タルヘタ デ レヒストロ (f)
預繳費用 ユージャオフェイヨン	เงินประกัน グンプラガン	depósito デポシト (m)
總經理 ゾンジンリー	ผู้จัดการทั่วไป プーチャッガーン トゥーアパイ	gerente general ヘレンテ ヘネラル (m)
櫃檯員 グイタイユエン	พนักงานต้อนรับ パナックガーントーンラップ	personal de recepción ペルソナル デ レセプシオン (m)
服務中心 フーウーゾンシン	รับฝากของ ラップファークコーン	guardaropa グアルダロパ (f)
行李員 シンリーユエン	เบลบอย ベルボーイ	botones ボトネス (m)
門房 メンファン	คนเปิดประตู / ดอร์แมน コンプーップラトゥー / ドーメーン	portero ポルテロ(m)
禮賓大使 リービンダーシー	เจ้าหน้าที่อำนวยความสะดวก チャウナーテーアムヌアイ クワームサドゥアク	conserje コンセルヘ (m)
房務員 ファンウーユエン	แม่บ้าน メーバーン	camarera カマレラ (f)

日本語 Japanese	英語 English	韓国語 한국어
ホテル関係単語 Hoteru kankei tango	**Words for hotel** ワーズ フォー ホゥテル	**호텔 관련 단어** ホテル クァルリョン タノ
部屋 の カギ heya no kagi	room key ルーム キー	방 키 パン キ
非常口 hijōguchi	emergency exit エマージェンスィ エグズィット	비상구 ピサング
寝室 shinshitsu	bedroom ベッドルーム	침실 チムシル
浴室 yokushitsu	bathroom バースルーム	욕실 ヨクシル
バルコニー barukonī	balcony バゥコニー	발코니 パルコニ
クローゼット kurōzetto	closet クロゼット	옷장 オッチャン
セーフティボックス sēfuti bokkusu	safety box セイフティ ボックス	귀중품 보관소 クィジュンプム ポグァンソ
書き物机 kakimono zukue	writing desk ライティン デスク	책상 チェクサン
ベッドサイド テーブル beddo saido tēburu	bedside table ベッサイド テイブゥ	침대 옆 테이블 チムデ ヨプ テイブル
バスアメニティ(石鹸、シャンプーなどの備品) basu ameniti	bath amenities バース アメニティーズ	비치 생활용품 ピチ センファルリョンプム
変圧器 hen-atsu ki	travel converter トラヴェル コンヴァーター	변압기 ピョナプキ
変換プラグ henkan puragu	plug adapter プラグ アダプター	변압 플러그 ピョナプ プルログ

中国語 中文	タイ語 ไทย	スペイン語 Español
飯店相關用語 ファンディエンシャングァンヨンユー	**คำศัพท์เกี่ยวกับโรงแรม** カムサップ ギアウガップ ローンレーム	**Vocabulario de hotel** ボカブラリオ デ オテル
房卡 ファンカー	กุญแจห้อง グンチェーホン	llave de la habitación ジャベ デ ラ アビタシオン (f)
安全出口 アンチュエンチューコウ	ทางออกฉุกเฉิน ターンオークシュックシューン	salida de emergencia サリダ デ エメルヘンシア (f)
臥房 ウォーファン	ห้องนอน ホンノーン	dormitorio ドルミトリオ (m)
浴室 ユーシー	ห้องน้ำ ホンナーム	cuarto de baño クワルト デ バニョ (m)
陽台 ヤンタイ	ระเบียง ラビアン	terraza テラサ (f)
衣櫥 イーツー	ตู้เสื้อผ้า トゥースアーパー	armario アルマリオ (m)
保險箱 バオシェンシャン	ตู้เซฟ トゥーセーフ	caja fuerte カハ フエルテ (f)
書桌 スーズオー	โต๊ะเขียนงาน ト ギアンガーン	escritorio エスクリトリオ (m)
床邊桌 チュアンビエンズオー	โต๊ะเล็กข้างเตียง ト レックカーンティアン	mesilla de noche メシジャ デ ノチェ (f)
備品 ベイピン	สิ่งอำนวยความสะดวกในห้องน้ำ シンアムヌーアイ クワームサドゥアーク ナイホンナーム	amenidades del hotel アメニダデス デル オテル (f)
變壓器 ビエンヤーチー	เครื่องแปลงไฟ クルアンプレーンファイ	transformador トランスフォルマドル (m)
變換插頭 ビエンファンツァートウ	หัวแปลงปลั๊กไฟ ホアープレーンプラックファイ	adaptador de enchufe アダプタドル デ エンチュフェ (m)

日本語 Japanese	英語 English	韓国語 한국어
ホテル関係単語 Hoteru kankei tango	**Words for hotel** ワーズ フォー ホゥテル	**호텔 관련 단어** ホテル クァルリョン タノ
起こさないでください okosa nai de kudasai	Do not disturb ドゥー ノット ディスターブ	깨우지 말아 주세요. ケウジ マラ ジュセヨ
部屋を掃除してください heya o sōji shite kudasai	Please make up the room プリーズ メイカップ ザ ルーム	방을 청소해 주세요. パンウル チョンソヘ ジュセヨ
市内通話 shinai tsūwa	local call ロゥカル コール	시내 통화 シネ トンファ
国際通話 kokusai tsūwa	international call インタナショナル コール	국제 통화 ククチェ トンファ
飲食店 inshokuten	restaurant レストラン	음식점 ウムシクチョム
宴会場 enkaijō	banquet hall バンケット ホール	연회장 ヨヌェジャン
フィットネスジム fittonesu jimu	fitness center / gym フィットネス センター ジム	피트니스 센터 ピトゥニス セント
屋内（屋外）プール okunai (okugai) pūru	indoor (outdoor) pool インドー（アウッドー）プール	실내 (실외) 수영장 シルレ（シルェ）スヨンジャン
ツアーデスク tsuā desuku	tour desk トゥアー デスク	투어 데스크 トゥオ デスク
製氷機 seihyōki	ice vendor アイス ヴェンダー	얼음 제조기 オルム チェジョギ
喫煙所 kitsuenjo	smoking area スモウキン エーリア	흡연 장소 フビョン ジャンソ
コインランドリー koin randorī	laundromat ラーンドロマット	빨래방 パルレバン

中国語 中文	タイ語 ไทย	スペイン語 Español
飯店相關用語 ファンディエンシャングァンヨンユー	**คำศัพท์เกี่ยวกับโรงแรม** カムサップ　ギアウガップ　ローンレーム	**Vocabulario de hotel** ボカブラリオ　デ　オテル
請　勿　打擾 チン　ウー　ダーラオ	ห้ามรบกวน ハームロップグアーン	No molestar ノ　モレスタール
請　打掃　房間 チン　ダーサオ　ファンジエン	กรุณาทำความสะอาดห้อง ガルナータムクワームサアーッホン	Limpien　la　habitación リンピエン　ラ　アビタシオン
市內電話 シーネイディエンファ	โทรศัพท์ในประเทศ トーラサップナイプラテート	llamada nacional ジャマダ　ナシオナル
國際電話 グオジーディエンファ	โทรทางไกลต่างประเทศ トーターンガライターンプラテート	llamada internacional ジャマダ　インテルナシオナル
餐廳 ツァンティン	ร้านอาหารและร้านดื่ม ラーンアーハーン　レ　ラーンドゥーム	restaurante レスタウランテ
宴會場 イエンフイチャン	ห้องจัดเลี้ยง ホンチャッリアン	sala de banquetes サラ　デ　バンケテス
健身房 ジェンセンファン	ห้องออกกำลังกาย ホンオークガムランガーイ	gimnasio ヒムナシオ
室內(戶外)游泳池 シーネイ(フーウイ)ヨウヨンチー	สระน้ำในอาคาร　(นอกอาคาร) サナームナイアーカーン　(ノークアーカーン)	piscina cubierta　(exterior) ピシナ　クビエルタ（エステリオル）
團桌 トゥアンズオー	โต๊ะบริการทัวร์ ト　ボリガーントゥーア	mostrador　de　excursiones モストラドル　デ　エスクルシオネス
製冰機 ジービンジー	เครื่องทำน้ำแข็ง クルアンタムナムケン	expendedora　de　hielo エスペンデドラ　デ　イエロ
吸菸區 シーイエンチュー	พื้นที่สูบบุหรี่ プーンティースーブリー	área　de　fumadores アレア　デ　フマドーレス
投幣式洗衣機 トウオビーシーシーイージー	ตู้ซักผ้าหยอดเหรียญ トゥーサックパーヨーッリアン	lavandería　autoservicio ラバンデリア　アウトセルビシオ

海外のプラグ形状と電圧

国・エリア名	電圧(V)	プラグ A	BF	B3	B	C	SE	O	O2
日本	100	●							
中国	110／220	●	●	●	●	●	●	●	●
台湾	110／220	●				●		●	
韓国	110／220	●				●	●		
香港	200／220		●	●	●	●			
シンガポール	115／230	●	●	●	●	●			
タイ	110／220	●	●	●	●	●			
アメリカ(ハワイ含む)	120	●							
グアム	120／240	●	●					●	
オーストラリア	240／250							●	●
ニュージーランド	230／240							●	●
メキシコ	120／127／230	●				●	●		
ペルー	220	●				●	●		
イギリス	230／240		●	●	●	●			
スペイン	127／220	●				●	●		

観光

観光案内所にて Kankō annaijo nite	At Tourist Information アット ツーリスト インフォメイション	관광안내소에서 クァングァンアンネソエソ
～へはどのように ～ e wa donoyōni 行けばいいですか？ ikeba īdesu ka	How can I get to ～? ハウ キャナイ ゲットゥ	～에는 어떻게 가면 돼요? エヌン オトッケ カミョン トェヨ
無料 の 市内地図 をください Muryō no shinai chizu o kudasai	May I have a メアイ ハヴァ free city map? フリー シティ マップ	무료 시내 지도를 주세요. ムリョ シネ チドルル チュセヨ
観光パンフレットは ありますか？ Kankō panfuretto wa arimasu ka	Do you have a brochure? ドゥーユー ハヴァ ブローシュア	관광 팸플렛은 있나요? クァングァン ペムプルレスン インナヨ
日本語ガイドを頼みたい のですが Nihongo gaido o tanomi tai no desu ga	I need a アイ ニーダ Japanese-speaking guide. ジャパニーズ スピーキン ガイド	일본어 가이드를 イルボノ カイドゥルル 부탁하고 싶은데요. プタッカゴ シプンデヨ
おすすめの 場所 は ありますか？ Osusume no basho wa arimasu ka	Is there any イズ ゼア エニィ places you recommend? プレイスィズ ユー レコメンド	추천 장소는 있습니까? チュチョン ジャンソヌン イッスムニカ
～で 写真映え する ～ de shashin bae suru のは どこですか？ no wa doko desu ka	Where is photogenic ホエア イズ フォトジェニック in ～? イン	～에서 사진이 예쁘게 エソ サジニ イェプゲ 잘 나오는 곳은 어디예요? チャル ナオヌン ゴスン オディエヨ
繁華街 は どの辺 ですか？ Hankagai wa dono hen desu ka	Where is the ホエア イズ ザ downtown area? ダウンタウン エーリア	번화가는 어디쯤이에요? ポヌァガヌン オディチュミエヨ

中国語 中文	タイ語 ไทย	スペイン語 Español
在 觀光旅遊中心 ザイ グァングァンリュウヨウヅンシン	**ศูนย์ประชาสัมพันธ์การท่องเที่ยว** スーンプラシャーサムパン ガーントンティアウ	**Información de turísmo** インフォルマシオン デ トゥリスモ
～ 怎麼 去 比較 好? ～ ゼンマ チュー ビージャオ ハオ?	จะเดินทางไปที่～อย่างไร チャドゥンターンパイティー～ヤーンライ	¿ Cómo se va a ～ ? コモ セ バ
請 給 我 チン ゲイ ウオー 免費 的 市區地圖 ミエンフェイ ダ シーチュー ディートゥー	มีแผนที่เมืองแจกฟรีไหม ミーペーンティームアン チェークフリーマイ	Deme un plano gratis デメ ウン プラノ グラティス de la ciudad . デ ラ シウダ
有 觀光簡介 嗎? ヨウ グァングァンジェンジエ マ?	มีโบรชัวร์ไหม ミーブローシュアマイ	¿ Hay algún アイ アルグン folleto turístico ? フォジェト トゥリスティコ
想 找 日語導遊 シャン ザオ リーユーダオヨウ	ต้องการไกด์ภาษาญี่ปุ่น トンガーンガイ パーサーイープン	Necesito una guía turistica ネセシト ウナ ギア トゥリスティカ que hable japonés. ケ アブレ ハポネス
有 推薦 的 ヨウ トゥイジェン ダ 地方 嗎? ディーファン マ?	มีสถานที่แนะนำไหม ミーサターンティー ネナムマイ	¿ Qué sitios me recomienda ケ シティオス メ レコミエンダ para visitar ? パラ ビシタル
在 有 什麼 值得 ザイ ヨウ センマ ジーダー 入鏡 的 地方 嗎? ルージン ダ ディーファン マ?	มีจุดถ่ายรูปสวยๆที่～ไหม ミーチュッターイループ スアイ スアイ ティー～マイ	¿ Dónde podría hacer ドンデ ポドリア アセール las mejores fotos en ～ ? ラス メホーレス フォトス エン
熱鬧 的 街區 ラーナオ ダ ジエチュー 大概 在 哪邊? ダーガイ ザイ ナービエン?	เขตตัวเมืองอยู่ที่ไหน ケーットゥーアムアンユーティーナイ	¿ Dónde está la calle ドンデ エスタ ラ カジェ más comercial ? マス コメルシアル

観光 観光案内所にて①

日本語 Japanese	英語 English	韓国語 한국어
観光案内所にて Kankō annaijo nite	**At Tourist Information** アット ツーリスト インフォメイション	**관광안내소에서** クァングァンアンネソエソ
ここから 遠いですか？ Koko kara tōi desu ka	Is it far from here? イズィット ファー フロム ヒア	여기서 멀어요? ヨギソ モロヨ
歩いて何分 くらいですか？ Aruite nanpun kurai desu ka	How long does it take ハウ ロング ダズィット テイク to get there on foot? トゥ ゲット ゼア オン フット	걸어서 몇 분정도 걸려요? コロソ ミョッ プンジョンド コルリョヨ
予約 は 必要 ですか？ Yoyaku wa hitsuyō desu ka	Is reservation required? イズ リザヴェイション リクワイアード	예약이 필요하나요? イェヤギ ピリョハナヨ
ここで 予約 できますか？ Koko de yoyaku deki masu ka	Can I make a キャナイ メイクァ reservation here? リザヴェイション ヒア	여기서 예약할 수 있어요? ヨギソ イェヤッカル ス イッソヨ
～が 食べたいです。人気 ga tabetai desu. Ninki のレストランを教えてください no resutoran o oshiete kudasai	I want to try ～. Could you アイ ウォントゥ トライ クジュ tell me a popular restaurant? テル ミー ア ポピュラァ レストラン？	～가 먹고 싶어요. 인기 있는 ガ モッコ シポヨ インキ インヌン 레스토랑을 가르쳐 주세요. レストランウル カルチョ ジュセヨ
【地図を見せながら】 ここ に印 をつけて ください Koko ni shirushi o tsukete kudasai	Could you mark here? クジュ マーク ヒア	여기에 표시를 해 주세요. ヨギエ ピョシルル ヘ ジュセヨ
携帯電話 の 充電 は Keitai denwa no jūden wa できますか？ dekimasu ka	Can I charge キャナイ チャージ my cell phone? マイ セル フォン	핸드폰을 충전할 수 있습니까? ヘンドゥポヌル チュンジョナル ス イッスムニカ

観光 観光案内所にて②

中国語 中文	タイ語 ไทย	スペイン語 Español
在　觀光旅遊中心 ザイ　グヮングヮンリュウヨウヅンシン	**ศูนย์ประชาสัมพันธ์การท่องเที่ยว** スーンプラシャーサムパン　ガーントンティーアウ	**Información de turísmo** インフォルマシオン　デ　トゥリスモ
離　這裡　很　遠　嗎? リー　ジャーリー　ヘン　ユエン　マ?	จากที่นี่ไกลไหม チャークティーニー　グライマイ	¿ Está　lejos　de　aquí? エスタ　レホス　デ　アキ
走路　大概　幾分　鐘? ヅウルー　ダーガイ　ジーフエン　ヅン?	เดินไปกี่นาที ドーンパイギーナーティー	¿ Cuántos　minutos son　a　pie? クアントス　ミヌトス　ソン　ア　ピエ
需要　預約　嗎? シュウヤオ　ユーユエ　マ?	จำเป็นต้องจองไหม チャムペントンチョーンマイ	¿Hace falta　reserva? アセ　ファルタ　レセルバ
這裡　可以　預約　嗎? ジャーリー　クーイー　ユーユエ　マ?	จองที่นี่ได้ไหม チョーンティーニーダイマイ	¿Se　puede reservar　aquí? セ　プエデ　レセルバル　アキ
想要　吃　～，請　告訴　我 シャンヤオ　チー　～。チン　ガオスー　ウォー 受歡迎　的　餐廳 ソウフアンイン　ダ　ツァンティン	อยากทาน～ช่วยแนะนำร้านหน่อย ヤークターン～シュアイネナムラーンノイ	Quiero comer ～ . Dígame　los キエロ　コメル　ディガメ　ロス restaurantes　populares　por　favor. レスタウランテス　ポプラレス　ポル　ファボル
請　在　這裡 チン　ザイ　ジャーリー 幫　我　註記 バン　ウォー　ズウジー	ช่วยทำเครื่องหมายตรงนี้หน่อย シュアイタムクルアーンマーイ　トロンニーノイ	Marquelo aquí por　favor. マルケロ　アキ　ポル　ファボル
可以　幫　我 クーイー　バン　ウォー 手機　充電　嗎? ソウジー　ツォンディエン　マ?	ชาร์ตแบตโทรศัพท์มือถือได้ไหม シャートベッ　トラサップムートゥーダイマイ	¿ Se puede cargar　el　móvil ? セ　プエデ　カルガル　エル　モビル

日本語 *Japanese*	英語 *English*	韓国語 한국어
観光バスを予約する Kankō basu o yoyaku suru	**Book a bus tour** ブックァ バス トゥアー	**관광버스 예약하기** クァングァンポス イェヤッカギ
観光ツアーに参加したいのですが Kankō tsuā ni sanka shitai no desu ga	I'd like to take a アイド ライク トゥ テイクァ sightseeing tour. サイトシーイング トゥアー	관광투어에 참가하고 싶은데요. クァングァントゥオエ チャムガハゴ シプンデヨ
市内観光のバスツアーはありますか？ Shinai kankō no basu tsuā wa arimasu ka	Is there a sightseeing イズゼア ア サイトシーイング bus tour to the city? バス トゥアー トゥ ザ シティ	시내관광 シネグァングァン 버스투어는 있습니까? ポストゥオヌン イッスムニカ
1日(半日)の観光コースはありますか？ Ichinichi (han-nichi) no kankō tua- wa arimasu ka	Do you have a full-day ドゥ ユー ハヴァ フルデイ (half-day) tour? (ハーフデイ) トゥアー	하루 (반나절) 관광 ハル（パンナジョル）クァングァン 코스는 있습니까? コスヌン イッスムニカ
午前(午後)のコースはありますか？ Gozen (gogo)no kōsu wa arimasu ka	Is there a morning イズ ゼア ア モーニン (an afternoon) tour? (アン アーフタヌーン) トゥアー	오전 (오후) 코스는 있습니까? オジョン（オフ）コスヌン イッスムニカ
何時間 の ツアーですか？ Nanjikan no tsuā desu ka	How long is the tour? ハウ ロング イザ トゥアー	몇 시간 투어예요? ミョッ シガン トゥオエヨ
そのツアーはどこをめぐりますか？ Sono tsuā wa doko o meguri masu ka	Where are we going ホエア アー ウィ ゴーイング on this tour? オン ディス トゥアー	그 투어는 어디를 돌아요? クー トゥオヌン オディルル トラヨ
～へは 行きますか？ e wa ikimasu ka	Does this tour go to ～? ダズ ディス トゥアー ゴー トゥ	～에는 가요? エヌン カヨ

中国語 中文	タイ語 ไทย	スペイン語 Español
預約　觀光巴士 ユーユエ　グァングァンバース	**จองรถบัสนำเที่ยว** チョーンロッバスナムティアウ	**Reservar al Bús Turístico** レセルバル　アル　ブス　トゥリスティコ
想　參加　觀光行程 シァン　ツァンジャー　グァングァンシンチェン	อยากร่วมทัวร์ ヤークルアムトゥア	Me gustaría　hacer メ　グスタリア　アセール un　tour　por　la　ciudad. ウン　トゥール　ポル　ラ　シウダ
有　市區觀光巴士　的　行程　嗎? ヨウ　シーチューグァングァンバース　ダ　シンチェン　マ?	มีรถบัสนำเที่ยวในเมืองไหม ミーロッバスナムティアウ　ナイムアンマイ	¿ Hay　un　Bús　Turístico? アイ　ウン　ブス　トゥリスティコ
有　一天（半天）的　觀光行程　嗎? ヨウ　イーティエン(バンティエン)　ダ　グァングァンシンチェン　マ?	มีโปรแกรมทัวร์หนึ่งวัน ミープローグレムトゥアヌンワン （ครึ่งวัน）ไหม （クルンワン）マイ	¿ Hay una　ruta　turística アイ　ウナ　ルタ　トゥリスティカ de un　día　(medio　día) ? デ　ウン　ディア（メディオ　ディア）
有　上午（下午）的　觀光行程　嗎? ヨウ　サンウー(シアウー)　ダ　グァングァンシンチェン　マ?	มีโปรแกรมครึ่งวันเช้า ミープログレムクルンワンシャーウ （ครึ่งวันบ่าย）ไหม （クルンワンバーイ）マイ	¿ Hay　un　tour アイ　トゥール　デ por　la　mañana (por　la　tarde) ? ポル　ラ　マニャナ（ポル　ラ　タルデ）
是　幾小時　的　行程　呢? シー　ジーシャオシー　ダ　シンチェン　ナ?	ทัวร์กี่ชั่วโมง トゥアギーシュアーモーン	¿ Cuánto　dura　un　tour ? クアント　ドゥラ　ウン　トゥール
那個　行程　大概　去　哪邊? ナガ　シンチェン　ダーガイ　チュウ　ナービエン?	ทัวร์นั้นวนแถวไหน トゥアナン　ウォンテウナイ	¿ Qué sitios ケ　シティオス recorre　este　tour ? レコレ　エステ　トゥール
會　到　～　嗎? フイ　ダオ　～　マ?	ไปที่～ไหม パイティー～マイ	¿ Pasa por ～ パサ　ポル

長時間のツアーに参加する場合、バスの車両にトイレが付いているかも確認を。

日本語 Japanese	英語 English	韓国語 한국어
観光バスを予約する Kankō basu o yoyaku suru	**Book a bus tour** ブックァ **バス** **トゥ**アー	**관광버스 예약하기** クァングァンポス イェヤッカギ
ツアーには 何が Tsuā ni wa naniga 含まれて いますか？ fukumarete imasu ka	What is included ホワッティズ インク**ル**ーディド in the tour? イン ザ **トゥ**アー	투어에는 뭐가 トゥオエヌン ムォガ 포함되어 있습니까? ポハムドェオ イッ**ス**ムニ**カ**
ツアーは 食事 つきですか？ Tsuā wa shokuji tsuki desu ka	Are any meals included? アー エニィ **ミ**ールズ インク**ル**ーディド	투어에는 식사가 トゥオエヌン シク**サ**ガ 포함되어 있습니까? ポハムトェオ イッ**ス**ムニ**カ**
何時 に出発 しますか？ Nanji ni shuppatsu shimasu ka	What time do you leave? ホワッ **タイ**ム ドゥ ユー **リー**ヴ	몇 시에 출발해요? ミョッ **シ**エ チュルバレヨ
どこ から出発 ですか？ Doko kara shuppatsu desu ka	Where does it start? ホエア ダズィット ス**ター**ト	어디서 출발해요? オディソ チュルバレヨ
どこ に、何時ごろ Doko ni nanji goro 戻って きますか？ modotte kimasu ka	Where and what time ホエア アンド ホワッタイム will we come back? ウィル ウィー **カ**ム **バ**ック	어디에 몇 시쯤에 돌아옵니까? オディエ ミョッ**シチ**ュメ トラオムニ**カ**
1人 いくらですか？ Hitori ikura desu ka	How much is it ハウ マッチ イズィット per person? パー **パー**ソン	한 사람 얼마예요? ハン サラム オルマエヨ
日本語 の ガイド Nihongo no gaido ツアーは ありますか？ tsuā wa arimasu ka	Do you have a tour with ドゥ ユー ハヴァ **トゥ**アー ウィズ a Japanese-speaking guide? ア ジャパ**ニ**ーズ スピーキング **ガ**イド	일본어 가이드 투어는 있습니까? イルボノ ガイドゥ トゥオヌン イッ**ス**ムニ**カ**

中国語 中文	タイ語 ไทย	スペイン語 Español
預約　觀光巴士 ユーユエ　グァングァンバース	**จองรถบัสนำเที่ยว** チョーンロッバスナムティアウ	**Reservar al Bús Turístico** レセルバル　アル ブス　トゥリスティコ
觀光行程　包含 グァングァンシンチェン　バオハン 什麼　呢? センマ　ナ?	ในทัวร์มีอะไรรวมอยู่บ้าง ナイトゥアミーアライ　ルアムユーバーン	¿ Qué lo que está　incluido ケ　ロ　ケ　エスタ　インクルイド en　este　tour ? エン　エステ　トゥール
觀光行程　含　餐　嗎? グァングァンシンチェン　ハン　ツァン　マ?	ในทัวร์รวมอาหารด้วยไหม ナイトゥア　ルアムアーハーンドゥアイマイ	¿ El　tour　es　con エル　トゥール　エス　コン la　comida incluida ? ラ　コミダ　インクルイダ
幾點　出發? ジーディエン　ツューファー?	ออกกี่โมง オークギーモーン	¿ A　qué hora sale　el　tour ? ア　ケ　オラ　サレ　エル　トゥール
從　哪裡　出發? ツォン　ナーリー　ツューファー?	ออกจากที่ไหน オークチャークティーナイ	¿ De dónde sale　el　tour ? デ　ドンデ　サレ　エル　トゥール
幾點　回到　哪裡? ジーディエン　フイダオ　ナーリー?	จะกลับมาตรงไหน ประมาณกี่โมง チャグラップマートロンナイ　プラマーンギーモーン	¿ A　dónde y　sobre qué ア　ドンデ　イ　ソブレ　ケ hora　regresa ? オラ　レグレサ
一個人　費用　多少? イーガレン　フェイヨン　ドゥオサオ?	หนึ่งคนราคาเท่าไหร่ ヌンコンラーカータオライ	¿ Cuánto　cuesta　cada persona ? クアント　クエスタ　カダ　ペルソナ
有　日文導覧　嗎? ヨウ　リーウェンダオラン　マ?	มีทัวร์ที่เป็นภาษาญี่ปุ่นไหม ミートゥアティーペン　パーサーイープンマイ	¿ Hay　tour　en　japonés ? アイ　トゥール　エン　ハポネス

日本語 *Japanese*	英語 *English*	韓国語 한국어
ツアーバス・車内で Tsuā basu shanai de	**During the bus tour** デュアリン ザ バス トゥアー	**투어버스・차 안에서** トゥオボス チャ ア ネソ
私たちは今、どのあたりにいますか？ Watashi tachi wa ima dono atari ni imasu ka	Where are we now? ホェア アー ウィー ナウ	우리는 지금 어디쯤에 있습니까? ウリヌン チグム オディチュメ イッスムニカ
～で自由時間はありますか？ de jiyūjikan wa arimasu ka	Is there any free time at ～? イズ ゼア エニィ フリー タイム アット ～	～에서 자유시간은 있습니까? エソ チャユシガヌン イッスムニカ
自由時間はどのくらいありますか？ Jiyūjikan wa donokurai arimasu ka	How much free time do we have? ハウ マッチ フリー タイム ドゥ ウィー ハヴ	자유시간은 어느 정도입니까? チャユシガヌン オヌ ジョンドイムニカ
何か食べる時間はありますか？ Nanika taberu jikan wa arimasu ka	Do I have time to eat? ドゥ アイ ハヴ タイム トゥー イート	뭔가 먹을 시간은 있습니까? ムォンガ モグル シガヌン イッスムニカ
あとどれくらいで到着しますか？ Ato dorekurai de tōchaku shimasu ka	How long does it take to get there? ハウ ロング ダズィッ テイク トゥ ゲッ ゼア	얼마 후에 도착해요? オルマ フエ トチャッケヨ
ここでどのくらい停まりますか？ Koko de donokurai tomari masu ka	How long do we stay here? ハウ ロング ドゥ ウィー ステイ ヒア	여기서 어느 정도 머뭅니까? ヨギソ オヌ ジョンド モムムニカ
大きな荷物は置いて行っていいですか？ Ōkina nimotsu wa oite itte īdesu ka	May I leave my large bag? メアイ リーヴ マイ ラージ バッグ	큰 짐은 두고 가도 돼요? クン ジムン トゥゴ ガド トェヨ

中国語 中文	タイ語 ไทย	スペイン語 Español
觀光巴士・車內 グァングァンバース・チャーネイ	**บัสนำเที่ยว ภายในรถ** バスナムティアウ パーイナイロット	**En el Bús durante el tour** エネル ブス ドゥランテ エル トゥール
我們 現在 大概 ウォーメン シェンザイ ダーガイ 在 哪邊? ザイ ナービエン?	ตอนนี้พวกเราอยู่แถวไหน トーンニー プアークラオ ユーテウナイ	¿ Por dónde vamos ahora ? ポル ドンデ バモス アオラ
在 ～ 有 ザイ ～ ヨウ 自由時間 嗎? ズーヨウシージエン マ?	มีเวลาอิสระที่ ～ ไหม ミーウェーラーイッサラティー～マイ	¿ Hay tiempo libre en ～ ? アイ ティエンポ リブレ エン
自由時間 有 多久? ズーヨウシージエン ヨウ ドゥオジョウ?	มีเวลาอิสระนานแค่ไหน ミーウェーラーイッサラ ナーンケーナイ	¿ De cuánto tiempo libre クアント ノス ダラ エル disponemos ? ティエンポ リブレ
有 吃 東西 的 ヨウ チー ドンシー ダ 時間 嗎? シージエン マ?	มีเวลาทานอะไรไหม ミーウェーラーターンアライマイ	¿ Nos da tiempo a comer ? ノス ダ ティエンポ ア コメール
再 多久 會 抵達? ザイ ドゥオジョウ フイ ディーダー?	อีกประมาณแค่ไหนจะถึง イークプラマーンケーナイ チャトゥン	¿ Cuánto nos queda クアント ノス ケダ para llegar ? パラ ジェガール
在 這裡 會 停留 ザイ ジャーリー フイ ティンリウ 多久? ドゥオジョウ?	จอดที่นี่นานแค่ไหน チョーッティーニー ナーンケーナイ	¿ Cuánto tiempo pararemos クアント ティエンポ パラレモス aquí ? アキ
大型 行李 可以 ダーシン シンリー クーイー 留 在 車上 嗎? リウ ザイ チャーサン マ?	สัมภาระชิ้นใหญ่วางไว้ที่นี่ ไม่ต้องเอาไปใช่ไหม サンパーラシンヤイワーンワイティーニー マイトンアオパイ シャイマイ	¿ Se pueden dejar セ プエデン デハール los bultos grandes ? ロス ブルトス グランデス

観光 ツアーバス・車内で①

荷物が多くなっても、貴重品は必ず持ち歩くこと。車内に置きっぱなしはNG!

日本語 Japanese	英語 English	韓国語 한국어
ツアーバス・車内で Tsuā basu shanai de	**During the bus tour** デュアリン ザ バス トゥアー	**투어버스・차 안에서** トゥオボス チャ ア ネソ
窓 を開けても いいですか？ Mado o akete mo īdesu ka	May I open the window? メアイ オゥプン ザ ウィンドウ	창문을 열어도 돼요? チャンムル ヨロド トェヨ
寒い ので、エアコンを Samui node eakon o 切ってもらえますか？ kitte morae masu ka	I feel cold. Could you アイ フィール コゥルド クジュ turn off the AC? ターノフ ジ エイシー	추운데 에어컨을 チュウンデ エオコヌル 꺼 주시겠어요? コ ジュシゲッソヨ
座席 を倒して も いいですか？ Zaseki o taoshite mo īdesu ka	Can I recline my seat? キャナイ リクライン マイ シート	자리를 눕혀도 돼요? チャリルル ヌピョド トェヨ
妻 (夫 / 友達) が Tsuma (otto / tomodachi) ga 戻って きません modotte kimasen	My wife (husband / friend) マイ ワイフ (ハズバンド / フレンド) hasn't returned yet. ハズント リターンド イェット	아내 (남편 / 친구) 가 아직 アネ (ナムピョン / チング) ガ アジク 안 돌아왔어요. アン ドラワッソヨ
乗り物 酔いしました Norimono yoi shimashita	I got car sick. アイ ゴット カーシック	차멀미를 했어요. チャモルミルル ヘッソヨ
具合が 悪く なりました Guai ga waruku narimashita	I feel sick. アイ フィール シック	몸이 안 좋아요. モミ アン ジョアヨ
トイレに行きたいの ですが Toire ni ikitai no desu ga	May I go to the restroom? メアイ ゴー トゥ ザ レスト ルーム	화장실에 가고 싶은데요. ファジャンシレ カゴ シプンデヨ

中国語 中文	タイ語 ไทย	スペイン語 Español
観光巴士・車内 グァングァンバース・チャーネイ	**บัสนำเที่ยว ภายในรถ** バスナムテーアウ パーイナイロット	**En el Bús durante el tour** エネル **ブス** ドゥランテ エル **トゥ**ール
可以 打開 窗戶 嗎? クーイー ダーカイ チュアンフー マ?	เปิดหน้าต่างได้ไหม プーッチーターンダイマイ	¿ Puedo abrir la ventana ? プ**エ**ド アブ**リ**ル ラ ベン**タ**ナ
有點 冷，可以 幫 我 ヨウディエン ラン、クーイー バン ウォー 關掉 冷氣 嗎? グァンディオ ランチー マ?	ฉันหนาว ช่วยปิดแอร์ให้หน่อยได้ไหม シャンナーオ シュアイピットエー ハイノイダイマイ	Hace frío. アセ フ**リ**オ ¿ Podría apagar el aire ? ポド**リ**ア アパ**ガ**ル エル **ア**イレ
我 的 座椅 可以 ウォー ダ ズオイー クァーイー 往 後 嗎? ワン ホウ マ?	ขอเอนพนักพิงลงได้ไหม コーエーンパナックピンロン ダイマイ	¿ Puedo reclinar mi asiento ? プ**エ**ド レクリ**ナ**ール ミ アシ**エ**ント
我 的 老婆 ウォー ダ ラオポー (老公/朋友) 沒 回來 (ラオゴン/ポンヨウ)メイ フイライ	ภรรยา (สามี/เพื่อน) パンラヤー (サーミー / プアン) ของฉันยังไม่กลับมาเลย コーンシャンヤンマイグラップマールイ	No ha llegado mi mujer. **ノ** ア ジェ**ガ**ード ミ ム**ヘ**ール (marido/amigo) (マ**リ**ード/ア**ミ**ーゴ)
暈車 了 ユンチャー ラ	ฉันเมารถแล้ว シャンマオロットレウ	Me he mareado. メ **エ** マレ**ア**ド
感覺 不太 舒服 ガンジュエ ブタイ スーフ	ฉันรู้สึกไม่สบาย シャンルースックマイサバーイ	Me encuentro mal. メ エンク**エ**ントロ **マ**ル
想 去 洗手間 シャン チュウ シーソウジエン	อยากไปห้องน้ำ ヤークパイホンナーム	Quiero ir al baño. キ**エ**ロ **イ**ル アル **バ**ニョ

✓車内の冷房は強めのことが多い。特に冷えやすい女性は寒さ対策が必須!

日本語 Japanese	英語 English	韓国語 한국어
チケットを買う Chiketto o kau	**Buying tickets** バイイン ティケッツ	**티켓 사기** ティケッ サギ
チケット売り場は どこ ですか? Chiketto uriba wa doko desu ka	Where is a ticket counter? ホエア イズァ ティケッ カウンター	표 사는 곳은 어디예요? ピョ サヌン ゴスン オディエヨ
入場料 は いくらですか? Nyūjōryō wa ikura desu ka	How much is ハウ マッチ イズ the admission fee? ジ アドミション フィー	입장료는 얼마예요? イプチャンニョヌン オルマエヨ
大人 2名、子供 2名です Otona ni mei, kodomo ni mei desu	two adults and トゥー アダゥツ アンド two children, please. トゥー チルドレン プリーズ	어른 2명, 아이 2명입니다. オルン トゥミョン アイ トゥミョンイムニダ
この 割引券 は 使え ますか? Kono waribiki ken wa tsukae masu ka	Can I use this キャナイ ユーズ ディス discount ticket? ディスカウン ティケッ	이 할인권 쓸 수 있습니까? イー ハリンクォン スル ス イッスムニカ
閉場 は 何時 ですか? Heijō wa nanji desu ka	What time do you close? ホワッ タイム ドゥー ユー クロウズ	폐장시간은 몇 시예요? ペジャンシガヌン ミョッ シエヨ
パンフレットをください Panfuretto o kudasai	May I have a brochure? メアイ ハヴァ ブローシュア	팸플렛을 주세요. ペムプルレスル チュセヨ
日本語 の オーディオ Nihongo no ōdio ガイドは ありますか? gaido wa arimasu ka	Do you have a ドゥー ユー ハヴァ Japanese audio guide? ジャパニーズ オーディオ ガイド	일본어 오디오 가이드는 있습니까? イルボノ オディオ ガイドゥヌン イッスムニカ

➔P258-259…チケット予約

購票 ゴウピャオ	ซื้อตั๋ว スートゥアー	En la taquilla エン ラ タキージャ
售票口 在 哪裡? ソウピャオコウ ザイ ナーリ?	ที่ซื้อตั๋วอยู่ที่ไหน ティースートゥアー ユーティーナイ	¿ Dónde está la taquilla ? ドンデ エスタ ラ タキージャ
票價 是 多少? ピャオジャー シー ドゥオサオ?	ค่าเข้าเท่าไหร่ カーカオタオライ	¿ Cuánto es la entrada ? クアント エス ラ エントラダ
大人 兩位, ダーレン リャンウェイ、 小孩 兩位 シャオハイ リャンウェイ	ผู้ใหญ่ 2คน เด็ก 2คน プーヤイソーンコン デックソーンコン	Dos adultos y dos niños. ドス アドゥルトス イ ドス ニーニョス
這張 折價巻 ジャーザン ザージャージュエン 可以 用 嗎? クーイー ヨン マ?	ตั๋วลดอันนี้ใช้ได้ไหม トゥアーロットアンニー シャイダイマイ	¿ Se aplica este descuento ? セ アプリカ エステ デスクエント
幾點 打烊? ジーディエン ダーヤン?	ที่นี่ปิดกี่โมง ティーニーピッキーモーン	¿ A qué hora empieza ? ア ケ オラ エンピエサ
請 給 我 簡介 チン ゲイ ウォー ジエンジエ	ขอแผ่นพับด้วย コーペンパップドゥアイ	Deme un folleto por favor. デメ ウン フォジェト ポル ファボル
有 日文 語音 ヨウ リーウェン ユーイン 導覽 嗎? ダオラン マ?	มีบรรยายเสียงภาษาญี่ปุ่นไหม ミーバンヤーイ シアーンパーサーイープン マイ	¿ Tiene la audioguia japonesa ? ティエネ ラ アウディオギア ハポネサ

❗衛兵交代など、時間が決まっている催しはあらかじめ時間を確認しておこう。

日本語 *Japanese*	英語 *English*	韓国語 한국어
写真を撮る Shashin o toru	**Taking pictures** テイキング ピクチャーズ	**사진 찍기** サジン チクキ
ここで写真を撮ってもいいですか？ Koko de shashin o totte mo īdesu ka	May I take pictures here? メアイ テイク ピクチャーズ ヒア	여기서 사진을 찍어도 돼요? ヨギソ サジヌル チゴド トェヨ
フラッシュ撮影はできますか？ Furasshu satsuei wa dekimasu ka	May I use a flash? メアイ ユーズァ フラッシュ	플래시 촬영을 해도 돼요? プルレシ チュァリョンウル ヘド トェヨ
自撮り棒を使っても いいですか？ Jidori bō o tsukattemo īdesu ka	May I use a selfy stick? メアイ ユーズァ セゥフィー スティック	셀카봉을 써도 돼요? セルカボンウル ソド トェヨ
写真 を撮っていただけますか？ Shashin o totte itadake masu ka	Could you take a クジュ テイクア picture, please? ピクチャー プリーズ	사진을 찍어 주시겠어요? サジヌル チゴ ジュシゲッソヨ
ここ を押すだけです Koko o osu dake desu	Just press here. ジャスト プレス ヒア	여기를 누르면 돼요. ヨギルル ヌルミョン トェヨ
もう１枚 お願いします Mō ichimai onegai shimasu	One more, please. ワン モア プリーズ	한 장 더 부탁합니다. ハン ジャン ドー プタッカムニダ
【写真を確認しながら】 いい感じです。 ありがとう īkanji desu arigatō	It looks nice. Thank you. イッ ルックス ナイス サンキュー	좋네요. 감사합니다. チョンネヨ カムサハムニダ

中国語 中文	タイ語 ไทย	スペイン語 Español
拍照 パイザオ	**ถ่ายรูป** ターイループ	**Sacar fotos** サカール フォトス
這裡 可以 拍照 嗎? ジャーリー クーイー パイザオ マ?	ถ่ายรูปตรงนี้ได้ไหม ターイループトロンニーダイマイ	¿ Puedo sacar fotos aquí ? プエド サカール フォトス アキ
可以 用 閃光燈 嗎? クーイー ヨン サングァンダン マ?	ใช้แฟลชถ่ายได้ไหม チャイフレッシュ ターイダイマイ	¿ Puedo sacar プエド サカール fotos con flash ? フォトス コン フラッシュ
可以 用 自拍棒 嗎? クーイー ヨン ズーパイバン マ?	ใช้ไม้เซลฟี่ได้ไหม チャイマイセルフィーダイマイ	¿ Se puede usar selfies ? セ プエデ ウサール セルフィース
可以 幫 我 拍照 嗎? クーイー バン ウォー パイザオ マ?	ช่วยถ่ายรูปให้หน่อย チュアイターイループハイノイ	¿ Podría sacarnos una foto ? ポドリア サカールノス ウナ フォト
按 這裡 就 好 アン ジャーリー ジウ ハオ	แค่กดตรงนี้ ケーゴットロンニー	Sólo pulsar aquí. ソロ プルサル アキ
拜託 再 拍 一張 バイトゥオ ザイ パイ イーザン	ขออีกรูปได้ไหม コーイークループダイマイ	Otra por favor. オトラ ポル ファボル
拍 得 不錯，謝謝 パイ ダ ブーツオ、シエシエ	ใช้ได้เลย ขอบคุณ チャイダイルーイ コップクン	Está bien. Gracias. エスタ ビエン グラシアス

寺院や教会、美術館など、場所によっては内部撮影禁止のところも。必ず事前確認を!

日本語 Japanese	英語 English	韓国語 한국어
トイレ Toire	**Restroom / Washroom** レストルーム ウォッシュルーム	**화장실** ファジャンシル
トイレは どこ ですか Toire wa doko desu ka	Where is the restroom? ホェア イズ ザ レストルーム	화장실은 어디예요? ファジャンシルン オディエヨ
トイレを借りてもいいですか？ Toire o karitemo īdesu ka	Can I use the restroom? キャナイ ユーズ ザ レストルーム	화장실을 좀 써도 돼요? ファジャンシルル チョム ソド トェヨ
チップは 必要 ですか？ Chippu wa hitsuyō desu ka	Is tipping mandatory? イズ ティピング マンダトリー	팁은 필요합니까? ティプン ピリョハムニカ
使用中 / 空き shiyōchū aki	occupied / vacant オキュパイド / ヴェイカント	사용중 / 비어 있음 サヨンジュン / ピオ イッスム
紙 が ありません Kami ga arimasen	There is no ゼア イズ ノー more toilet paper. モア トイレッペイパー	화장지가 없어요. ファジャンジガ オプソヨ
水 が 流れ ません Mizu ga nagare masen	The toilet doesn't flush. ザ トイレット ダズン フラッシュ	물이 안 내려가요. ムリ アン ネリョガヨ
トイレが つまっています Toire ga tsumatte imasu	The toilet is blocked. ザ トイレット イズ ブロックト	화장실이 막혀 있어요. ファジャンシリ マッキョ イッソヨ

中国語 中文	タイ語 ไทย	スペイン語 Español
洗手間 シーソウジエン	**ห้องน้ำ** ホンナーム	**Baño/Servicio** バニョ／セルビシオ
洗手間　在　哪? シーソウジエン　ザイ　ナー	ห้องน้ำอยู่ที่ไหน ホンナームユーティーナイ	¿ Dónde está　el　baño ? ドンデ　エスタ　エル　バニョ
可以　借　洗手間　嗎? クーイー　ジエ　シーソウジエン　マ?	ขอใช้ห้องน้ำได้ไหม コーシャイホンナームダイマイ	¿ Puedo usar　el　baño ? プエド　ウサール　エル　バニョ
需要　給　小費　嗎? シュウヤオ　ゲイ　シャオフェイ　マ?	ต้องให้ทิปไหม トンハイティップマイ	¿ Hay　que dar　la　propina ? アイ　ケ　ダル　ラ　プロピナ
有人 / 沒有人 ヨウレン / メイヨウレン	ไม่ว่าง /　ว่าง マイウーン　/　ウーン	ocupado / libre オクパド / リブレ
沒有　衛生紙 メイヨウ　ウェイセンジー	ไม่มีกระดาษชำระ マイミーグラダーッシャムラ	No hay　papel. ノ　アイ　パペル
無法　沖水 ウーファー　チョンスイ	น้ำไม่ไหล ナームマイライ	no　sale　el　agua. ノ　サレ　エル　アグア
馬桶　塞住　了 マートン　サイズー　ラ	ส้วมตัน スアムタン	El　inodoro　está　atascado. エル　イノドロ　エスタ　アタスカド

公共のトイレは紙がない場所も。ポケットティッシュを持参しておくと安心。

日本語 *Japanese*	英語 *English*	韓国語 한국어
観光スポット内で Kankō supotto nai de	**At tourist attractions** アット ツーリスト アトラクションズ	**관광명소에서** クァングァンミョンソエソ
～を 見たいです o mitai desu	I want to see ～. アイ ウォン トゥ シー	～를 보고 싶어요. ルル ポゴ シポヨ
～に興味 が あります ni kyōmi ga arimasu	I'm interested in ～. アイム インテレステッド イン	～에 관심이 있습니다. エ クァンシミ イッスムニダ
必見 スポットは どこ ですか？ Hikken supotto wa doko desu ka	Where is a must-see? ホェア イズァ マストシー	필견 명소는 어디예요? ピルギョン ミョンソヌン オディエヨ
写真 を撮っても いいですか？ Shashin o totte mo īdesu ka	May I take some pictures? メアイ テイク サム ピクチャーズ	사진을 찍어도 돼요? サジヌル チゴド トェヨ
ロッカーは どこ ですか？ Rokkā wa doko desu ka	Where is a locker? ホェア イズァ ロッカー	물품 보관함은 어디에 있어요? ムルプム ポグァナムン オディエ イッソヨ
ガイドツアーは ありますか？ Gaido tsuā wa arimasu ka	Is there a guide tour? イズ ゼアァ ガイド トゥアー	가이드 투어는 있습니까? カイドゥ トゥオヌン イッスムニカ
何時 から 始まり ますか？ Nanji kara hajimari masu ka	What time does it start? ホワッ タイム ダズィッ スタート	몇 시부터 시작해요? ミョ シプト シジャッケヨ

中国語 中文	タイ語 ไทย	スペイン語 Español
在 觀光景點 ザイ グァングァンジンディエン	**สถานที่ท่องเที่ยว** サターンティートンティアウ	**Puntos turísticos** プントス トゥリスティコス
想 參觀 ～ シャン ツァングァン ～	อยากดู～ ヤークドゥー～	Quiero ver ～ キエロ ベル
對 ～ 有興趣 ドゥイ ～ ヨウシンチュ	ฉันสนใจ～ シャンソンチャイ～	Me interesa ～ メ インテレサ
必訪 景點 ビーファン ジンディエン 在 哪裡? ザイ ナーリー?	จุดที่ไม่ควรพลาดคือที่ไหน チュッティーマイクアンプラーッ クーティーナイ	¿ Dónde están los ドンデ エスタン ロス lugares de interés ? ルガーレス デ インテレス
可以 拍照 嗎? クーイー パイザオ マ?	ถ่ายรูปได้ไหม ターイループダイマイ	¿ Puedo sacar una foto ? プエド サカール ウナ フォト
哪裡 有 寄物櫃? ナーリー ヨウ ジーウーグイ?	ล็อกเกอร์อยู่ที่ไหน ロッグーユーティーナイ	¿ Dónde está la consigna ? ドンデ エスタ ラ コンシグナ
有 導覽行程 嗎? ヨウ ダオランシンチェン マ?	มีไกด์นำเที่ยวไหม ミーガイナムティアウマイ	¿ Tienen visita guiada ? ティエネン ビシタ ギアダ
幾點 開始? ジーディエン カイシー?	จะเริ่มกี่โมง チャルームギーモーン	¿ A qué hora empieza ? ア ケ オラ エンピエサ

美術館や博物館では、リュックなどの大きな荷物は一時預けの対象になるので注意。

日本語 *Japanese*	英語 *English*	韓国語 한국어
観光スポット内で Kankō supotto nai de	**At tourist attractions** アット **ツ**ーリスト アト**ラ**クションズ	**관광명소에서** クァングァンミョンソエソ
あれは 何 ですか？ Are wa nan desu ka	What is that? ホワッティズ **ザ**ット	저건 뭐예요? チョゴン ムォエヨ
いつごろ作られた ものですか？ Itsugoro tsukurareta mono desu ka	When is this made? ホエン イズ ディズ **メイ**ド	언제쯤 만들어진 거예요? オンジェ**チュ**ム マンドゥロジン ゴエヨ
もう一度、ゆっくり Moichido yukkuri 言ってもらえますか？ itte morae masu ka	Could you speak クジュ ス**ピー**ク more slowly, please? モア ス**ロウ**リィ プリーズ	다시 한 번 천천히 タシ ハン ボン チョンチョニ 말씀해 주시겠어요? マル**ス**メ ジュシゲッソヨ
中 に入っても いいですか？ Naka ni haitte mo īdesu ka	May I go in? メアイ ゴー **イ**ン	안에 들어가도 돼요? アネ トゥロガド トェヨ
おみやげは どこ で 買えますか？ Omiyage wa doko de kae masu ka	Where can I buy souvenirs? ホエア キャナイ バイ スーヴェニアズ	선물은 어디서 살 수 있어요? ソンムルン オディソ サル **ス** イッソヨ
【地図を見せながら】 私 は 今 どこ ですか？ Watashi wa ima doko desu ka	Where am I now? ホエア アマイ **ナ**ウ	저는 지금 어디에 있습니까? チョヌン チグム オディエ イッ**ス**ムニ**カ**
出口 は どこ ですか？ Deguchi wa doko desu ka	Where is the exit? ホエア イズ ジ **エ**グジット	출구는 어디예요? チュルグヌン オディエヨ

観光 観光スポット内で②

中国語 中文	タイ語 ไทย	スペイン語 Español
在 觀光景點 ザイ グァングァンジンディエン	**สถานที่ท่องเที่ยว** サターンティートンティアウ	**Puntos turísticos** プントス トゥリスティコス
那個 是 什麼? ナガ シー センマ?	นั่นคืออะไร ナンクーアライ	¿ Qué es aquello ? ケ エス アケジョ
什麼時候 蓋 的 ? センマシーホウ ガイ ダ ?	สร้างขึ้นมาตั้งแต่เมื่อไหร่ サーンクンマー タンテームアーライ	¿ De qué época es ? デ ケ エポカ エス
可以 再 說 一次, クーイー ザイ スオー イーツー、 慢 一點 嗎? マン イーディエン マ?	กรุณาพูดช้าๆอีกครั้งได้ไหม カルナープーッシャーシャー イークラン ダイマイ	¿ Puede repetirmelo プエデ レペティルメロ despacio por favor ? デスパシオ ポル ファボル
可以 進去 裡面 嗎? クーイー ジンチュウ リーミエン マ?	เข้าข้างในได้ไหม カオカーンナイダイマイ	¿ Puedo entrar dentro ? プエド エントラル デントロ
哪裡 可以 買 ナーリー クーイー マイ 紀念品/伴手禮? ジーニエンピン/バンソウリー?	ซื้อของฝากได้ที่ไหน スーコーンファークダイティーナイ	¿ Dónde puedo ドンデ プエド comprar recuerdos ? コンプラル レクエルドス
我 現在 在 哪裡? ウォー シェンザイ ザイ ナーリー?	ฉันอยู่ตรงไหน シャンユートロンナイ	¿ Dónde estamos ahora ? ドンデ エスタモス アオラ
出口 在 哪裡? ツュウコウ ザイ ナーリー?	ทางออกอยู่ที่ไหน ターンオーク ユーティーナイ	¿ Dónde está la salida ? ドンデ エスタ ラ サリダ

❗世界的に著名な絵画や彫刻などの収蔵物は、海外に貸し出しされていて見られない場合もある。

日本語 Japanese	英語 English	韓国語 한국어
ひと休み Hito yasumi	**Break time** ブレイク タイム	**휴식** ヒュシク
何か 食べられる Nanika taberareru ところは ありますか？ tokoro wa arimasu ka	Is there somewhere イズ ゼア サムウェア I can eat? アイ キャン イート	뭔가 먹을 수 있는 ムォンガ モグル ス インヌン 곳은 있습니까? ゴスン イッスムニカ
カフェは どこ ですか？ Kafe wa doko desu ka	Where is a cafe? ホェア イズァ カフェ	카페는 어디예요? カペヌン オディエヨ
メニューを見せてください Menyū o misete kudasai	May I have a menu, please? メアイ ハヴァ メニュー プリーズ	메뉴를 보여 주세요. メニュルル ポヨ ジュセヨ
注文 して いいですか？ Chūmon shite īdesu ka	May I order? メアイ オーダー	주문해도 돼요? チュムネド トェヨ
今日の おすすめは 何ですか？ Kyō no osusume wa nandesu ka	What do you ホワッ ドゥーユー recommend today? リコメンド トゥデイ	오늘 추천 요리는 뭐예요? オヌル チュチョン ニョリヌン ムォエヨ
【メニュー等を指して】 これをください Kore o kudasai	I'd like this one. アイド ライク ディス ワン	이걸 주세요. イゴル チュセヨ
お会計 をお願いします O kaikei o onegai shimasu	Could I have a bill, please? クダイ ハヴァ ビゥ プリーズ	계산을 부탁합니다. ケサヌル プタッカムニダ

観光 ひと休み

→P240-241…カフェ

中国語 中文	タイ語 ไทย	スペイン語 Español
休息 シウシー	**แวะพัก** ウェパック	**Descanso** デスカンソ
哪裡 有 可以 吃 ナーリー ヨウ クーイー チー 東西 的 地方? ドンシー ダ ディーファン?	จะทานอะไรที่ไหนได้บ้าง チャターンアライ ティーナイダイバーン	¿ Hay algún lugar アイ アルグン ルガル donde se pueda comer ? ケ セ プエダ コメール
咖啡廳 在 哪? カーフェイティン ザイ ナー?	คาเฟ่อยู่ที่ไหน カフェーユーティーナイ	¿ Dónde hay una cafetería ? ドンデ アイ ウナ カフェテリア
請 讓 我 看 菜單 チン ラン ウォー カン ツァイダン	ขอดูเมนูหน่อย コードゥーメーヌーノイ	Déjeme ver el menú. デヘメ ベル エル メヌ
可以 點餐 嗎? クーイー ディエンツァン マ?	สั่งอาหารได้ไหม サンアーハーンダイマイ	¿ Puedo pedir ya ? プエド ペディール ジャ
今天 推薦 是 什麼? ジンティエン トゥイジエン シー センマ?	อาหารแนะนำวันนี้คืออะไร アーハーンネナムワンニー クーアライ	¿ Cuál es la クアル エス ラ sugerencia de hoy ? スヘレンシア デ オイ
請 給 我 這個 チン ゲイ ウォー ジェガ	ขออันนี้ コーアンニー	Deme esto por favor. デメ エスト ポル ファボル
請 幫 我 結帳 チン バン ウォー ジエザン	คิดเงินด้วย キットグンドゥアイ	La cuenta por favor. ラ クエンタ ポル ファボル

観光　単語 Kankō　tango	Words for Sightseeing ワーズ　フォー　サイトシーイング	관광 단어 クァングァン タノ
寺 tera	temple テンプゥ	사찰 サチャル
博物館 / 美術館 hakubutsukan　bijutsukan	museum ミューズィアム	박물관 / 미술관 パンムルグァン / ミスルグァン
城 shiro	castle キャースゥ	성 ソン
宮殿 kyūden	palace パレス	궁전 クンジョン
遺跡 iseki	ruins ルーインズ	유적 ユジョク
教会 kyōkai	church チャーチ	교회 キョフェ
議事堂 gijidō	parliament building パーラメント　ビルディング	의사당 ウィサダン
展望台 tenbō dai	observatory オブザーヴァトリィ	전망대 チョンマンデ
庭園 teien	garden / park ガーデン　パーク	정원 チョンウォン
入場料 nyūjō ryō	admission fee アドミション　フィー	입장료 イプチャンニョ
営業時間 eigyō jikan	business hours ビジネス　アワーズ	영업시간 ヨンオプシガン
休館日 kyūkanbi	closing　days クロウズィン　デイズ	휴관일 ヒュグァニル

中国語 中文	タイ語 ไทย	スペイン語 Español
観光用語 グァングァンヨンユー	**คำศัพท์เกี่ยวกับการท่องเที่ยว** カムサップキーアウガップガーントンティアウ	**Vocabulario de turísmo** ボカブラリオ デ トゥリスモ
廟 ミャオ	วัด ウット	templo テンプロ (m)
博物館/美術館 ボーウーグァン/メイスーグァン	พิพิธภัณฑ์ พิพิธภัณฑ์ศิลปะ ピピッタパン ピピッタパンシンラパ	museo/museo ムセオ (m)
城 チェン	ปราสาท プラーサーッ	castillo カスティジョ (m)
宮 ゴン	พระราชวัง プララーシャワン	palacio パラシオ (m)
遺跡 イージー	โบราณสถาน ボーラーンサターン	ruina ルイナ (f)
教會 ジャオフイ	โบสถ์ ボーッ	iglesia イグレシア (f)
議會 イーフイ	ศาลากลาง サラーガラーン	palacio de las Cortes パラシオ デ ラス コルテス (m)
觀景台 グァンジンタイ	หอดูดาว ホードゥーダーオ	mirador ミラドル (m)
庭園 ティンユエン	สวน スアーン	jardín ハルディン (m)
門票 メンピャオ	ค่าเข้า カーカオ	entrada エントラダ (f)
營業時間 インイエシージエン	เวลาทำการ ウェーラータムガーン	horario オラリオ (m)
休息日 シウシーリー	วันปิดทำการ ワンピッタムガーン	día de cierre ディア デ シエレ (m)

観光 観光単語

日本語 *Japanese*	英語 *English*
ハワイ（オアフ島） Hawai　Oahu tō	**Hawaii　(Oahu Is.)** ハワイ　オアフ　アイランド
ワイキキ Waikiki	Waikiki ワイキキィ
アラモアナ Aramoana	Ala moana アラ モアーナ
カカアコ Kakaako	Kaka'ako カカアコ
ダウンタウン Daun　taun	Downtown ダウンタウン
カハラ Kahara	Kahala カハーラ
カイルア Kairua	Kailua カイルーア
ハレイワ Hareiwa	Haleiwa ハレイーワ
ダイヤモンド・ヘッド Daiyamondo　heddo	Diamond　Head ダイアモンド　ヘッド
カラカウア通り Karakaua　dōri	Kalakaua Avenue カラカウア　アヴェニュー
イオラニ宮殿 Iorani　kyūden	Iolani　Palace イオラニ　パレス
カメハメハ　大王像 Kamehameha daiōzō	Statue　of　King　Kamehameha スタチュー　オヴ　キング　カメハメハ
アラモアナ・センター Aramoana　sentā	Ala Moana Center アラ モアーナ　センター

日本語 *Japanese*	英語 *English*	韓国語 한국어
韓国（ソウル） Kankoku Souru	**Korea (Seoul)** コリア ソウル	**한국 (서울)** ハングㇰ ソウル
明洞 Myondon	Myeongdong ミョンドン	명동 ミョンドン
東大門 Tondemun	Dongdaemun トンデムン	동대문 トンデムン
仁寺洞 Insadon	Insadong インサドン	인사동 インサドン
三清洞 Samuchondon	Samcheong-dong サムチョンドン	삼청동 サムチョンドン
梨泰院 Itewon	Itaewon イテウォン	이태원 イテウォン
弘大 Honde	Hongdae ホンデ	홍대 ホンデ
カロスキル Karosukiru	Garosu-gil カロスキル	가로수길 カロスキㇽ
景福宮 Keifukukyū	Gyeongbokgung キョンボックン	경복궁 キョンボㇰクン
昌徳宮 Shōtokukyū	Changdeokgung チャンドックン	창덕궁 チャンドㇰクン
Nソウルタワー Enu souru tawā	N Seoul Tower エヌ ソウル タワー	N서울타워 エンソウㇽタウォ
東大門市場 Tondemun ichiba	Dongdaemun sijang トンデムン シジャン	동대문시장 トンデムンシジャン
国立中央博物館 Kokuritsu chūō hakubutsukan	National Museum of Korea ナショナル ミューズィアム オヴ コリア	국립중앙박물관 クンニㇷ゚チュンアンバンムㇽグァン

日本語 Japanese	英語 English	中国語 中文
台湾（台北） Taiwan Taipei	**Taiwan（Taipei）** タイワン タイペイ	**台灣（台北）** タイワン タイペイ
中山・赤峰街 Nakayama・Chīhonjie	**Zhongshan・Chifeng St** ゾンシャン チーフェン ストリート	中山・赤峰街 ゾンサン・チーホンジエ
迪化街 Tekikagai	**Dihua St** ディーフア ストリート	迪化街 ディーフアジエ
永康街 Eikougai	**Yongkang St** ヨンカン ストリート	永康街 ヨンカンジエ
西門 Seimon	**Ximen** シーメン	西門 シーメン
東區 Higashiku	**Eastern district of Taipei** イースタン ディストリクト オヴ タイペイ	東區 ドンチュー
富錦街 Fūjinjie	**Fujin St** フージン ストリート	富錦街 フージンジエ
台北１０１ Taipei ichi maru ichi	**Taipei 101** タイペイ ワンオーワン	台北101 タイペイイーリンイー
国立故宮博物院 Kokuritsu Kokyū Hakubutsuin	**National Palace Museum** ナショナル パレス ミューズィアム	國立故宮博物院 グオリーグーゴンボーウーユアン
中正紀念堂 Chūsei Kinendō	**Chiang Kai-shek Memorial Hall** シェン カイ シェッ メモリアゥ ホール	中正紀念堂 ヂンゼンジーニエンタン
龍山寺 Ryūzan/ji	**Lungshan Temple** ロンシャン テンプゥ	龍山寺 ロンサンスー
士林夜市 Shīrin Yoichi	**Shilin Night Market** シーリン ナイト マーケット	士林夜市 シーリンイエシー
九份 Kyūfun	**Jiufen** ジウフェン	九份 ジュウフェン

日本語 Japanese	英語 English	タイ語 ไทย
タイ（バンコク） Tai Bankoku	**Thailand (Bangkok)** タイランド バンコーック	**ไทย (กรุงเทพฯ)** タイ（グルンテープ）
王宮寺院 Ōkyū jiin	**Temple of the Emerald Buddha** テンプゥ オヴ ジ エメラルド ブッダ	**วัดพระแก้ว** ウット プラ ゲウ
ワット・ポー Watto pō	**Wat Pho** ワット ポー	**วัดโพธิ์** ウットポー
ワット・アルン Watto arun	**Wat Arun** ワット アルン	**วัดอรุณ** ウットアルン
シーロム通り Shīromu dōri	**Silom Road** シーロム ロード	**ถนนสีลม** タノンシーロム
サイアム・スクエア Saiamu sukuea	**Siam Square** サイアム スクエア	**สยามสแควร์** サヤームサクエー
チャトゥチャック・ウィークエンドマーケット Chatuchakku wīku endo maketto	**Chatuchak Weekend Market** チャトゥチャック ウィーケンド マーケット	**ตลาดนัดจตุจักร** タラーッナッ チャトゥチャック
アジアティーク・ザ・リバー・フロント Ajiatīku za ribā furonto	**Asiatique the riverfront** エイジャティーク ザ リバーフロント	**เอเชียทีคเดอะริเว่อร์ฟร้อน** エーシアーティーク ドゥ リヴァーフロン
アイコンサイアム Aikon Saiamu	**ICONSIAM** アイコンサイアム	**ไอคอนสยาม** アイコンサヤーム
ジムトンプソン・ハウス Jimu tonpuson hausu	**Jim Thompson House** ジム トンプソン ハウス	**บ้านจิมทอมสัน** バーンチムトムサン
アユタヤ遺跡 Ayutaya iseki	**Ayutthaya** アユタヤ	**โบราณสถานอยุธยา** ボーラーンサターンアユッタヤー
メークロン線路市場 Mēkuron senro ichiba	**Maeklong Railway Market** メークロン レイルウェイ マーケット	**ตลาดรถไฟแม่กลอง** タラーッロッファイメーグローン
ダムヌン・サドゥアック水上マーケット Damunun saduakku suijō maketto	**Damnoen Saduak Floating Market** ダムヌン サドゥアック フロウティング マーケット	**ตลาดน้ำดำเนินสะดวก** タラーッナームダムヌーンサドゥアク

日本語 Japanese	英語 English	スペイン語 Español
スペイン(マドリード/バルセロナ) Supein Madorīdo Baruserona	**Spain (Madrid / Barcelona)** スペイン マドリード バーセローナ	**España (Madrid/Barcelona)** エスパーニャ(マドリー/バルセローナ)
王宮 Ōkyū	Royal Palace of Madrid ロイヤル パレス オヴ マドリード	Palacio Real パラシオ レアル
プラド美術館 Purado bijutsukan	Prado Museum プラード ミューズィアム	Museo del Prado ムセオ デル プラド
ソフィア王妃芸術センター Sofia ōhi geijutsu sentā	Museum of Reina Sofia ミューズィアム オヴ レイーナ ソフィア	Centro de Arte Reina Sofía セントロ デ アルテ レイナ ソフィア
セラーノ通り Serāno dōri	Serrano street セラーノ ストリート	calle Serrano カジェ セラノ
サン・ミゲル市場 San migeru ichiba	San Miguel Market サン ミゲル マーケット	Mercado San Miguel メルカド サン ミゲル
マヨール広場 Mayōru hiroba	Main Square メイン スクエア	Plaza Mayor プラサ マジョール
サグラダ・ファミリア Sagurada Famiria	Sagrada Família サグラダ ファミーリア	Sagrada Familia サグラダ ファミリア
グエル公園 Gueru Kōen	Park Guell パーク グエル	Parque Güell パルケ グエル
ランブラス通り Ranburasu dōri	La Rambla ラ ランブラ	La Rambla ラ ランブラ
グラシア通り Gurashia dōri	Passeig de Gracia パッセージ デ グラシア	Paseo de Gracia パセオ デ グラシア
ピカソ美術館 Pikaso bijutsukan	Picasso Museum ピカッソ ミューズィアム	Museo Picasso ムセオ ピカソ
ミロ美術館 Miro bijutsukan	Joan Miró Foundation ジョアン ミロ ファウンデーション	Fundació Joan Miró フンダシオ ジョアン ミロ

ショッピング
高級品

日本語 *Japanese*	英語 *English*	韓国語 한국어
ショッピング街を探す shoppingu gai o sagasu	**Finding where to go shopping** ファインディング ホエア トゥ ゴー ショッピング	**쇼핑 장소 찾기** ショッピン ジャンソ チャッキ
おすすめのショッピング Osusume no shoppingu エリアは どこ ですか？ eria wa doko desu ka	Which shopping area フィッチ ショッピン エーリア do you recommend? ドゥ ユー レコメンド	쇼핑하기 좋은 ショピンハギ チョウン 장소는 어디예요? ジャンソヌン オディエヨ
おみやげは どこ で 買えますか？ Omiyage wa doko de kae masu ka	Where can I ホエア キャナイ buy some souvenirs? バイ サム スーヴェニアズ	장소 어디서 살 수 있어요? ソンムルン オディソ サル ス イッソヨ
一番 大きな市場 は Ichiban ōkina ichiba wa どこ ですか？ doko desu ka	Where is the ホエア イズ ザ biggest market? ビゲスト マーケット	가장 큰 시장은 어디예요? カジャン クン シジャンウン オディエヨ
この あたりに Kono atari ni デパートは ありますか？ depāto wa arimasu ka	Is there a department イズ ゼア ア ディパートメント store around here? ストァ アラウンド ヒア	이 근처에 イー クンチョエ 백화점이 있습니까? ペックァジョミ イッスムニカ
行き方を教えてください Ikikata o oshiete kudasai	How do I get there? ハウ ドゥ アイ ゲッ ゼア	가는 법을 가르쳐 주세요. カヌン ボブル カルチョ ジュセヨ
最寄り駅は どこ になりますか？ Moyorieki wa doko ni nari masu ka	Where is the ホエア イズ ザ nearest station? ニアレスト ステイション	가장 가까운 역은 어디예요? カジャン カカウン ヨグン オディエヨ
その 店 は 日曜日も Sono mise wa nichiyōbi mo 営業 して いますか？ eigyō shite imasu ka	Is the shop イズ ザ ショップ open on sundays? オゥプン オン サンデイズ	그 가게는 일요일에도 クー カゲヌン イリョイレド 영업을 합니까? ヨンオブル ハムニカ

中国語 中文	タイ語 ไทย	スペイン語 Español
尋找購物街 シュンザオゴウウージエ	**หาแหล่งช้อปปิ้ง** ハーレンショッピン	**Cómo ir de compras** コモ イル デ コンプラス
推薦 的 購物 區域 トゥイジエン ダ チューユー 在 哪? ザイ ナー?	แหล่งช้อปปิ้งแนะนำมีอยู่แถวไหนบ้าง レンショッピン ネナム ミーユーテーウナイバーン	¿ Cuál zona me recomienda クアル ソナ メ レコミエンダ para ir de compras ? パラ イル デ コンプラス
哪裡 可以 買 伴手禮? ナーリー クーイー マイ バンソウリー?	ซื้อของฝากได้ที่ไหน スーコーンファーク ダイティーナイ	¿ Dónde puedo comprar ドンデ プエド コンプラル un souvenir ? ウン スベニール
最大 的 市場 ズイダー ダ シーチャン 在 哪裡? ザイ ナーリー?	ตลาดใหญ่ที่สุดอยู่ที่ไหน タラーッヤイティースッ ユーティーナイ	¿ Cuál es el mercado クアレス エル メルカド más grande ? マス グランデ
這 附近 有 ジャー フージン ヨウ 百貨公司 嗎? バイフオゴンスー マ?	แถวนี้มีห้างสรรพสินค้าไหม テーウニー ミーハーンサッパシンカーマイ	¿ Hay grandes アイ グランデス almacenes por aquí ? アルマセネス ポラキ
要 怎麼 去? ヤオ ゼンマ チュー?	ช่วยบอกวิธีไปหน่อย シュアイボークウィティーパイノイ	Dígame cómo se ディガメ コモ セ va por favor. バ ポル ファボル
最近 的 車站 在 哪? ズイジン ダ チャーザン ザイ ナー?	สถานีที่ใกล้ที่สุดคือสถานีไหน サターニーティー グライティースッ クーサターニーナイ	¿ Cuál es la クアレス ラ estación más cercana ? エスタシオン マス セルカナ
那間店 星期日 ナージエンディエン シンチーリー 也 營業 嗎? イエ インイエ マ?	ร้านนั้นเปิดทำการวันอาทิตย์ด้วยหรือ ラーンナン プーッタムガーン ワンアーティット ドゥアイルー	¿ Abre los domingos アブレ ロス ドミンゴス también esa tienda ? タンビエン エサ ティエンダ

❗クリスマスや旧正月などは、営業時間が通常より異なる。現地で確認をしよう。

日本語 *Japanese*	英語 *English*	韓国語 한국어
お店で Omise de	**At the shop** アット　ザ　ショップ	**가게에서** カゲエソ
～を見せてください o misete kudasai	May I see ～? メアイ　**スィー**	～를 보여 주세요. ルル ポヨ ジュセヨ
つけて みていいですか？ Tsukete mite īdesu ka	May I try it on? メアイ　ト**ラ**イッ**ト**ン	해 봐도 돼요? へ ボァド トェヨ
ただ 見ているだけ です Tada miteiru　dake desu	I'm　just　looking, アイム　**ジャ**スト　**ルッ**キング thank you. **サ**ンキュー	그냥 둘러 볼게요. クニャン トゥルロ ボル**ケ**ヨ
これ をください Kore o kudasai	I'll　have this. アイゥ　ハヴ　**ディ**ス	이걸 주세요. イゴル チュセヨ
免税　で 買い物　できますか？ Menzei de kaimono deki masu ka	Can I　buy it　tax-free? キャナイ　**バイ**　イッ　**タッ**クスフリー	면세 가격으로 살 수 있어요? ミョンセ カギョグロ サル **ス** イッソヨ
いくらですか？ Ikura　desu ka	How much is it? ハウ　**マッ**チ　イズィット	얼마예요? オルマエヨ
この クレジットカード Kono kurejitto　kādo は 使え　ますか？ wa tsukae masu ka	Can I　use　this キャナイ　**ユー**ズ　ディス credit　card? ク**レ**ディット　**カー**ド	이 신용카드는 쓸 イー シニョンカドゥヌン **ス**ル 수 있습니까? **ス** イッ**ス**ムニ**カ**

ショッピング高級品　お店で

中国語 中文	タイ語 ไทย	スペイン語 Español
在 店裡 ザイ ディエンリー	**ที่ร้าน** ティーラーン	**En la tienda** エン ラ ティエンダ
請 給 我 看～ チン ゲイ ウォー カン～	ขอดู～หน่อย コードゥー～ノイ	Enséñeme ～ por favor. エンセニェメ ポル ファボル
可以 試戴 嗎? クーイー シーダイ マ?	ขอลองได้ไหม コーローンダイマイ	¿ Puedo ponermelo ? プエド ポネルメロ
只 是 看看 ジー シー カンカン	แค่ดูเฉยๆ ケードゥーシュイシュイ	Sólo estoy mirando. ソロ エストイ ミランド
請 給 我 這個 チン ゲイ ウォー ジェガ	ขออันนี้ コーアンニー	Deme esto por favor. デメ エスト ポル ファボル
可以 免税 購物 嗎? クーイー ミエンスイ ゴウウー マ?	ซื้อแบบปลอดภาษีได้ไหม スーベーブ プローッパーシーダイマイ	¿ Puede hacer el プエデ アセール エル tax Free ? タッス フリー
多少錢? ドゥオサオチエン?	เท่าไหร่ タオライ	¿ Cuánto es ? クアント エス
可以 使用 這張 クーイー シーヨン ゼイザン 信用卡 嗎? シンヨンカー マ?	บัตรเครดิตนี้ใช้ได้ไหม バックレーディッニー シャイダイマイ	¿ Se puede usar esta セ プエデ ウサール エスタ tarjeta de crédito ? タルヘタ デ クレディト

何か気になる品を手に取りたいときは、店員にひと声かけてからがマナー。

日本語 *Japanese*	英語 *English*	韓国語 한국어
デパートで depa-to de	**At department store** アット ディパートメント ストァ	**백화점에서** ペックァジョメソ
女性 の 衣料品 Josei no iryō-hin 売り場は どこ ですか？ uriba wa doko desu ka	Where can I buy ホェア キャナイ バイ women's clothing? ウィメンズ クロウジング	여성복 매장은 어디예요? ヨソンボク メジャンウン オディエヨ
エレベーターは どこ ですか？ Erevētā wa doko desu ka	Where is the elevator? ホェア イズ ジ エレヴェイター	엘리베이터는 어디예요? エルリベイトヌン オディエヨ
レストラン街 は 何階 ですか？ Resutoran gai wa nankai desu ka	Which floor has フィッチ フロァ ハズ restaurants? レストランツ	레스토랑가는 몇 층이에요? レストランガヌン ミョッ チュンイエヨ
日本語 の できる Nihongo no dekiru スタッフは いますか？ sutaffu wa imasu ka	Is there anyone who イズ ゼア エニワン フー speaks Japanese? スピークス ジャパニーズ	일본어를 할 수 있는 イルボノルル ハル ス インヌン 스탭은 있습니까? ステブン イッスムニカ
免税 手続き は Menzei tetsuzuki wa どこ で できますか？ doko de dekimasu ka	Where can I get ホェア キャナイ ゲッ tax refund? タックス リファンド	면세 수속은 어디서 해요? ミョンセ スソグン オディソ ヘヨ
取り置きは して もらえますか？ Torioki wa shite morae masu ka	Could you keep this クジュー キープ ディス for me? フォー ミー	잠시 맡겨둘 수 있습니까? チャムシ マッキョドゥル ス イッスムニカ
あとで また 来ます Ato de mata kimasu	I'll come back later. アイゥ カム バック レイター	나중에 또 올게요. ナジュンエ ト オルケヨ

中国語 中文	タイ語 ไทย	スペイン語 Español
在 百貨公司 ザイ バイフオゴンスー	**ที่ห้างสรรพสินค้า** ティーハーンサッパシンカー	**En los grandes almacenes** エン ロス グランデス アルマセネス
女性 服飾 賣場 ニュウシン フーズアン マイチャン 在 哪? ザイ ナー?	ที่ขายเสื้อผ้าผู้หญิงอยู่ที่ไหน ティーカーイスーアパ プーイン ユーティーナイ	¿ Dónde está la sección ドンデ エスタ ラ セクシオン de ropa de mujer ? デ ロパ デ ムヘール
電梯 在 哪? ディエンティー ザイ ナー?	ลิฟท์อยู่ที่ไหน リフトユーティーナイ	¿ Dónde está el ascensor ? ドンデ エスタ エル アセンソール
美食街 在 哪? メイシージエ ザイ ナー?	แหล่งร้านอาหารอยู่ชั้นไหน レンラーンアーハーン ユーシャンナイ	¿ En qué planta están エン ケ プランタ エスタン los restaurantes ? ロス レスタウランテス
有 會 講 日語 的 ヨウ フイ ジャン リーユー ダ 工作人員 嗎? ゴンズオレンユエン マ?	มีพนักงานที่พูดภาษาญี่ปุ่นได้ไหม ミーパナッガーン ティープーッパーサーイーブンダイマイ	¿ Algún personal que アルグン ペルソナル ケ hable japonés ? アブレ ハポネス
辦理 免稅 バンリー ミエンスイ 手續 在 哪? ソウシュウ ザイ ナー?	ทำเรื่องคืนภาษีได้ที่ไหน タムルアンクーンパーシー ダイティーナイ	¿ Dónde puedo gestionar ドンデ プエド ヘスティオナール las devoluciones de IVA ? ラス デボルシオネス デ イバ
可以 寄放 嗎? クーイー ジーファン マ?	ช่วยเก็บไว้ให้ก่อนได้ไหม シュアイゲップウイハイゴーンダイマイ	¿ Puede pedirmelo ? プエデ ペディルメロ
等 一下 再 過來 ダン イーシア ザイ グオライ	เดี๋ยวจะมาใหม่ ディアウチャマーマイ	Vendré luego. ベンドレ ルエゴ

韓国は即時還付制度が導入されている。手続きにはパスポートの提示が必要。

日本語 Japanese	英語 English	韓国語 한국어
免税店で menzeiten de	**At duty free shop** アット デューティー フリー ショップ	**면세점에서** ミョンセジョメソ
口紅 を探して います Kuchibeni o sagashite imasu	I'm looking for アイム ルッキン フォー a lipstick. ア リップスティック	립스틱은 있어요? リプスティグン イッソヨ
手 に取っても いいですか？ Te ni totte mo īdesu ka	Could you show me this? クジュ ショウ ミー ディス	만져 봐도 돼요? マンジョ ボァド トェヨ
試して みてもいいですか？ Tameshite mitemo īdesu ka	May I try it on? メアイ トライットン	해 봐도 돼요? ヘ ボァド トェヨ
限定品 は ありますか？ Gentei hin wa arimasu ka	Are there any アー ゼア エニィ limited items? リミティッド アイテムズ	한정품은 있어요? ハンジョンプムン イッソヨ
この ブランドの 取り扱い は Kono burando no toriatsukai wa ありますか？ arimasu ka	Do you have this brand? ドゥ ユー ハヴ ディス ブランド	이 브랜드도 있나요? イー ブレンドゥド インナヨ
少し 考え させてください Sukoshi kangae sasete kudasai	I need more アイ ニード モア time to think. タイム トゥー シンク	좀 생각해 볼게요. チョム センカッケ ボルケヨ
日本円 で 支払え ますか？ Nihon en de shiharae masu ka	Can I pay it キャナイ ペイ イッ in Japanese Yen? イン ジャパニーズ イエン	일본돈으로 지불해도 돼요? イルボントヌロ チブレド トェヨ

中国語 中文	タイ語 ไทย	スペイン語 Español
在 免税店 ザイ ミエンスイディエン	**ที่ร้านปลอดภาษี** ティーラーン プローッパーシー	**En dutyfree** エン ドューティフリー
在 找 口紅 ザイ ザオ コウホン	ฉันหาลิปสติกอยู่ シャンハーリップサティックユー	Busco pintalabios. ブスコ ピンタラビオス
可以 拿起來 看 嗎? クーイー ナーチライ カン マ?	ขอจับได้ไหม コーチャップ ダイマイ	¿ Puedo cogerlo ? プエド コヘールロ
可以 試看看 嗎? クーイー シーカンカン マ?	ขอลองได้ไหม コーローンダイマイ	¿ Puedo probarmelo ? プエド プロバルメロ
有 這裡 才 有 的 ヨウ ジャーリー ツァイ ヨウ ダ 商品 嗎? サンピン マ?	มีของรุ่นลิมิเตทไหม ミーコーンルンリミテッドマイ	¿ Tiene la edición limitada ? ティエネ ラ エディシオン リミタダ
有 賣 這個 品牌 嗎? ヨウ マイ ジェイガ ピンパイ マ?	มียี่ห้อนี้วางขายไหม ミーイホーニー ワーンカーイマイ	¿ Tratan con esta marca ? トラタン コネスタ マルカ
請 讓 我 考慮 一下 チン ラン ウォー カオリュウ イーシア	ขอคิดดูก่อน コーキッドゥーゴーン	Déjeme pensar un poco. デヘメ ペンサール ウン ポコ
可以 用 日幣 付 嗎? クーイー ヨン リービー フー マ?	จ่ายด้วยเงินเยนญี่ปุ่นได้ไหม チャーイドゥアイ グンエンイープン ダイマイ	¿ Puedo pagar en プエド パガール エン yen japonés ? ジェン ハポネス

免税で購入するには、パスポートと航空券の提示が必要。開封せずに国外へ持ち出すことが条件。

日本語 *Japanese*	英語 *English*	韓国語 한국어
ブランド店で burando ten de	**At high-brand store** アット **ハイブランド** ストア	**브랜드점에서** ブレンドゥジョメソ
すみません。 これを見せてください Sumimasen Kore o misete kudasai	Excuse me. エクス**キュー**ス ミー May I see this? メアイ **シー** **ディ**ス	저기요, 이걸 보여 주세요. チョギヨ イゴル ポヨ ジュセヨ
これより小さいサイズは Koreyori chīsai saizu wa ありますか? arimasu ka	Do you have smaller size? ドゥ ユー ハヴ ス**モー**ラー **サ**イズ	이것보다 작은 사이즈 있어요? イゴッ**ポ**ダ チャグン サイズ イッソヨ
何色 が ありますか? Nani iro ga arimasu ka	What color do you have? ホワッ **カ**ラー ドゥ ユー **ハ**ヴ	무슨 색이 있어요? ムスン セギ イッソヨ
ほか の 型 は ありますか? Hoka no kata wa arimasu ka	Do you have ドゥ ユー ハヴ any other style? **エ**ニィ アザー ス**タ**イゥ	다른 타입은 있습니까? タルン タイブン イッ**ス**ムニ**カ**
新しい もの は ありますか? Atarashī mono wa arimasu ka	Do you have a new one? ドゥ ユー ハヴァ **ニュー** ワン	신상품은 있습니까? シンサンプムン イッ**ス**ムニ**カ**
限定品 は ありますか? Gentei hin wa arimasu ka	Do you have ドゥ ユー ハヴ limited items? **リ**ミティッド **ア**イテムズ	한정품은 있습니까? ハンジョンプムン イッ**ス**ムニ**カ**
免税 手続き用の 書類 をください Menzei tetsuzuki no shorui o kudasai	May I have a tax メアイ ハヴァ **タ**ックス refund form? リ**ファ**ンド **フォ**ーム	면세 수속 서류를 주세요. ミョンセ スソク ソリュルル チュセヨ

➔P180-181…色一覧

中国語 中文	タイ語 ไทย	スペイン語 Español
在 精品店 ザイ ジンピンディエン	ที่ร้านแบรนด์เนม ティーラーンブレーンネーム	En la tienda de alta gama
不好意思，請 讓 我 ブーハオイース、チン ラン ウォー 看 這個 カン ジェイガ	ขอโทษค่ะขอดูอันนี้หน่อย コートーッカ コードゥーアンニーノイ	Perdone. ¿ Me enseñaría ペルドネ メンセニャリア esto por favor? エスト ポル ファボル
有 比 這個 小 的 ヨウ ビー ジェイガ シャオ ダ size 嗎? サイズ マ?	มีขนาดเล็กกว่านี้ไหม ミーカナーッレックグワーニーマイ	¿ Hay otra talla アイ オトラ タジャ menor que esto ? メノール ケ エスト
有 什麼 顏色? ヨウ センマ イエンサー？	มีสีอะไรบ้าง ミーシーアライバーン	¿ Qué color tiene ? ケ コロール ティエネ
有 其他 的 款式 嗎? ヨウ チーター ダ クアンシー マ?	มีแบบอื่นอีกไหม ミーベーブウーン イークマイ	¿ Hay otro tipo más ? アイ オトロ ティポ マス
有 新 的 商品 嗎? ヨウ シン ダ サンピン マ?	มีอันใหม่ไหม ミーアンマイマイ	¿ Podría traerme uno nuevo ? ポドリア トラエルメ ウノ ヌエボ
有 這裡 限定 的 商品 嗎? ヨウ ジャーリー シエンディン ダ サンピン マ?	มีของรุ่นลิมิเตทไหม ミーコーンルンリミテッドマイ	¿ Tiene la edición limitada ? ティエネ ラ エディシオン リミタダ
給 我 辦理 ゲイ ウォー バンリー 免稅 手續 的 文件 ミエンスイ ソウシュウ ダ ウェンジエン	ขอแบบฟอร์มการขอคืนภาษีด้วย コーベーブフォーム ガーンコークーンパーシードゥアイ	¿ Podría darme la ポドリア ダルメ ラ hoja de tax free? オハ デ タッス フリー

日本語 Japanese	英語 English	韓国語 한국어
おみやげ店で omiyage ten de	**At souvenir shop** アット　スーヴェニア　ショップ	**선물 가게에서** ソンムル カゲエソ
一番　人気は なんですか？ Ichiban ninki wa nan desu ka	Which one is フィッチ　ワン　イズ the most popular? ザ　モウスト　ポピュラー	가장 인기 있는 건 뭐예요? カジャン インキ インヌン ゴン ムォエヨ
友人 への おみやげを Yūjin e no omiyage o 探して　います sagashite imasu	I'm looking for アイム　ルッキン　フォー something for my friend. サムシング　フォー　マイ　フレンド	친구에게 줄 선물을 チングエゲ チュル ソンムルル 찾고 있습니다. チャッコ イッスムニダ
特産品　は なんですか？ Tokusan-hin wa nan desu ka	What is the specialty here? ホワッ　イズ　ザ　スペシャルティ ヒア	특산품은 뭐예요? トゥクサンプムン ムォエヨ
これと同じもの を3つ　ください Kore to onaji mono o mittsu kudasai	I'll have three of these. アイゥ　ハヴ　スリー　オヴ　ディーズ	이거하고 같은 걸 3개 주세요. イゴハゴ カトゥン ゴル セゲ チュセヨ
少し　安く　なりますか？ Sukoshi yasuku narimasu ka	Could you give me クジュ　ギヴ　ミー a little discount? ア　リトル　ディスカウント	좀 싸게 안 돼요? チョム サゲ アン ドェヨ
別々　に包んで　ください Betsu betsu ni tsutsunde kudasai	Could you wrap クジュ　ラップ these separately? ディーズ　セパレートリィ	따로따로 포장해 주세요. タロタロ ポジャンヘ ジュセヨ
余分　に袋　をもらえますか？ Yobun ni fukuro o morae masu ka	May I have extra bags? メアイ　ハヴ　エクストラ　バッグズ	여분으로 봉지를 주시겠어요? ヨブヌロ ポンジルル チュシゲッソヨ

→P206-207…菓子・スイーツ

中国語 中文	タイ語 ไทย	スペイン語 Español
在　紀念品商店 ザイ　ジーニエンピンサンディエン	**ที่ร้านขายของฝาก** ティーラーンカーイコーンファーク	**En la tienda de souvenir** エン ラ ティエンダ デ スバニール
最 受 歡迎 的 是 什麼? ズイ ソウ フアンイン ダ シ センマ?	คนนิยมซื้ออันไหนที่สุด コンニヨムスーアンナイティースッ	¿ Cuál artículo sale más ? クアル アルティクロ サレ マス
在 找 買 給 ザイ ザオ マイ ゲイ 朋友 的 伴手禮 ポンヨウ ダ バンソウリー	หาของฝากสำหรับผู้ใหญ่ ハーコーンファーク サムラッププーヤイ	Estoy buscando un エストイ ブスカンド ウン recuerdo para amigos. レクエルド パラ アミーゴス
這裡 特產 是 什麼? ジャーリー ターツァン シー センマ?	สินค้าพิเศษเป็นอะไร シンカーピセーッペンアライ	¿ Cuál es el producto クアレス エル プロドゥクト típico de aquí ? ティピコ デ アキ
跟 這個 一樣 的 ガン ジェイガ イーヤン ダ 給 我 3個 ゲイ ウォー サンガ	ขอแบบเดียวกันนี้ 3 ชิ้น コーベーブディアウガンニーサームシン	Deme tres iguales que esto. デメ トレス イグアレス ケ エスト
可以 算 クーイー スァン 便宜 一點 嗎? ピエンイー イーディエン マ?	ลดหน่อยได้ไหม ロットノイダイマイ	¿ Podría hacer ポドリア アセール un descuento ? ウン デスクエント
請 幫 我 分開 裝 チン バン ウォー フェンカイ ジュアン	ช่วยห่อแยกกัน シュアイホーイェークガン	Envuelvalos separados エンブエルバロス セパラドス por favor. ポル ファボル
可以 給 我 クーイー ゲイ ウォー 額外 的 袋子 嗎? アーワイ ダ ダイズ マ?	ขอถุงเพิ่มได้ไหม コートゥンプームダイマイ	¿ Podría darme un ポドリア ダルメ ウン poco más de bolsitas ? ポコ マス デ ボルシタス

欧米では、日本のようにお店できれいにギフト包装してくれるところは少ない。

日本語 *Japanese*	英語 *English*	韓国語 한국어
ファッション fasshon	**Fashion** ファッション	**패션** ペション
〜が ほしいの ですが ga hoshī no desu ga	I want 〜. アイ ウォント	〜를 찾고 있는데요. ルル チャッコ インヌンデヨ
試着 しても いいですか？ Shichaku shite mo īdesu ka	May I try this on? メアイ トライ ディスォン	입어 봐도 돼요? イボ ボァド トェヨ
ピッタリです Pittari desu	This fits me. ディス フィッツ ミー	딱 맞아요. タン マジャヨ
似合いませんでした Niaimasen deshita	It didn't suit me. イッ ディドゥン スーツ ミー	안 어울리네요. ア ノウルリネヨ
小さい（大きい） Chīsai (Ōkī) サイズは ありますか？ saizu wa arimasu ka	Do you have ドゥー ユー ハヴ smaller (bigger) size? スモーラー（ビガー） サイズ	작은 (큰) 사이즈는 있습니까? チャグン（クン）サイジュヌン イッスムニカ
素材 は 何 ですか？ Sozai wa nan desu ka	What's this made of? ホワッツ ディス メイドォブ	소재는 뭐예요? ソジェヌン ムォエヨ
ほか には 何色 が ありますか？ Hoka ni wa nani iro ga arimasu ka	What other colors ホワット アザー カラーズ do you have? ドゥ ユー ハヴ	다른 색은 없습니까? タルン セグン オプスムニカ

ショッピング高級品　ファッション

➔P218-219…ショッピング単語

中国語 中文	タイ語 ไทย	スペイン語 Español
時装 シーズアン	**แฟชั่น** フェーシャン	**Moda** モダ
想要～ シャンヤオ～	อยากได้～ ヤークダイ～	Quiero ～ キエロ
可以 試穿 嗎? クーイー シーチュアン マ?	ขอลองได้ไหม コーローンダイマイ	¿ Puedo probarmelo ? プエド プロバルメロ
剛剛 好 ガンガン ハオ	พอดีเลย ポーディールーイ	Me queda bien. メ ケダ ビエン
不 適合 ブー シーハー	ไม่เหมาะกับฉัน マイモ ガップシャン	No me pega. ノ メ ペガ
有 小(大) 一點 的 size 嗎? ヨウ シャオ(ダー) イーディエン ダ サイズ マ?	มีไซส์เล็ก (ไซส์ใหญ่) ไหม ミーサイレック (サイヤイ) マイ	¿ Tiene una talla menor アイ ウナ タジャ メノール (mayor) que esta ? (マジョール) ケ エスト
這 是 什麼 材質? ジャー シー センマ ツァイジー?	ทำจากวัสดุอะไร タムチャークウッサドゥ アライ	¿ De qué está hecho ? デ ケ エスタ エチョ
有 其他 的 顏色 嗎? ヨウ チーター ダ イエンサー マ?	มีสีอะไรอีกบ้าง ミーシーアライ イークバーン	¿ Qué más colores hay ? ケ マス コローレス アイ

ショッピング高級品 ファッション

❗試着室を使うときは、必ずひと声かけてから。店員が案内してくれるまで待とう。

日本語 Japanese	英語 English	韓国語 한국어
靴・手袋 kutsu tebukuro	**Shoes・Gloves** シューズ グラヴス	**신발・장갑** シンバル チャンガプ
サンダルが ほしいの ですが Sandaru ga hoshī no desu ga	I want sandals. アイ ウォント **サ**ンダゥズ	샌들은 있습니까? センドゥルン イッ**ス**ム二**カ**
試して も いいですか？ Tameshite mo īdesu ka	May I try these on ? メアイ ト**ラ**イ ディーズォン	신어 봐도 돼요? シノ ボァド トェヨ
日本 では 23 cm です Nihon de wa nijū san senchi desu	I'm wearing 23 アイム **ウェ**アリング トゥエンティスリー centimeters in Japan. センティメーターズ イン ジャ**パ**ン	일본 사이즈로 23센티입니다. イルボン サイジュロ イシプサムセンティイム二ダ
きつ（ゆる）すぎます Kitsu (Yuru) sugi masu	It's too tight (loose). イッツ トゥー **タ**イトゥ（**ル**ース）	좀 작아요 (커요). チョム チャガヨ (コヨ)
小さい（大きい） Chīsai (Ōkī) サイズは ありますか？ saizu wa arimasu ka	Do you have smaller ドゥ ユー ハヴ ス**モ**ーラー (bigger) size? （**ビ**ガー） サイズ	작은 (큰) 사이즈는 있습니까? チャグン (クン) サイジュヌン イッ**ス**ム二**カ**
ヒールの 高さ は Hīru no takasa wa どれくらいですか？ dore kurai desu ka	How high are the heels? ハウ **ハ**イ アー ザ **ヒ**ールズ	힐은 몇 센티 정도예요? ヒルン ミョッ **セ**ンティ チョンドエヨ
すぐ 使う ので、 Sugu tsukau node タグを取ってください tagu o totte kudasai	Could you take the tags off? クジュ **テ**イク ザ **タ**ッグス オフ I'll be using it soon. アイゥ ビー **ユ**ーズィン イット スーン	지금 신을 거니까 가격표를 チグム シヌル **コ**二**カ** カギョクピョルル 떼 주세요. **テ** ジュセヨ

ショッピング高級品 靴・手袋

➔P182-183…サイズ一覧

中国語 中文	タイ語 ไทย	スペイン語 Español
鞋子・手套 シエズ ソウタオ	**รองเท้า・ถุงมือ** ローンタオ トゥンムー	**Zapatos・Guantes** サパトス グアンテス
想要 涼鞋 シャンヤオ リャンシエ	อยากได้รองเท้าแตะ ヤークダイローンタオテ	Quiero sandalias. キエロ サンダリアス
可以 試 看看 嗎? クーイー シー カンカン マ?	ขอลองได้ไหม コーローンダイマイ	¿ Puedo probarmelos? プエド プロバルメロス
日本 的 大小 是 リーベン ダ ダーシャオ シー 23 公分 アーシーサン ゴンフェン	ที่ญี่ปุ่นเท่ากับ23 เซนติเมตร ティーイープン タオガップ イーシップサーム センティメーッ	Calzo un 23cm カルソ ウン ベインティトレス センティメトロ en Japón. エン ハポン
太緊（鬆）了 タイジン(ソン)ラ	คับ（หลวม）เกินไป カップ（ルアーム）グーンパイ	Me es muy pequeño (grande). メ エス ムイ ペケニョ（グランデ）
有 小(大) 一點 的 ヨウ シャオ(ダー) イーディエン ダ size 嗎? サイズ マ?	มีไซส์เล็ก（ไซส์ใหญ่）ไหม ミーサイレック（サイヤイ）マイ	¿ Hay otra talla menor アイ オトラ タジャ メノール (mayor)? （マジョール）
鞋跟 是 多高? シエガン シー ドゥオガオ?	ส้นสูงแค่ไหน ソンスーンケーナイ	¿ Cómo es de alto el tacón? コモ エス デ アルト エル タコン
馬上 要 穿, マーサン ヤオ チュアン、 請 幫 我 剪 標籤 チン バン ウォー ジエン ビャオチエン	อยากจะใช้เลย ช่วยตัดป้ายให้หน่อย ヤークチャシャイルイ シュアイタッパーイ ハイノイ	Melos llevo puestos. メロス ジェボ プエストス Quíteme la etiqueta por favor. キテメ ラ エティケタ ポル ファボル

欧米の靴は横幅が狭いものが多い。購入前に必ずフィッティングを済ませよう。

日本語 Japanese	英語 English	韓国語 한국어
革製品 kawa seihin	**Leather goods** レザー　グッズ	**가죽 제품** カジュク チェプム
バッグを探して　います Baggu o sagashite imasu	I'm looking for a bag. アイム ルッキン フォー ア バッグ	가방을 찾고 있습니다. カバンウル チャッコ イッスムニダ
これを手に取っても いいですか？ Kore o te ni totte mo īdesu ka	Can I pick it up? キャナイ ピック イッ タップ	이걸 만져 봐도 돼요? イゴル マンジョ ボァド トェヨ
鏡　は ありますか？ Kagami wa arimasu ka	Do you have a mirror? ドゥ ユー ハヴァ ミラー	거울이 있습니까? コウリ イッスムニカ
素材 は 何 ですか？ Sozai wa nan desu ka	What's this made of? ホワッツ ディス メイドォブ	소재는 뭐예요? ソジェヌン ムォエヨ
撥水 加工 は されていますか？ Hassui kakō wa sarete imasu ka	Is this repels water? イズ ディス レペゥズ ウォーター	발수 가공 처리는 되어 있습니까? パルス カゴン チョリヌン トェオ イッスムニカ
違う 色 の 商品 は Chigau iro no shōhin wa ありますか？ arimasu ka	Do you have this ドゥユー ハヴ ディス in a different color? イン ア ディファレント カラー	다른 색 상품은 없어요? タルン セク サンプムン オプソヨ
新しい もの は ありますか？ Atarashī mono wa arimasu ka	Do you have a new one? ドゥ ユー ハヴァ ニュー ワン	신상품은 있습니까? シンサンプムン イッスムニカ

中国語 中文	タイ語 ไทย	スペイン語 Español
皮革製品 ピーガージーピン	**สินค้าเครื่องหนัง** シンカークルアンナン	**Artículo de cueros** アルティクロ デ クエロス
在 找 包包 ザイ ザオ バオバオ	หากระเป๋าอยู่ ハーグラパウユー	Estoy buscando bolsos. エストイ ブスカンド ボルソス
可以 試拿 嗎? クーイー シーナ マ?	ขอจับอันนี้ได้ไหม コーチャップ アンニーダイマイ	¿ Puedo tocarlo ? プエド トカルロ
有 鏡子 嗎? ヨウ ジンズ マ?	มีกระจกไหม ミーグラチョックマイ	¿ Tiene un espejo ? ティエネ エスペホ
材質 是 什麼? ツァイジー シー センマ?	ทำจากวัสดุอะไร タムチャークワッサドゥ アライ	¿ Qué material es ? ケ マテリアレス
有 防水 加工 嗎? ヨウ ファンスイ ジャーゴン マ?	กันน้ำไหม ガンナームマイ	¿ Es repelente al agua ? エス レペレンテ アラグア
有 不一樣 顏色 的 ヨウ ブーイーヤン イエンサー ダ 商品 嗎? サンピン マ?	สินค้ามีสีอื่นไหม シンカーミーシーウーンマイ	¿ Los hay colores ロス アイ コローレス diferentes? ディフェレンテス
有 新 的 嗎? ヨウ シン ダ マ?	มีอันใหม่ไหม ミーアンマイマイ	¿ Me puede sacar uno nuevo ? メ プエデ サカール ウノ ヌエボ

毛皮や皮革製品のなかには、日本への持ち込みが制限されているものがある。

日本語 Japanese	英語 English	韓国語 한국어
色 iro	**Color** カラー	**색** セク
赤 aka	red レッド	빨간색 パルガンセク
青 ao	blue ブルー	파란색 パランセク
黄 ki	yellow イェロウ	노란색 ノランセク
緑 midori	green グリーン	초록색 チョロクセク
紫 murasaki	purple パープル	보라색 ボラセク
黒 kuro	black ブラック	검정색 コムジョンセク
白 shiro	white ホワイト	흰색 ヒンセク
茶 cha	brown ブラウン	갈색 カルセク
紺 kon	navy ネイヴィ	진남색 チンナムセク
桃 momo	pink ピンク	복숭아색 ポクスンアセク
橙 daidai	orange オゥレンジ	주황색 チュファンセク
金 kin	gold ゴウルド	금색 クムセク

中国語 中文	タイ語 ไทย	スペイン語 Español
顔色 イエンサー	**สี** シー	**Color** コロール
紅色 ホンサー	แดง デーン	rojo ロホ
藍色 ランサー	น้ำเงิน ナムグン	azul アスル
黃色 フアンサー	เหลือง ルーアン	amarillo アマリジョ
綠色 リュウサー	เขียว キーアウ	verde ベルデ
紫色 ズーサー	ม่วง ムーアン	morado モラド
黑色 ヘイサー	ดำ ダム	negro ネグロ
白色 バイサー	ขาว カーウ	blanco ブランコ
咖啡色 カーフェイサー	น้ำตาล ナムターン	marrón マロン
深藍色 センランサー	กรมท่า グロマター	azul marino アスル マリノ
粉紅色 フェンホンサー	ชมพู ショムプー	rosa ロサ
橘色 ジューサー	ส้ม ソム	naranja ナランハ
金色 ジンサー	ทอง トーン	dorado ドラド

衣料品サイズ･比較表(女性用)

洋服	日本	7号 S	9号 M	11号 L	13号 XL	15号 XXL	17号	19号			
	インターナショナル	XS	S	M	L	XL	XXL	3XL			
	アメリカ・ハワイ	4	6	8	10	12	14	16			
	韓国	44	55	66	77	88					
	台湾	XS	S	M	L	XL	XXL	3XL			
	ヨーロッパ	36	38	40	42	44	46	48			
靴	日本(cm)	22	22.5	23	23.5	24	24.5	25	25.5	26	26.5
	アメリカ・ハワイ	5	5 1/2	6	6 1/2	7	7 1/2	8	8 1/2	9	9 1/2
	韓国(mm)	220	225	230	235	240	245	250	255	260	265
	台湾	22cm 34/66	22.5cm 35/67	23cm 36/68	23.5cm 37/69	24cm 38/70	24.5cm 39/71	25cm 40/72	25.5cm 41/73	26cm 42/74	26.5cm 43/75
	ヨーロッパ	34	35	36	37	38	39	40	41	42	43
ジーンズ(ウエスト)	センチ	53	56	58	61	63	66	69	71	73	76
	インチ	25	26	27	28	29	30	31	32	33	34

衣料品サイズ・比較表（男性用）

ワイシャツ	日本	36 S	37 S	38 M	39 M	40 L	41 L	42 XL	43 XL	44 XXL	45 XXL
	インターナショナル	XS	XS	S	S	M	M	L	L	XL	XL
	アメリカ・ハワイ	14	14 1/2	15	15 1/2	16	16 1/2	17	17 1/2	18	18 1/2
	韓国	90〜95		95〜100		100〜105		105〜110		110〜	
	台湾	XS	XS	S	S	M	M	L	L	XL	XL
	ヨーロッパ	36	37	38	39	40	41	42	43	44	45
靴	日本(cm)	24	24.5	25	25.5	26	26.5	27	27.5	28	28.5
	アメリカ・ハワイ	6	6 1/2	7	7 1/2	8	8 1/2	9	9 1/2	10	10 1/2
	韓国(mm)	240	245	250	255	260	265	270	275	280	285
	台湾	24cm 38／73	24.5cm 39／74	25cm 40／75	25.5cm 41／76	26cm 42／77	26.5cm 42／78	27cm 43／79	27.5cm 43／80	28cm 44／81	28.5cm 44／82
	ヨーロッパ	38	39	40	41	42	42	43	43	44	44
ジーンズ（ウエスト）	センチ	71	73	76	79	81	83	86	88	91	96
	インチ	28	29	30	31	32	33	34	35	36	38

❗メーカーによりサイズ表記が異なる。試着して確かめよう。

日本語 *Japanese*	英語 *English*	韓国語 한국어
食器・家具 shokki, kagu	**Tableware・Interior goods** テイブゥウェア インテリア グッズ	**식기・가구** シクキ カグ
手に取っても いいですか? Te ni totte mo īdesu ka	Can I pick it up? キャナイ ピック イッ タップ	만져 봐도 돼요? マンジョ ボァド トェヨ
予算 オーバーです Yosan ōbā desu	That's over my budjet. ザッツ オウヴァ マイ バジェット	예산 초과예요. イェサン チョグァエヨ
同じもの を4つ ください Onaji mono o yottsu kudasai	I'll have four of these. アイゥ ハヴ フォー オヴ ディーズ	같은 걸로 4개 주세요. カトゥン ゴルロ ネゲ チュセヨ
贈り物 にしたいの ですが Okurimono ni shitai no desu ga	This is a present. ディス イズァ プレズント	선물을 하고 싶은데요. ソンムルル ハゴ シプンデヨ
別々 に包んで Betsubetsu ni tsutsunde もらえますか? morae masu ka	Could you wrap クッジュ ラップ there separately? ディーズ セパレイトリィ	따로따로 포장해 주시겠어요? タロタロ ポジャンへ ジュシゲッソヨ
船便 で 送りたいの ですが Funabin de okuritai no desu ga	I want to send アイ ウォントゥ センド this by sea. ディス バイ シー	배편으로 보내고 싶은데요. ペピョヌロ ポネゴ シプンデヨ
この 部分 が 壊れて Kono bubun ga kowarete いるみたいです iru mitai desu	It seems like イッ シームズ ライク it's broken here. イッツ ブロゥクン ヒア	이 부분이 깨진 것 같은데요. イー ブブニ ケジン ゴッ カトゥンデヨ

中国語 中文	タイ語 ไทย	スペイン語 Español
餐具・家具 ツァンジュー・ジャージュー	**เครื่องครัว・เฟอร์นิเจอร์** クルアンクルアー　ファニチャー	**Menaje de hogar** メナヘ　デ　オガール
可以　拿起來　看　嗎? クーイー　ナーチライ　カン　マ?	ขอจับได้ไหม コーチャップダイマイ	¿Lo puedo coger? ロ　プエド　コヘール
超過　預算　了 チャオグオ　ユースアン　ラ	เกินงบประมาณ グーンゴップラマーン	Me sale del　presupuesto. メ　サレ　デル　プレスプエスト
一樣　的　東西 イーヤン　ダ　ドンシー 請　給　我　四個 チン　ゲイ　ウォー　スーガ	ขอแบบเดียวกันนี้　4ชิ้น コーベーブディーアウカンニーシーシン	Deme 4　iguales. ダメ　クアトロ　イグアレス
想要　當作　禮物 シャンヤオ　ダンズオ　リーウ	อยากให้เป็นของขวัญ ヤークハイペンコーンクワン	Lo　quiero para　el　regalo. ロ　キエロ　パラ　エル　レガロ
可以　分開　裝　嗎? クーイー　フェンカイ　ジュアン　マ?	ช่วยห่อแยกกัน シュアイホーイェークガン	¿ Puede envolverlo プエデ　エンボルベルロ por　separado ? ポル　セパラド
想要　用　海運　寄 シャンヤオ　ヨン　ハイユン　ジー	อยากส่งทางเรือ ヤークソンターンルーア	Quiero mandarselo por　barco. キエロ　マンダルセロ　ポル　バルコ
這個　部分　好像　壞　了 ジェガ　ブーフェン　ハオシャン　フアイ　ラ	ดูเหมือนว่าส่วนนี้จะเสีย ドゥームーアンウー　スーアンニー　チャシアー	Parese que esta パレセ　ケ　エスタ parte　está　rota. パルテ　エスタ　ロタ

購入した商品を日本へ送る際は、帰国時に別送品の申告を忘れずに行うこと。

電器・楽器 denki gakki	Electric appliances・Musical instruments エレクトリック アプライアンスィズ ミューズィカル インストゥルメンツ	전기 기구・악기 チョンギ キグ アッキ
この 製品 は 日本 で Kono seihin wa Nihon de 使え ますか tsukae masu ka	Can I use this product キャナイ ユーズ ディス プロダクト in Japan? イン ジャパン	이 제품은 일본에서 쓸 수 있습니까? イー チェプムン イルボネソ スル ス イッスムニカ
試して みてもいいですか Tameshite mitemo īdesu ka	May I try? メアイ トライ	테스트해 봐도 돼요? テストゥヘ ボァド ドェヨ
手入れ方法 を教えてください Teire hōhō o oshiete kudasai	Could you tell me クジュ テル ミー how to care? ハウ トゥ ケア	손질 방법을 가르쳐 주세요. ソンジル バンボブル カルチョ ジュセヨ
保証 は 何年 ですか Hoshō wa nan-nen desu ka	How long is the warranty? ハウ ロング イズ ザ ワランティ	보증기간은 몇 년이에요? ポジュンギガヌン ミョン ニョニエヨ
もう少し 安く なりませんか Mō sukoshi yasuku narimasen ka	Could you give me クジュ ギヴ ミー a little discount? ア リトル ディスカウント	조금 싸게 안 될까요? チョグム サゲ アン ドェルカヨ
これを交換 (返品) できますか Kore o kōkan (henpin) dekimasu ka	Can I exchange キャナイ エクスチェインジ (return) this? (リターン) ディス	이걸 교환(반품) 할 수 있습니까? イゴル キョファン(パンプム) ハル ス イッスムニカ
しっかりと 梱包してもらえますか Shikkari to konpō shite morae masu ka	Could you wrap クジュ ラップ this with extra care? ディス ウィズ エクストラ ケア	잘 포장해 주시겠어요? チャル ポジャンへ ジュシゲッソヨ

中国語 中文	タイ語 ไทย	スペイン語 Español
電子產品・樂器 ディエンズチャンピン　ユエチー	**เครื่องใช้ไฟฟ้า · เครื่องดนตรี** クルアンシャイファイファー　クルアンドントリー	**Electrodomésticos・Instrumentos musicales** エレクトロスドメスティコス　インストルメントス　ムシカレス
這個　產品　在　日本 ジェイガ　チャンピン　ザイ　リーベン 可以　使用　嗎? クーイー　シーヨン　マ?	ผลิตภัณฑ์นี้ใช้ที่ญี่ปุ่นได้ไหม パリッタパンニー　シャイティーイープン ダイマイ	¿Se puede usar este producto en Japón? セ　プ**エ**デ　ウ**サ**ール　**エ**ステ　プロ**ド**ゥクト エン　ハ**ポ**ン
可以　試　一下　嗎? クーイー　シー　イーシア　マ?	ลองได้ไหม ローンダイマイ	¿Puedo probarlo? プ**エ**ド　プロ**バ**ルロ
如何　保養? ルーハー　バオヤン?	ช่วยบอกวิธีดูแลรักษาด้วย シュアイボーク　ウィティードゥーレーラックサードゥアイ	Dígame la forma de cuidar por favor. **ディ**ガメ　ラ　**フォ**ルマ　デ　クイ**ダ**ール ポル　ファ**ボ**ル
保固期　幾年? バオグーチー　ジーニエン?	รับประกันกี่ปี ラップラガンギーピー	¿Cuántos años de garantía ? ク**ア**ントス　**ア**ニョス　デ　ガラン**ティ**ア
可以　再　便宜　一點　嗎? クーイー　ザイ　ピエンイー　イーディエン　マ?	ลดอีกหน่อยได้ไหม ロッイークノイ　ダイマイ	¿Podría descontarme un poco más? ポド**リ**ア　デスコン**タ**ルメ　ウン　**ポ**コ　**マ**ス
可以　換貨(退貨)　嗎? クーイー　ファンフオ(ツイフオ)　マ?	ขอแลกเปลี่ยน（คืน）สินค้าได้ไหม コーレークプリアン（クーン）シンカーダイマイ	¿Puede descambiar (devolver) lo? プ**エ**デ　デスカンビ**ア**ル（デボル**ベ**ール）ロ
請　包　好一點 チン　バオ　ハオイーディエン	ช่วยห่อให้อย่างดีเลยนะ シュアイホーハイヤーンディールイナ	¿Podría empaquetarlo bien? ポド**リ**ア　エンパケ**タ**ルロ　ビ**エ**ン

❗スマホやPCは全世界対応だが、プラグの形状が日本と異なる場合がある。（→P128）

日本語 *Japanese*	英語 *English*	韓国語 한국어
腕時計 ude dokei	**Watch** ウォッチ	**시계** シゲ
自分 用に 腕 時計 を Jibun yō ni ude dokei o 買いたいの です が kaitai no desu ga	I want to buy a アイ ウォントゥ バイ ア watch for myself. ウォッチ フォー マイセゥフ	제 걸로 손목시계를 사고 싶은데요. チェ コルロ ソンモクシゲルル サゴ シプンデヨ
これを見せてもらえます か？ Kore o misete morae masu ka	Could you show me this? クジュ ショウ ミー ディス	이걸 보여 주시겠어요? イゴル ポヨ ジュシゲッソヨ
高すぎ ます。 Takasugi masu もっと安い の は ありますか？ Motto yasui no wa arimasu ka	It's too expensive. Do you イッツ トゥー エクスペンシヴ ドゥ ユー have anything cheaper? ハヴ エニシング チーパー	너무 비싸네요. 좀 더 ノム ピサネヨ チョム ドー 싼 것은 없습니까? サン ゴスン オプスムニカ
免税 で 買えます か？ Menzei de kae masu ka	Can I buy it tax-free? キャナイ バイ イット タックスフリー	면세 가격으로 살 수 있습니까? ミョンセ カギョグロ サル ス イッスムニカ
試着 して も いいですか？ Shichaku shite mo īdesu ka	May I try this on? メアイ トライ ディス オン	차 봐도 돼요? チャ ボァド トェヨ
保証書 は 付いていますか？ Hoshōshō wa tsuite imasu ka	Does it come with a ダズィット カム ウィズ ア warranty? ワランティ	보증서는 들어 있습니까? ポジュンソヌン トゥロ イッスムニカ
あとで また 来ます Ato de mata kimasu	I'll come back later. アイゥ カム バック レイター	나중에 또 올게요. ナジュンエ ト オルケヨ

ショッピング高級品 時計

中国語 中文	タイ語 ไทย	スペイン語 Español
手錶 ゾウビャオ	**นาฬิกาข้อมือ** ナリガーコームー	**Reloj** レロ
想要 買 シャンヤオ マイ 自己 用 的 手錶 ズージー ヨン ダ ゾウビャオ	อยากซื้อนาฬิกาให้ตัวเอง ヤークスーナリガー ハイトゥーアエーン	Quiero comprar un キエロ コンプラール ウン reloj para mí. レロ パラ ミ
可以 讓 我 看看 クーイー ラン ウォー カンカン 這個 嗎? ジェガ マ?	ขอดูอันนี้ได้ไหม コードゥーアンニーダイマイ	¿Puede enseñarmelo? プエデ エンセニャルメロ
太 貴 了, タイ グイ ラ、 有 便宜 一點 的 嗎? ヨウ ピエンイ イーディエン ダ マ?	แพงเกินไป ペーングーンパイ มีที่ถูกกว่านี้ไหม ミーティートゥークウーニーマイ	Es muy caro. エス ムイ カロ ¿ Los hay más barato? ロス アイ マス バラト
可以 免稅 購物 嗎? クーイー ミエンスイ ゴウウー マ?	ซื้อโดยยกเว้นภาษี スードーイ ヨックウェンパーシー ได้ใช่ไหม ダイシャイマイ	¿ Puede hacer el プエデ アセール エル tax Free ? タッス フリー
可以 試戴 嗎? クーイー シーダイ マ?	ลองใส่ได้ไหม ローンサイダイマイ	¿ Puedo probarmelo? プエド プロバルメロ
有 附 保證書 嗎? ヨウ フー バオゼンスー マ?	มีใบรับประกันไหม ミーバイラップラガンマイ	¿ Tiene la garantía ? ティエネ ラ ガランティア
待會 再來 ダイフイ ザイライ	เดี๋ยวจะมาใหม่ ディアウチャマーマイ	Me vengo después. メ ベンゴ デスプエス

商品1点で免税の範囲額を超えると、その全額分が課税されるので注意。

日本語 Japanese	英語 English	韓国語 한국어
アクセサリー akusesarī	**Accessories** アク**セ**サリー	**액세서리** エクセソリ
手に取っても いいですか？ Te ni totte mo īdesu ka	Can I pick it up? キャナイ **ピ**ック イッ **タ**ップ	만져 봐도 돼요? マンジョ ボァド トェヨ
鏡 は ありますか？ Kagami wa arimasu ka	Do you have a mirror? ドゥ ユー ハヴァ **ミ**ラー	거울이 있습니까? コウリ イッ**ス**ムニ**カ**
派手（地味）すぎます Hade (Jimi) sugi masu	It's too loud (plain). イッツ トゥー **ラ**ウド（プ**レ**イン）	좀 화려 (수수) 하네요. チョム ファリョ（スス）ハネヨ
ほか のもの を見せてください Hoka no mono o misete kudasai	Could you show me クジュ **ショ**ウ ミー the other one? ジ **ア**ザー ワン	다른 것을 보여 주세요. タルン ゴスル ポヨ ジュセヨ
チェーンの 素材 は 金 ですか？ Chēn no sozai wa kin desu ka	Is this chain イズ ディス **チェ**イン made of gold? **メ**イドヴ **ゴ**ウルド	체인은 금이에요? チェイヌン クミエヨ
贈り 物 にしたいの ですが Okuri mono ni shitai no desu ga	This is a present. ディス イズ ア プ**レ**ゼント	선물을 하고 싶은데요. ソンムルル ハゴ シプンデヨ
きれいに包んで Kirei ni tsutsunde いただけますか？ itadake masu ka	Could you wrap クジュ **ラ**ップ this up neatly? **ディ**ス アップ **ニ**ートリー	예쁘게 포장해 주시겠어요? イェ**プ**ゲ ポジャンヘ ジュシゲッソヨ

中国語 中文	タイ語 ไทย	スペイン語 Español
配件 ペイジェン	**เครื่องประดับ** クルアーンプラダップ	**Complementos** コンプレメントス
可以　拿起來　看　嗎? クーイー　ナーチライ　カン　マ?	ขอจับได้ไหม コーチャップダイマイ	¿ Puedo cogerlo ? プ**エ**ド　コ**ヘ**ルロ
有　鏡子　嗎? ヨウ　ジンズ　マ?	มีกระจกไหม ミークラチョックマイ	¿ Tiene　espejo ? ティ**エ**ネ　エス**ペ**ホ
太顯眼（樸素) タイシェンイエン(プース)	สีฉูดฉาด（เรียบง่าย）เกินไป シューッシャーッ（リアブガーイ）グーンパイ	Demasiado llamativo (simple) デマシ**ア**ド　ジャマ**ティ**ボ（シンプレ）
可以　讓　我　看 クーイー　ラン　ウォー　カン 其他　的　嗎? チーター　ダ　マ?	ขอดูอย่างอื่นด้วย コードゥー　ヤーンウーンドゥーアイ	Enseñeme　más　cosas. エン**セ**ニェメ　**マ**ス　**コ**サス
鏈子　的　材質　是　金　嗎? リェンズ　ダ　ツァイジー　シー　ジン　マ?	สายคล้องทำมาจากทองหรือ サーイクローン　タンマーチャーク　トーンルー	¿ La cadena es　de　oro ? ラ　カ**デ**ナ　エス　デ　**オ**ロ
想要　當作　禮物 シャンヤオ　ダンズオ　リーウ	อยากส่งเป็นของขวัญ ヤークソンペンコーンクワン	Es　para　regalo. **エ**ス　**パ**ラ　レ**ガ**ロ
可以　幫　我 クーイー　バン　ウォー 包　得　漂亮　一點　嗎? バオ　ダ　ピャオリャン　イーディエン　マ?	ช่วยห่อให้สวยๆ เลยได้ไหม シュアイホーハイ スアイスアイルーイダイマイ	Envuélvelo bonito por favor. エンブ**エ**ルベロ ボ**ニ**ート ポル ファ**ボ**ル

有名ブランド店の場合、日本でアフターサービス（英語ではアフターセールスサービス）が受けられるか確認しよう。

主な洋服ラベルの見方

日 家庭での洗濯禁止
英 Do not wash
ドゥ　ノット　**ウォ**ッシュ

日 タンブル乾燥禁止
英 Do not tumble dry
ドゥ　ノット　**タ**ンブゥ　ド**ラ**イ

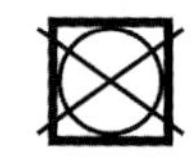

日 塩素系及び酸素系漂白剤の使用禁止
英 Do not bleach
ドゥ　ノット　ブ**リ**ーチ

日 手洗い可能
英 Hand wash
ハンド　ウォッシュ

※お湯の温度は40℃まで

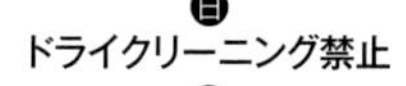

日 ドライクリーニング禁止
英 Do not dry clean
ドゥ　ノット　ド**ラ**イ　ク**リ**ーン

日 アイロン仕上げ禁止
英 Do not iron
ドゥ　ノット　**アイ**ロン

日 低温
英 Cool iron
クール　**アイ**ロン

※底面温度は110℃まで。スチームなし

日 中温
英 Warm iron
ウォーム **アイ**ロン

※底面温度は150℃まで

日 高温
英 Hot iron
ホット　**アイ**ロン

※底面温度は200℃まで

ショッピング
食品・日用品

日本語 *Japanese*	英語 *English*	韓国語 한국어
スーパーマーケット sūpāmāketto	**Supermarket** スーパーマーケット	**수퍼** スポ
カート は どこ に Kāto wa doko ni あります か? arimasu ka	Where is the shopping cart? ホエア イズ ザ ショッピング カート	카트는 어디에 있습니까? カトゥヌン オディエ イッスムニカ
～が ほしい の です が ga hoshī no desu ga	I want ～. アイ ウォント	～를 찾고 있는데요. ルル チャッコ インヌンデヨ
お菓子 売り場 は どこ です か? Okashi uriba wa doko desu ka	Where can I find snacks? ホエア キャナイ ファインド スナックス	과자는 어디에 있어요? クァジャヌン オディエ イッソヨ
これ と 同じ もの は あります か? Kore to onaji mono wa arimasu ka	Can I have the same one? キャナイ ハヴ ザ セイム ワン	이거하고 같은 거 있어요? イゴハゴ カトゥン ゴ イッソヨ
どこ で 支払え ば いいです か? Doko de shiharae ba īdesu ka	Where can I pay? ホエア キャナイ ペイ	어디서 계산해요? オディソ ケサネヨ
エコ バッグ を ください Eko baggu o kudasai	May I have a メアイ ハヴァ reusable bag? リユーザブゥ バッグ	에코백을 주세요. エコベグル チュセヨ
現金 で 支払い ます Genkin de shiharai masu	I'll pay in cash. アイゥ ペイ イン キャッシュ	현금으로 계산하겠습니다. ヒョングムロ ケサナゲッスムニダ

→P220-223…ショッピング単語

中国語 中文	タイ語 ไทย	スペイン語 Español
超市 ツァオシー	**ซุปเปอร์มาร์เก็ต** スップーマーゲット	**Supermercado** スペルメルカド
推車 在 哪裡 トゥイチャー ザイ ナーリー	รถเข็นอยู่ที่ไหน ロットケンユーティーナイ	¿ Dónde están los carros ? ドンデ エスタン ロス カロス
想要 ～ シャンヤオ ～	ฉันต้องการ～ シャントンガーン～	Quiero ～ キエロ
糖果餅乾 的 賣場 タングオビンガン ダ マイチャン 在 哪? ザイ ナー?	มุมขายขนมอยู่ที่ไหน ムムカーイカノム ユーティーナイ	¿ Dónde se encuentran ドンデ セ エンクエントラン las golosinas ? ラス ゴロシナス
有 跟 這個 一樣 的 嗎? ヨウ ガン ジェイガ イーヤン ダ マ?	มีของแบบเดียวกันนี้ไหม ミーコーンベーブディアウガンニーマイ	¿ Hay uno igual que este ? アイ ウノ イグアル ケ エステ
在 哪裡 結帳? ザイ ナーリー ジエザン?	จ่ายที่ไหน チャーイティーナイ	¿ Dónde se paga ? ドンデ セ パガ
請 給 我 環保袋 チン ゲイ ウォー フアンバオダイ	ขอกระเป๋าอีโค่ด้วย コークラパオイーコードゥアイ	Deme una bolsa ecológica. デメ ウナ ボルサ エコロヒカ
付現 フーシエン	ขอชำระเป็นเงินสด コーシャムラペングンソット	Pago en efectivo. パゴ エン エフェクティボ

❗レジ袋の有料化は世界的にも当たり前。ローカルなエコバッグはおみやげにもいい。

日本語 Japanese	英語 English	韓国語 한국어
コンビニ konbini	**Convenience store** コンヴィニエンス ストア	**편의점** ピョニジョム
～は 売って います か？ wa utte imasu ka	Do you have ～？ ドゥ ユー ハヴ	～는 파나요? ヌン パナヨ
冷えた ビール は ありますか？ Hieta bīru wa arimasu ka	Do you have cold beer? ドゥ ユー ハヴ コゥルド ビア	시원한 맥주 있어요? シウォナン メクチュ イッソヨ
ホットコーヒーを ください Hotto kōhī o kudasai	May I have a hot coffee? メアイ ハヴァ ホット コフィー	핫커피를 주세요. ハッコピルル チュセヨ
フォーク（箸） は もらえ ますか？ Fōku (hashi) wa morae masuka	Can I have a fork キャナイ ハヴァ フォーク (chopsticks)? （チョップスティックス）	포크(젓가락) 좀 주시겠어요? ポク（チョッカラク）チョム チュシゲッソヨ
レジ 袋 に 入れて ください Reji bukuro ni irete kudasai	Could you put it in the クジュ プティット イン ザ plastic bag? プラスティック バッグ	봉지에 넣어 주세요. ポンジエ ノオ ジュセヨ
お弁当は 温め られます か？ Obentō wa atatame rare masu ka	Could you heat up クジュ ヒータップ the bento? ザ ベントー	도시락을 데워 주시겠어요? トシラグル テウォ ジュシゲッソヨ
お湯 は もらえ ます か？ Oyu wa morae masu ka	Can I get キャナイ ゲット hot water? ホット ウォーター	온수기는 어디에 있어요? オンスギヌン オディエ イッソヨ

→P220-221…ショッピング単語

中国語 中文	タイ語 ไทย	スペイン語 Español
便利商店 ビエンリーサンディエン	**ร้านสะดวกซื้อ** ラーンサドゥアクスー	**Tienda de conveniencia** ティエンダ デ コンベニエンシア
有賣～嗎? ヨウマイ～マ?	มี～ขายไหม ミー～カーイマイ	¿ Hay ～ ? アイ
有 冰 啤酒 嗎? ヨウ ビン ピージョウ マ?	มีเบียร์เย็นๆไหม ミービアーイェンイェンマイ	¿ Tiene la cerveza fría ? ティエネ ラ セルベサ フリア
請 給 我 熱 咖啡 チン ゲイ ウォー ラー カーフェイ	ขอกาแฟร้อน コーガフェーローン	Deme un café デメ ウン カフェ caliente por favor. カリエンテ ポル ファボル
可以 給 我 クーイー ゲイ ウォー 叉子（筷子）嗎? ツァーズ(クアイズ)マ?	ขอส้อม（ตะเกียบ）ได้ไหม コーソム（タギアプ）ダイマイ	¿ Me puede dar un tenedor ? メ プエデ ダル ウン テネドール
請 幫 我 チン バン ウォー 放入 購物袋 ファンルー ゴウウーダイ	ช่วยใส่ในถุงให้ด้วย シュアイサイナイトゥン ハイドゥアイ	Deme una bolsa por favor. デメ ウナ ボルサ ポル ファボル
便當 可以 加熱 嗎? ビエンダン クーイー ジャー ラー マ?	อุ่นอาหารให้ด้วยได้ไหม ウンアーハーン ハイドゥアイダイマイ	¿ Puede calentarmelo ? プエデ カレンタルメロ
有 提供 熱水 嗎? ヨウ ティーゴン ラースイ マ?	ขอน้ำร้อนหน่อยได้ไหม コーナムローンノイ ダイマイ	¿ Hay hervidor de agua ? アイ エルビドール デ アグア

和食文化が浸透してきているため、英語圏ではそのまま bento（弁当）で通じる。

日本語 Japanese	英語 English	韓国語 한국어
市場 ichiba	**Market** マーケット	**시장** シジャン
何時 から やっていますか? Nanji kara yatte imasu ka	What time do you open? ホワッ タイム ドゥ ユー オゥプン	몇 시부터 해요? ミョッ シブト ヘヨ
試食 できます か? Shishoku deki masu ka	Can I try this? キャナイ トライ ディス	시식해도 돼요? シシッケド トェヨ
ひとつください Hitotsu kudasai	Can I have one? キャナイ ハヴ ワン	하나 주세요. ハナ チュセヨ
もうひとつください Mō hitotsu kudasai	One more, please. ワン モア プリーズ	하나 더 주세요. ハナ ドー チュセヨ
どうやって食べればいいですか? Dō yatte tabereba īdesu ka	How can I eat this? ハウ キャナイ イート ディス	어떻게 먹으면 돼요? オトッケ モグミョン トェヨ
ビニール袋 に 入れてください Binīru bukuro ni irete kudasai	Could you put it in クジュ プティット イン the plastic bag? ザ プラスティック バッグ	비닐봉지에 넣어 주세요. ビニルボンジエ ノオ ジュセヨ
クレジットカード は Kurejitto kādo wa **使え ます か?** tsukae masu ka	May I pay by credit card? メアイ ペイ バイ クレディット カード	신용카드 쓸 수 있어요? シニョンカドゥ スル ス イッソヨ

→P202-203…食料品

中国語 中文	タイ語 ไทย	スペイン語 Español
傳統市場 チュアントンシーチャン	**ตลาด** タラーッ	**Mercadillo** メルカディージョ
幾點 開始 營業 ジーディエン カイシー インイエ	เปิดตั้งแต่กี่โมง プーッタンテーギーモーン	¿ A qué hora ha empezado ? ア ケ オラ ア エンペサド
可以 試吃 嗎? クーイー シーチー マ?	ลองชิมได้ไหม ローンシムダイマイ	¿ Puedo probarlo ? プエド プロバルロ
請 給 我 一 個 チン ゲイ ウォー イーガ	ขอหนึ่งอัน コーヌンアン	Deme uno por favor. デメ ウノ ポル ファボル
請 再 給 我 一個 チン ザイ ゲイ ウォー イーガ	ขออีกอัน コーイークアン	Otro por favor. オトロ ポル ファボル
怎麼 吃 比較 好? ゼンマ チー ビージャオ ハオ?	ทานอย่างไร ターンヤーンライ	¿ Cómo se come esto ? コモ セ コメ エスト
請 幫 我 チン バン ウォー 放入 塑膠袋 ファンルー スージャオダイ	กรุณาใส่ในถุงพลาสติกให้ด้วย ガルナーサイナイトゥン プラスティックハイドゥアイ	Ponlo en la bolsa ポンロ エン ラ ボルサ de plástico por favor. デ プラスティコ ポル ファボル
可以 用 信用卡 嗎? クーイー ヨン シンヨンカー マ?	ใช้บัตรเครดิตได้ไหม チャイバックレーディッ ダイマイ	¿ Puedo usar la プエド ウサール ラ tarjeta de crédito ? タルヘタ デ クレディト

ハワイのファーマーズマーケットは、エコバッグ持参が鉄則。

日本語 *Japanese*	英語 *English*	韓国語 한국어
夜市・フリマ yoichi furima	**Night market・Flee market** ナイト マーケット フリィ マーケット	**야시장・프리마켓** ヤシジャン プリマケッ
何時 まで やっていますか？ Nanji made yatte imasu ka	How late are you open? ハウ レイト アー ユー オウブン	몇 시까지 해요? ミョッ シカジ ヘヨ
古着 の お店 は ありますか？ Furugi no omise wa arimasu ka	Where can I buy ホェア キャナイ バイ secondhand clothes? セカンドハンド クロウズ	구제옷 가게는 있습니까? クジェオッ カゲヌン イッスムニカ
値引きして くれます か？ Nebiki shite kuremasu ka	Could I get a discount? クダイ ゲットァ ディスカウント	좀 깎아 주시겠어요? チョム カッカ ジュシゲッソヨ
もう少し 安く できませんか？ Mō sukoshi yasuku deki masen ka	Could you give me クッジュ ギヴ ミー more discount? モア ディスカウント	좀 더 싸게 안 돼요? チョム ドー サゲ アン トェヨ
3つ 買うので、1つ おまけで Mittsu kau node hitotsu omake de 付けて ください tsukete kudasai	Can I have one for free キャナイ ハヴ ワン フォー フリー if I buy three? イファイ バイ スリー	3개 사니까 하나 덤으로 주세요. セゲ サニカ ハナ トムロ チュセヨ
現金 で 支払う ので、値引いて Genkin de shiharau node nebīte ください kudasai	Could you give me a クッジュ ギヴ ミー ア discount if I pay in cash? ディスカウント イファイ ペイ イン キャッシュ	현금으로 계산할 테니까 ヒョングムロ ケサ ナル テニカ 깎아 주세요. カッカ ジュセヨ
おつりが 間違って います Otsuri ga machigatte imasu	You gave me ユー ゲイヴ ミー the wrong change. ザ ロング チェインジ	거스름돈이 안 맞는데요. コスルムトニ アン マンヌンデヨ

中国語 中文	タイ語 ไทย	スペイン語 Español
夜市・跳蚤市場 イエシー ティアオザオシーチャン	**ตลาดกลางคืน ・ ตลาดเปิดท้าย** タラーッグラーンクーン タラーップーッターイ	**Mercado nocturno・Mercado libre** メルカド ノクトゥルノ メルカド リブレ
營業 到 幾點 インイエ ダオ ジーディエン？	ปิดกี่โมง ピッギーモーン	¿ Hasta qué hora es ? アスタ ケ オラ エス
有 二手衣 店 嗎? ヨウ アーソウイー ディエン マ？	มีร้านเสื้อผ้ามือสองไหม ミーラーンスアーパームーソーンマイ	¿ Hay algún puesto アイ アルグン プエスト de ropas antiguas ? デ ロパス アンティグアス
可以 打折 嗎? クーイー ダーザー マ？	ลดราคาให้หน่อย ロットラーカーハイノイ	¿ Me haces un descuento ? メ アセス ウン デスクエント
可以 再 クーイー ザイ 便宜 一點 嗎? ピエンイー イーディエン マ？	ลดราคาอีกหน่อยได้ไหม ロットラーカーイークノイ ダイマイ	¿ Puedes rebajar un プエデス レバハル ウン poco más ? ポコ マス
可以 買 三 送 一 嗎? クーイー マイ サン ソン イー マ？	ซื้อสามชิ้นแถมให้หนึ่งชิ้นได้ไหม スーサームシン テームヌンシン ダイマイ	¿ Puedo comprar tres por dos ? プエド コンプラール トレス ポル ドス
我 要 付現，可以 算 ウォー ヤオ フーシェン、クーイー スアン 便宜 一點 嗎? ピエンイー イーディエン マ？	จะชำระเป็นเงินสดลดให้หน่อยได้ไหม チャ シャムラ ペングンソッ ロットハイ ノイ ダイマイ	Descuéntame por デスクエンタメ ポル pagar en efectivo. パガール エン エフェクティボ
找 錯 錢 了 ザオ ツオ チエン ラ	คุณทอนเงินผิด クントーングンピット	El cambio está mal. エル カンビオ エスタ マル

❗品揃えが幅広いタイのマーケットは、おみやげ探しが楽しい。言い値なので料金交渉は必須!

日本語 Japanese	英語 English	韓国語 한국어
食料品 shokuryōhin	**Foods** フーズ	**식료품** シンニョプム
これ は 何 です か? Kore wa nan desu ka	What's this? ホワッツ ディス	이건 뭐예요? イゴン ムォエヨ
どれ が 食べごろです か? Dore ga tabegoro desu ka	Which one is フィッチ ワン イズ ready to eat? レディ トゥ イート	뭐가 제철이에요? ムォガ チェチョリエヨ
賞味 期限 は いつまでです か? Shōmi kigen wa itsumade desu ka	When is the ホエン イズ ジ expiration date? イクスピレイション デイト	유통기한은 언제까지예요? ユトンキハヌン オンジェカジエヨ
生 で 食べられます か? Nama de taberare masu ka	Can I eat it raw? キャナイ イーティッ ロウ	생으로 먹을 수 있어요? センウロ モグル ス イッソヨ
3つ で いくらです か? Mittsu de ikura desu ka	How much for three? ハウマッチ フォー スリー	3개에 얼마예요? セゲエ オルマエヨ
冷蔵 でないと ダメ です か? Reizō denai to dame desu ka	Do I have to ドゥ アイ ハヴ トゥ keep refrigerated? キープ リフリジレイテッド	냉장이 아니면 안 돼요? ネンジャンイ アニミョン アン トェヨ
紙袋 に入れてください Kami bukuro ni irete kudasai	Could you put it in クジュ プティット イン the paper bag? ザ ペイパー バッグ	종이봉투에 넣어 주세요. チョンイボントゥエ ノオ ジュセヨ

→P224…珍しい食材単語

中国語 中文	タイ語 ไทย	スペイン語 Español
食品飲料 シーピンインリャオ	**ของกิน** コーンギン	**alimentos** アリメントス
這 是 什麼? ジャーシーセンマ?	นี่คืออะไร ニークーアライ	¿ Qué es esto ? ケ エス エスト
最適合 ズイシーハー 現吃 的 是 哪一個? シェンチー ダ シー ナーイーガ?	อันไหนที่สามารถกินได้แล้ว アンナイティーサーマーッ ギンダイレウ	¿ Cuál es para comer ahora ? クアレス パラ コメール アオラ
有効期限 ヨウシャオチーシエン 到 什麼時候? ダオ センマシーホウ	หมดอายุวันไหน モットアーユ ワンナイ	¿ Cuándo es la caducidad ? クアンド エス ラ カドゥシダ
可以 生吃 嗎? クーイー センチー マ?	กินดิบๆได้ไหม ギンディップディップ ダイマイ	¿ Se puede comer en crudo ? セ プエデ コメール エン クルド
三個 多少錢? サンガ ドゥオサオチエン	สามอันเท่าไหร่ サームアンタオライ	¿ Cuánto cuesta tres ? クアント クエスタ トレス
一定 要 冷藏 嗎? イーディン ヤオ ランチャン マ?	ไม่แช่ตู้เย็นได้ไหม マイシェートゥーイエン ダイマイ	¿ Hay que tener en アイ ケ テネール エン la nevera ? ラ ネベラ
請 幫 我 放入 紙袋 チン バン ウォー ファンルー ジーダイ	ช่วยใส่ในถุงกระดาษให้ด้วย シュアイサイ ナイトゥンクラダーッ ハイドゥアイ	Póngalo en una ポンガロ エン ウナ bolsa de papel. ボルサ デ パペル

肉製品や乳製品は検疫の対象。検査証明書のないものは日本への持ち込みができない。

量·単位 辞典

	メートル (m)	キロメートル (km)	インチ (in)	フィート (ft)	ヤード (yd)	マイル (mi)
長さ	1	0.001	39.37	3.28	1.094	0.0006
	1000	1	39370	3280	1093.6	0.621
	0.025	-	1	0.0833	0.0278	-
	0.305	-	12	1	0.333	-
	0.914	0.0009	36	3	1	-
	1609.34	1.609	63360	5280	1760	1
	平方メートル (㎡)	平方キロメートル (㎢)	平方フィート (ft^2)	平方ヤード (sq yd)	ヘクタール (ha)	エーカー (acre)
広さ	1	-	10.764	1.196	0.0001	-
	-	1	-	-	100	247.105
	0.0929	-	1	0.1111	-	-
	0.836	-	9	1	-	-
	10000	0.01	107639	11959.9	1	2.471
	-	0.00405	-	-	0.405	1

	グラム (g)	キログラム (kg)	トン (t)	オンス (oz)	ポンド (lb)
重さ	1	0.001	-	0.0353	0.0022
	1000	1	0.001	35.274	2.205
	-	1000	1	35274	2204.6
	28.3495	0.0283	0.00002	1	0.625
	453.592	0.454	0.0004	16	1

	リットル(l)	米パイント(pt)	米ガロン(gal)
液体容量	1	0.4731	0.2641
	0.473	1	0.125
	3.7854	8	1

	華氏(°F)	摂氏(°C)
温度	104	40
	100.4	38
	96.8	36
	93.2	34
	89.6	32
	86	30
	82.4	28
	78.8	26
	75.2	24
	71.6	22
	68	20
	64.4	18
	60.8	16
	57.2	14
	53.6	12
	50	10
	46.4	8
	42.8	6
	39.2	4
	35.6	2
	32	0
	28.4	-2
	24.8	-4
	21.2	-6
	17.6	-8
	14	-10
	10.4	-12
	6.8	-14

日本語 Japanese	英語 English	韓国語 한국어
菓子・スイーツ kashi suītsu	**Confectionery** コンフェクショナリー	**과자・디저트** クァジャ ティジョトゥ
売れ筋 商品 は どれです か？ Uresuji shōhin wa dore desu ka	Which one is popular? フィッチ ワン イズ ポピュラー	잘 팔리는 건 뭐예요? チャル パルリヌン ゴン ムォエヨ
小分け に 包装されていますか？ Kowake ni hōsō sarete imasu ka	Are they アー ゼイ individually wrapped? インディヴィジュアリー ラップド	나눠서 포장되어 있나요? ナヌォソ ポジャンドェオ インナヨ
1箱 にいくつ入っていますか？ Hitohako ni ikutsu haitte imasu ka	How many pieces ハウ メニィ ピースィズ are in the box? アー イン ザ ボックス	한 상자에 몇 개 들어 있어요? ハン サンジャエ ミョッ ケ トゥロ イッソヨ
甘さ 控えめ です か？ Amasa hikaeme desu ka	Is it not that sweet? イズィット ノット ザット スイート	단맛은 약합니까? タンマスン ヤッカムニカ
日本人 に 人気の 商品 Nihonjin ni ninki no shōhin は ありますか？ wa arimasu ka	Do you have anything ドゥー ユー ハヴ エニシング popular among Japanese? ポピュラー アモング ジャパニーズ	일본 사람에게 인기 있는 イルボン サラメゲ インキ インヌン 상품은 있습니까? サンプムン イッスムニカ
日持ち するもの が いいです Himochi suru mono ga īdesu	I want something which will アイ ウォント サムシング フィッチ ウィル stay fresh for a long time. ステイ フレッシュ フォー ア ロング タイム	오래 가는 게 좋은데요. オレ ガヌン ゲ チョウンデヨ
期間 限定 の フレーバー Kikan gentei no furēbā は ありますか？ wa arimasu ka	Are there any アーゼア エニィ limited-editon flavors? リミティッド エディション フレイヴァーズ	기간한정 상품은 キガンハンジョン サンプムン 있습니까? イッスムニカ

中国語 中文 零食・甜點 リンシー・ティエンディエン	タイ語 ไทย ขนม・ของหวาน カノム コーンワーン	スペイン語 Español Golosinas · Dulces ゴロシナス ドゥルセス
賣 得 最好 的 マイ ダ ズイハオ ダ 商品 是 什麼? サンピン シー センマ?	อันไหนคือสินค้าที่ขายดีที่สุด アンナイ クーシンカーティーカーイディーティースッ	¿ Cuáles son los クアレス ソン ロス que más se venden ? ケ マス セ ベンデン
有 分 成 ヨウ フェン チェン 小包裝 嗎? シャオバオジュアン マ?	บรรจุเป็นห่อเล็กๆไหม バンチュペンホーレックレックマイ	¿ Están envueltos エスタン エンブエルトス individuales ? インディビドゥアレス
一盒 有 幾個? イーハー ヨウ ジーガ?	ในหนึ่งกล่องมีกี่อัน ナイヌングロン ミーギーアン	¿ Cuántas vienen en クアンタス ビエネン エン una caja ? ウナ カハ
比較 不 甜 嗎? ビージャオ ブー ティエン マ?	หวานน้อยใช่ไหม ワーンノーイシャイマイ	¿ No será demasiado dulce ? ノ セラ デマシアド ドゥルセ
有 受 日本人 歡迎 的 ヨウ ソウ リーベンレン ファイン ダ 商品 嗎? サンピン マ?	มีสินค้ายอดนิยมสำหรับคนญี่ปุ่นไหม ミーシンカーヨーッニヨム サムラップコンイープンマイ	¿ Cuáles compran クアレス コンプラン los japoneses ? ロス ハポネセス
想要 保存 シャンヤオ バオツン 久 一點 的 東西 ジョウ イーディエン ダ ドンシー	อยากได้ของที่เก็บไว้ได้นาน ヤークダイ コーンティーゲップウイダイナーン	Prifiero uno que dure más. プリフィエロ ウノ ケ ドゥレ マス
有 期間限定 的 ヨウ チージェンシエンディン ダ 口味 嗎? コウウェイ マ?	มีรสชาติจำกัดเฉพาะฤดูไหม ミーロッシャーッ チャムガッ シャポ ルドゥーマイ	¿ Habrá un sabor アブラ ウン サボール de temporada ? デ テンポラーダ

日本でおなじみの菓子でも、日本未発売のご当地フレーバーがある可能性が!

日本語 Japanese	英語 English	韓国語 한국어
パン・麺 pan men	**Bread・Noodles** ブレッド ヌードゥズ	**빵・면** パン ミョン
【指さして】この パンをください Kono pan o kudasai	May I have this bread? メアイ ハヴ ディス ブレッド	이 빵을 주세요. イー パンウル チュセヨ
何時 に焼きあがります か? Nanji ni yaki agari masu ka	What time will ホワッタイム ウィル it be baked? イット ビー ベイクド	몇 시쯤에 다 구워져요? ミョッ シチュメ ター クウォジョヨ
カットして もらえます か? Katto shite morae masu ka	Could you cut it? クジュ カティット	잘라 주시겠어요? チャルラ ジュシゲッソヨ
どれくらい日持ち します か? Dorekurai himochi shimasu ka	How long does it ハウ ロング ダズィット stay fresh? ステイ フレッシュ	며칠 정도 가요? ミョチル ジョンド カヨ
ゆで 時間 は 何分 です か? Yude jikan wa nanpun desu ka	How long is the ハウ ロング イズ ザ boiling time? ボイリング タイム	삶은 시간은 몇 분이에요? サムン シガヌン ミョッ プニエヨ
どうやってたべるの が Dō yatte taberu no ga おすすめです か? osusume desu ka	What's the best ホワッツ ザ ベスト way to eat this? ウェイ トゥ イート ディス	어떻게 먹는 게 좋은지 オトッケ モンヌン ゲ チョウンジ 추천해 주세요. チュチョネ ジュセヨ
2 袋 買います Futa fukuro kaimasu	I'll buy two packs. アイゥ バイ トゥー パックス	2봉지 주세요. トゥボンジ チュセヨ

中国語 中文	タイ語 ไทย	スペイン語 Español
麵包・麵條 ミエンバオ　ミエンティオ	**ขนมปัง ・ ก๋วยเตี๋ยว** カノムパン　グアイティーアウ	**Pan · Tallarines** パン　タジャリネス
請 給 我 這個 麵包 チン ゲイ ウォー ジェイガ ミエンバオ	ขอขนมปังนี้ コーカノムパンニー	Deme ese pan. デメ エステ パン
幾點 出爐 的? ジーディエン ツュールー ダ?	อบเสร็จตั้งแต่กี่โมง オップセッ タンテー ギーモーン	¿ A qué hora sale del horno ? ア ケ オラ サレ デル オルノ
可以 幫 我 切 嗎? クーイー バン ウォー チエ マ?	ช่วยตัดให้หน่อยได้ไหม シュアイタット ハイノイダイマイ	¿ Puede cortarmelo ? プエデ コルタルメロ
可以 保存 幾天? クーイー バオツン ジーティエン?	เก็บไว้ได้นานกี่วัน ゲッブウイ ダイナーン ギーワン	¿ Cuántos días dura ? クアントス ディアス ドゥラ
要 煮 幾分鐘? ヤオ ジュウ ジーフエンゾン?	ใช้เวลาต้มกี่นาที シャイウェーラートムギーナーティー	¿ Cuántos minutos tiene クアントス ミヌトス ティエネ que hervir ? ケ エルビール
有 什麼 推薦 的 ヨウ センマ トウイジエン ダ 吃法? チーファー?	มีวิธีการทานแนะนำไหม ミーウィティーガーンターン ネナムマイ	¿ Cómo me recomienda コモ メ レコミエンダ que tome esto ? ケ トメ エスト
要 兩 包 ヤオ リャンバオ	ขอซื้อ 2 ถุง コースーゾーントゥン	Deme dos bolsitas. デメ ドス ボルシータス

日本語 Japanese	英語 English	韓国語 한국어
酒 sake	**Liquor** リカー	**술** スル
おみやげにおすすめは Omiyage ni osusume wa どれです か? dore desu ka	What do you recommend ホワッ ドゥ ユー リコメンド for souvenirs? フォー スーヴェニアズ	선물로 좋은 건 뭐예요? ソンムルロ チョウンゴン ムォエヨ
甘い の が好きです Amai no ga suki desu	I like sweet one. アイ ライク スウィート ワン	단맛이 있는 게 좋아요. タンマシ インヌン ゲ チョアヨ
これ は 何 味 です か? Kore wa nani aji desu ka	What flavor is it? ホワッ フレイヴァー イズィット	이건 어떤 맛이에요? イゴン オトン マシエヨ
どうやって飲む の が いいですか? Dō yatte nomu no ga īdesu ka	How should I drink? ハウ シュダイ ドリンク	어떻게 마시면 좋아요? オトッケ マシミョン チョアヨ
アルコール度数 は Arukōru dosū wa 何 % です か? nan pāsento desu ka	How strong is this? ハウ ストロング イズ ディス	알콜 도수는 몇 도예요? アルコル ドスヌン ミョッ トエヨ
割れないよう包んで ください Warenai yō tsutsunde kudasai	Please wrap it up プリーズ ラップ イッタップ well so it doesn't break. ウェル ソウ イッダズン ブレイク	깨지지 않게 포장해 주세요. ケジジ アンケ ポジャンヘ ジュセヨ
免税 で 買えます か? Menzei de kae masu ka	Can I buy this tax-free? キャナイ バイ ディス タックス フリー	면세로 살 수 있습니까? ミョンセロ サル ス イッスムニカ

中国語 中文	タイ語 ไทย	スペイン語 Español
酒 ジョウ	**สุรา** スラー	**Bebida alcohōlica** ベビーダ アルコリカ
當作 伴手禮 有 ダンズオ バンソウリー ヨウ 什麼 推薦 的 嗎? センマ トゥイジエン ダ マ?	อันไหนแนะนำเป็นของฝาก アンナイネナム ペンコーンファーク	¿ Cuál me recomienda クアル メ レコミエンダ para llevar de recuerdo ? パラ ジェバール デ レクエルド
喜歡 甜的 シーフアン ティエンダ	ชอบแบบหวาน ショーブベーブワーン	Me gusta el de sabor dulce. メ グスタ エル デ サボール ドゥルセ
這 是 什麼 味道? ジャー シー センマ ウェイダオ?	อันนี้รสอะไร アンニーロッアライ	¿ De qué sabor es este ? デ ケ サボール エス エステ
怎麼 喝 比較 好? ゼンマ ハー ビージャオ ハオ?	ควรดื่มอย่างไรดี クアンドゥームヤーンライディー	¿ Cómo se toma esto ? コモ セ トマ エスト
酒精 濃度 多 高? ジョウジン ノンドゥー ドゥオ ガオ?	ปริมาณแอลกอฮอล์กี่เปอร์เซน ポリマーンエルコーホー ギープーセン	¿ Cuántos grados de クアントス グラドス デ alcohol tiene ? アルコール ティエネ
為 了 不 打破, ウェイ ラ ブー ダーポー、 請 幫 我 包起來 チン バン ウォー バオチライ	กรุณาห่อให้ดีเพื่อไม่ให้แตก ガルナーホーハイディー プアーマイハイテーク	Envuélvamelo para que エンブエルバメロ パラ ケ no se rompa por favor. ノ セ ロンパ ポル ファボル
可以 免稅 買 嗎? クーイー ミエンスイ マイ マ?	ซื้อแบบปลอดภาษีได้ไหม スーベーブプローッパーシー ダイマイ	¿ Puedo llevarmelo プエド ジェバルメロ libre de impuestos ? リブレ デ インプエストス

液体物は機内持ち込みサイズに限りがある。しっかり梱包して預け荷物の中へ。

日本語 Japanese	英語 English	韓国語 한국어
ワイン wain	**Wine** ワイン	**와인** ワイン
おすすめの 銘柄 は Osusume no meigara wa どれです か？ dore desu ka	Which brand do フィッチ ブランド ドゥ you recommend? ユー リコメンド	추천 와인이 있습니까? チュチョン ワイニ イッスムニカ
辛口 （甘口） が 好きです Karakuchi (Amakuchi) ga suki desu	I like アイ ライク dry (sweet) one. ドゥライ（スウィート） ワン	드라이한 맛 (스위트한 맛) 이 좋아요. トゥライハン マッ（スウィトゥハン マッ） イ チョアヨ
贈答用 に探して います Zōtō yō ni sagashite imasu	I'm looking for a gift. アイム ルッキン フォー ア ギフト	선물용을 찾고 있어요. ソンムルリョンウル チャッコ イッソヨ
珍しい もの は ありますか？ Mezurashī mono wa arimasu ka	Do you have anything rare? ドゥユー ハヴ エニシング レア	특이한 거 있어요? トゥギハン ゴ イッソヨ
免税 手続き は できます か？ Menzei tetsuzuki wa dekimasu ka	Can I make it tax-free? キャナイ メイキッ タックス フリー	면세 수속은 할 수 있어요? ミョンセ スソグン ハル ス イッソヨ
箱 に入れてもらえます か？ Hako ni irete morae masu ka	Could you put it クジュ プティット in the box? イン ザ ボックス	상자에 넣어 주시겠어요? サンジャエ ノオ ジュシゲッソヨ
キングホテルまで 届けて Kingu Hoteru made todokete もらえます か？ morae masu ka	Could you deliver this to クジュ デリヴァー ディス トゥ King Hotel? キング ホゥテル	킹호텔로 보내 주시겠어요? キンホテルロ ポネ ジュシゲッソヨ

中国語 中文	タイ語 ไทย	スペイン語 Español
葡萄酒 プータオジョウ	**ไวน์** ワイン	**Vino** ビノ
有 推薦 的 品牌 嗎? ヨウ トゥイジエン ダ ピンパイ マ?	มียี่ห้อไหนแนะนำบ้าง ミーイーホナイ ネナムバーン	¿Qué marca me recomienda? ケ マルカ メ レコミエンダ
我 喜歡 干型 (甜型) 的 ウォー シーファン ガンシン (ティエンシン) ダ	ฉันชอบรส dry (รส sweet) シャンショーブロッドゥライ(ロッスウィート)	Me gusta seco(semiseco). メ グスタ セコ (セミセコ)
在 找 送 人 的 禮物 ザイ ザオ ソン レン ダ リーウー	หาของสำหรับใช้เป็นของขวัญ ハーコーンサムラップ シャイペンコーンクワン	Busco vinos para regalos. ブスコ ビノス パラ レガロス
有 稀有 的 商品 嗎? ヨウ シーヨウ ダ サンピン マ?	มีของอะไรแปลกใหม่ไหม ミーコーンアライ プレークマイ マイ	¿Algún vino original? アルグン ビノ オリヒナル
可以 辦理 クーイー バンリー 免稅 手續 嗎? ミエンスイ ソウシュウ マ?	ทำเรื่องยกเว้นภาษีได้ไหม タムルーアン ヨックウェンパーシーダイマイ	¿Puede hacer la hoja プエデ アセール ラ オハ de Tax Free? デ タッス フリー
可以 幫 我 放入 クーイー バン ウォー ファンルー 盒子 嗎? ハーズ マ?	ช่วยใส่กล่องให้หน่อยได้ไหม シュアイサイグロン ハイノイダイマイ	¿Puede meterlo en una caja? プエデ メテールロ エン ウナ カハ
可以 幫 我 送 到 クーイー バン ウォー ソン ダオ King飯店 嗎? キングファンディエン マ?	ช่วยส่งไปที่โรงแรมคิงได้ไหม シュアイソンパイティーローンレームキン ダイマイ	¿Podría enviarmelo ポドリア エンビアルメロ al KingHotel? アル キングホテル

ワインを含む酒類の免税範囲は、一人当たり 760ml 換算で3本まで（2021 年 1 月現在）。

ショッピング食品・日用品 ワイン

日本語 Japanese	英語 English	韓国語 한국어
調味料 chōmiryō	**Seasoning** シーズニング	**조미료** チョミリョ
～を買いたいの ですが o kaitai no desu ga	I want to buy ～. アイ ウォントゥ バイ	～를 사고 싶은데요. ルル サゴ シプンデヨ
定番 のブランドは どれですか？ Teiban no burando wa dore desu ka	What is ホワッティズ the most popular brand? ザ モウスト ポピュラー ブランド	잘 팔리는 브랜드는 뭐예요? チャル パルリヌン ブレンドゥヌン ムォエヨ
地元 で 人気な の は Jimoto de ninki na no wa どれですか？ dore desu ka	Which one is フィッチ ワン イズ popular among locals? ポピュラー アモング ロウカゥズ	현지인에게 ヒョンジイネゲ 인기 있는 건 뭐예요? インキ インヌン ゴン ムォエヨ
どこ の 店 で 買えますか？ Doko no mise de kae masu ka	Where can I buy it? ホエア キャナイ バイ イット	어느 가게에서 살 수 있어요? オヌ カゲエソ サル ス イッソヨ
品そろえ が いいの は Shinazoroe ga ī no wa どこ ですか？ doko desu ka	Which store フィッチ ストア has a large selection? ハズァ ラージ セレクション	물건이 많이 있는 곳은 어디예요? ムルゴニ マニ インヌン ゴスン オディエヨ
コンビニでも 買えますか？ Konbini demo kae masu ka	Can I buy it at キャナイ バイ イッタット the convenience store? ザ コンヴィニエンス ストア	편의점에서도 살 수 있어요? ピョニジョメソド サル ス イッソヨ
スーパーなら安い ですか？ Sūpā nara yasui desu ka	Is supermarket cheaper? イズ スーパーマーケット チーパー	수퍼에서 사면 쌉니까? スポエソ サミョン サムニカ

→P222-223…ショッピング単語

中国語 中文	タイ語 ไทย	スペイン語 Español
調味料 ティアオウエイリャオ	**เครื่องปรุงรส** クルアンプルンロット	**Condimentos** コンディメントス
想買～ シャンマイ～	ต้องการซื้อ～ トンガーンスー～	Quiero comprar ～ キエロ　コンプラール
大家　都　會　買　的 ダージャー　ドウ　フイ　マイ　ダ 品牌　是　什麼? ピンパイ　シー　センマ?	ยี่ห้อมาตรฐานคืออันไหน イーホマートラターン　クーアンナイ	¿ Qué marca es　más popular ? ケ　マルカ　エス　マス　ポプラール
受　當地人　歡迎　的 ソウ　ダンディーレン　フアンイン　ダ 是　什麼? シー　センマ?	อันไหนเป็นที่นิยมในท้องถิ่น アンナイペンティーニヨム　ナイトーンティン	¿ Qué producto　es ケ　プロドゥクト　エス más　popular　aquí? マス　ポプラール　アキ
在　哪間店　買得到? ザイ　ナージェンディエン　マイダダオ?	ซื้อได้ที่ร้านไหน スーダイティーラーンナイ	¿ En　qué tienda　lo エン　ケ　ティエンダ　ロ puedo comprar ? プエド　コンプラール
品項　充足　的 ピンシャン　ツォンズー　ダ 店　在　哪? ディエン　ザイ　ナー?	ที่ไหนมีขายครบทุกอย่าง ティーナイミーカーイ　クロップ　トゥック ヤーン	¿ Qué tienda　tiene ケ　ティエンダ　ティエネ más　variedad? マス　バリエダ
在　便利商店　也 ザイ　ビエンリーサンディエン　イエ 買得到　嗎? マイダダオ　マ?	หาซื้อได้ตามร้านสะดวกซื้อไหม ハースーダイ　タームラーン　サドゥアク スー　マイ	¿ Puedo comprarmelo en　la プエド　コンプラルメロ　エン　ラ tienda　de conveniencia　también? ティエンダ　デ　コンビニエンシア　タンビエン
在　超市　的　話 ザイ　ツァオシー　ダ　フア 便宜　嗎? ピエンイ　マ?	ถ้าซื้อที่ซุปเปอร์ถูกกว่าไหม タースーティースッパー　トゥークグワーマ イ	¿ Será más barato en　el セラ　マス　バラト　エン　エル supermercado? スペルメルカド

日本語 *Japanese*	英語 *English*	韓国語 한국어
調味料 chōmiryō	**Seasoning** シーズニング	**조미료** チョミリョ
どの ようにして 食べる Dono yō ni shite taberu の が おすすめですか？ no ga osusume desu ka	How do you ハウ ドゥ ユー recommend eating this? リコメンド イーティング ディス	어떻게 해서 먹는 게 オトッケ ヘソ モンヌン ゲ 좋은지 추천해 주세요. チョウンジ チュチョネ ジュセヨ
肉 （魚） 料理に合いますか？ Niku (sakana) ryōri ni ai masu ka	Does it go well ダズィット ゴー ウェル with meat (fish)? ウィズ ミート （フィッシュ）	고기 (생선) 요리하고 맞나요? コギ（センソン）ヨリハゴ マンナヨ
小さな ボトル（瓶）は Chīsana botoru (bin) wa ありますか？ arimasu ka	Do you have this ドゥ ユー ハヴ ディス in a small bottle (jar)? インァ スモール ボトル（ジャー）	작은 병은 있습니까? チャグン ピョンウン イッスムニカ
希少価値 の 高い Kishōkachi no takai もの が ほしいです mono ga hoshī desu	I want something アイ ウォント サムシング valuable. ヴァリュアブゥ	희소가치가 높은 걸 찾는데요. ヒソガチガ ノプン ゴル チャンヌンデヨ
常温 で 保存 できますか？ Jōon de hozon deki masu ka	Can I keep at キャナイ キープ アッ room temperature? ルーム テンプリチャー	상온에서 보관 가능합니까? サンオネソ ポグァン カヌンハムニカ
機内 に持ち込め ますか？ Kinai ni mochikome masu ka	Can I bring on board? キャナイ ブリング オン ボード	기내로 가지고 들어갈 수 있습니까? キネロ カジゴ トゥロガル ス イッスムニカ
日本 には ないフレーバーは Nihon ni wa nai furēbā wa どれですか？ dore desu ka	Which flavor is フィッチ フレイヴァー イズ not sold in Japan? ノット ソウルド イン ジャパン	일본에는 없는 イルボネヌン オムヌン 향신료는 어느 거예요? ヒャンシンニョヌン オヌ ゴエヨ

中国語 中文	タイ語 ไทย	スペイン語 Español
調味料 ティアオウエイリャオ	**เครื่องปรุงรส** クルアンプルンロット	**Condimentos** コンディメントス
怎麼　吃　比較　好? ゼンマ　チー　ビージャオ　ハオ？	ควรทานแบบไหน มีวิธีแนะนำไหม クアンターンベーブナイ　ミーウィティーネナムマイ	¿ Qué puedo cocinar con él ? ケ　プエド　コシナール　コネル
適合　肉（魚）料理　嗎? シーハー　ロウ(ユー)リャオリー　マ？	เข้ากันได้กับอาหารประเภทเนื้อ (ปลา) หรือไม่ カオガンダイ　ガップアーハーン　プラペートヌアー（プラー）ルーマイ	¿ Le viene bien a la carne (al pescado) ? レ　ビエネ　ビエン　ア　ラ　カルネ（アル　ペスカド）
有　小瓶　的　嗎? ヨウ　シャオピン　ダ　マ？	มีขวดขนาดเล็กไหม ミークアーッ　カナーッレックマイ	¿ Tiene una tarrina pequeña ? ティエネ　ウナ　タリナ　ペケニャ
想　要　珍貴　且 シャン　ヤオ　ゼングイ　チエ 稀有　的　東西 シーヨウ　ダ　ドンシー	ฉันต้องการของที่มีมูลค่าสูงหายาก シャントンガーンコーンティーミー　ムーンラカースーン　ハーヤーク	Quiero uno que キエロ　ウノ　ケ tenga el valor singular. テンガ　エル　バロール　シングラール
可以　常溫　保存　嗎? クーイー　チャンウェン　バオツン　マ？	เก็บในอุณหภูมิห้องได้ไหม ゲッブナイ　ウンハプームホン　ダイマイ	¿ Se puede dejar セ　プエデ　デハール a temperatura ambiente ? ア　テンペラトゥラ　アンビエンテ
可以　帶進　機艙　嗎? クーイー　ダイジン　ジーツァン　マ？	สามารถนำขึ้นเครื่องได้ไหม サーマーッ　ナムクンクルアン　ダイマイ	¿ Se puede llevar a bordo ? セ　プエデ　ジェバール　ア　ボルド
在　日本　沒有　的 ザイ　リーベン　メイヨウ　ダ 調味料　是　什麼? ティアオウエイリャオ　シー　センマ？	รสชาติไหนที่ไม่มีในญี่ปุ่น ロットシャーッナイ　ティーマイミー　ナイイープン	¿ Qué sabor no ケ　サボール　ノ existe en Japón ? エシステ　エン　ハポン

❗ペーストやムース状の商品は液体物扱い。機内持ち込みにせず、預け荷物へ入れよう。

日本語 *Japanese*	英語 *English*	韓国語 한국어
ショッピング単語 shoppingu tango	**Words for shopping** ワーズ フォー ショッピング	**쇼핑 단어** ショピン タノ
高い / 安い takai / yasui	expensive / cheap エクスペンシヴ / チープ	비싸다 / 싸다 ピサダ / サダ
大きい / 小さい ōkī / chīsai	big / small ビッグ / スモール	크다 / 작다 クダ / チャクタ
多い / 少ない ōi / sukunai	many / few メニィ / フュー	많다 / 적다 マンタ / チョクタ
長い / 短い nagai / mijikai	long / short ロング / ショート	길다 / 짧다 キルダ / チャルタ
重い / 軽い omoi / karui	heavy / light ヘヴィー / ライト	무겁다 / 가볍다 ムゴプタ / カビョプタ
ゆるい / きつい yurui / kitsui	loose / tight ルース / タイト	헐렁하다 / 꼭 끼다 ホルロンハダ / コク キダ
薄い / 厚い usui / atsui	thin / thick スィン / スィック	얇다 / 두껍다 ヤルタ / トゥコプタ
(色が) 明るい / 暗い akarui / kurai	bright / dark ブライト / ダーク	(색깔이) 밝다 / 어둡다 セッカリ パクタ / オドゥプタ
派手 / 地味 hade / jimi	flashy / plain フラシィ / プレイン	화려하다 / 수수하다 ファリョハダ / ススハダ
伝統 的 な dentou teki na	traditional トラディショナル	전통적인 チョントンチョギン
流行りの hayari no	trendy トレンディ	유행하는 ユヘンハヌン
オリジナルの orijinaru no	original オリジナル	오리지널 オリジノル

中国語 中文	タイ語 ไทย	スペイン語 Español
購物用語 ゴウウーヨンユー	**คำที่ใช้ในการช้อปปิ้ง** カムティーシャイナイガーン ショッピング	**Vocabulario de compras** ボカブラリオ デ コンプラス
貴 / 便宜 グイ / ピエンイ	แพง / ถูก ペーン / トゥーク	caro / barato カロ / バラト
大 / 小 ダー / シャオ	ใหญ่ / เล็ก ヤイ / レック	grande / pequeño グランデ / ペケニョ
多 / 少 ドゥオ / サオ	มาก / น้อย マーク / ノーイ	mucho / poco ムチョ / ポコ
長 / 短 チャン / ドゥアン	ยาว / สั้น ヤーオ / サン	largo / corto ラルゴ / コルト
重 / 輕 ゾン / チン	หนัก / เบา ナック / バオ	pesado / ligero ペサド / リヘロ
鬆 / 緊 ソン / ジン	หลวม / คับ ルアム / カップ	flojo / apretado フロホ / アプレタド
薄 / 厚 バオ / ホウ	บาง / หนา バーン / ナー	fino / grueso フィノ / グルエソ
明亮 / 暗 ミンリャン / アン	สว่าง / มืด サワーン / ムーッ	claro / oscuro クラロ / オスクロ
顯眼 / 樸素 シエンイェン / プースー	ฉูดฉาด / เรียบง่าย シューッシャーッ / リアブガーイ	llamativo / simple ジャマティボ / シンプレ
傳統 チュアントン	แบบดั้งเดิม ベーブダンドゥーム	tradicional トラディシオナル
流行 リョウシン	อินเทรนด์ イントレン	de moda デ モダ
原創 ユエンチュアン	ต้นฉบับ トンシャバブ	original オリヒナル

日本語 *Japanese*	英語 *English*	韓国語 한국어
ショッピング単語 shoppingu tango	**Words for shopping** ワーズ　フォー　ショッピング	**쇼핑 단어** ショピン タノ
チョコレート chokorēto	chocolate チョッコレイト	초콜릿 チョコルリッ
ビスケット bisuketto	cookie (米)、biscuit (英) クキィ　ビスキッ	비스킷 ピスキッ
スナック菓子 sunakku gashi	snacks スナックス	스낵 과자 スネク クァジャ
飴 ame	candy キャンディ	사탕 サタン
ドライフルーツ dorai hurūtsu	dried fruits ドゥライド フルーツ	건조 과일 コンジョ クァイル
ミックスナッツ mikkusu nattsu	mixed nuts ミックスド ナッツ	믹스넛 ミクスノッ
コーヒー / アイスコーヒー kōhī aisu kōhī	coffee / iced coffee コフィー　アイスド　コフィー	커피 / 아이스커피 コピ アイスコピ
紅茶 / アイスティー kōcha aisutī	tea / iced tea ティー　アイスド　ティー	홍차 / 아이스티 ホンチャ アイスティ
サンドイッチ sandoicchi	sandwich サァンドウィッチ	샌드위치 センドゥウィチ
惣菜 sōzai	deli foods デリ　フーズ	반찬 パンチャン
カップ麺 kappu men	cup noodles カップ　ヌードゥズ	컵라면 コムナミョン
インスタントスープ insutanto su-pu	instant soup インスタント　スープ	인스턴트 스프 インストントゥ スプ

→P196-197…コンビニ

中国語 中文	タイ語 ไทย	スペイン語 Español
購物用語 ゴウウーヨンユー	**คำที่ใช้ในการช้อปปิ้ง** カムティーシャイナイガーン ショッピング	**Vocabulario de compras** ボカブラリオ デ コンプラス
巧克力 チャオカーリー	ชอคโกแลต ショッゴーレッ	chocolate チョコラテ (m)
餅乾 ビンガン	บิสกิต ビスキット	galleta ガジェタ (f)
零食 リンシー	ขนมขบเคี้ยว カノムコップキアウ	snack エスナック (m)
糖果 タングオ	ลูกอม ルークオム	caramelo カラメロ (m)
水果乾 スイグオガン	ผลไม้แห้ง ポンラマイヘーン	frutos secos フルトス セコス (m)
綜合堅果 ゾンハージェングオ	ถั่วรวม トゥーアルアム	Mix cacahuetes ミックス カカウエテス (m)
咖啡 / 冰咖啡 カーフェイ / ビンカーフェイ	กาแฟร้อน / กาแฟเย็น ガフェーローン / ガフェーイェン	café / café frío カフェ / カフェ フリオ (m)
紅茶 / 冰紅茶 ホンチャー / ビンホンチャー	ชาร้อน / ชาเย็น シャーローン / シャーイェン	té / té frío テ / テ フリオ (m)
三明治 サンミンジー	แซนวิช セーンウィッチ	sándwich サンウイッチ (m)
熟食 ソウシー	กับข้าว ガッブカーオ	comida preparada コミダ プレパラダ (f)
泡麵 パオミェン	บะหมี่กึ่งสำเร็จรูป バミーグンサムレッループ	copa de tallarines コパ デ タジャリネス (f)
即溶湯包 ジーロンタンバオ	ซุปสำเร็จรูป スップサムレッループ	sopa instantánea ソパ インスタンタネア (f)

日本語 Japanese	英語 English	韓国語 한국어
ショッピング単語 shoppingu tango	Words for shopping ワーズ フォー ショッピング	쇼핑 단어 ショピン タノ
(ゴマ / オリーブ / えごま) 油 (goma orību egoma) abura	(sesami / olive / perilla) oil セサミ オリィヴ ペリィラ オイゥ	(깨 / 올리브 / 들깨) 기름 (ケ / オルリブ / トゥルケ) キルム
ハチミツ hachimitsu	honey ハニー	꿀 クル
ソース sōsu	sauce ソース	소스 ソス
ペースト pēsuto	paste ペイスト	페이스트 ペイストゥ
香辛料 kōshinryō	spice スパイス	향신료 ヒャンシンニョ
塩 / 砂糖/胡椒 shio / satō / koshō	salt / sugar / pepper ソゥト シュガー ペパー	소금 / 설탕 / 후추 ソグム / ソルタン / フチュ
保存料 (不使用) hozonryō (fushiyō)	(no) preservatives ノー プレザーヴァティヴス	보존료 (사용 안 함) ポジョンニョ サヨン ア ナム
食品添加物 (不使用) shokuhin tenkabutsu (fushiyō)	(no) additives ノー アディティヴス	식품첨가물 (사용 안 함) シクプムチョムガムル (サヨン ア ナム)
グルテンフリー guruten furī	gluten-free グゥテン フリー	글루텐 프리 クルルテン プリ
遺伝子組み換え (ではない) idenshi kumikae (de wa nai)	(non) GMO ノン ジーエムオー	유전자변형 (안 함) ユジョンジャビョニョン (ア ナム)
有機 yūki	organic オーガニック	유기농 ユギノン
ベジタリアン/ヴィーガン bejitarian vīgan	vegetarian / vegan ヴェジタリアン ヴィーガン	베지테리언 / 비건 ベジテリオン / ビゴン

→P214-217…調味料

中国語 中文	タイ語 ไทย	スペイン語 Español
購物用語 ゴウウーヨンユー	**คำที่ใช้ในการช้อปปิ้ง** カムティーシャイナイカーン　ショッピング	**Vocabulario de compras** ボカブラリオ　デ　コンプラス
(麻 / 橄欖 / 紫蘇) 油 (マー / ガンラン / ズースー)ヨウ	(งา / มะกอก / งาขี้ม้อน) น้ำมัน ガー / マゴーク / ガーキーモーン) ナームマン	aceite de (sésamo/oliva/perilla) アセイテ デ (セサモ / オリーバ / ペリージャ)
蜂蜜 フォンミー	น้ำผึ้ง ナームプン	miel ミエル (f)
調味醬 ティオウェイジャン	ซอส ソース	salsa サルサ (f)
泥 ニー	เครื่องแกง クルアンゲーン	dip ディップ (m)
香辛料 シャンシンリャオ	เครื่องเทศ クルアンテート	especias エスペシアス (f)
鹽 / 糖 / 胡椒粉 イエン / タン / フージャオフェン	เกลือ / น้ำตาล / พริกไทย グルアー / ナームターン / プリックタイ	sal / azucar / pimienta サル(f) / アスカル(m) / ピミエンタ (f)
(不放)防腐劑 (ブーファン)ファンフージー	สารกันบูด (ไม่ใช้สารกันบูด) サーンカンブーッ (マイシャイサーンガンブーッ)	(no) conservantes (ノ) コンセルバンテス (m)
(不放)食品添加物 (ブーファン)シーピンティエンジャーウー	วัตถุเจือปนอาหาร (ไม่ใส่วัตถุเจือปนอาหาร) ワットゥ チュアーボンアーハーン (マイサイワットゥ チュアーボンアーハーン)	(no) aditivos (ノ) アディティボス (m)
無 麥麩質 ウー マイフージー	กลูเตนฟรี グルーテンフリー	sin gluten シン グルテン
(非) 基因改造 (フェイ)ジーインガイザオ	ดัดแปลงพันธุกรรม (ไม่ดัดแปลงพันธุกรรม) ダップレーン パントゥガム (マイダップレーン パントゥガム)	(no) OGM (ノ) オーヘーエメ
有機 ヨウジー	ออร์แกนิค オーゲーニック	orgânico オルガニコ
素食 / 全素 スーシー / チュエンスー	มังสวิรัติ / วีแกน マンサウィラット / ウィーゲーン	vegetariano/vegano ベヘタリアノ / ベガノ

日本語 Japanese	英語 English	現地語
マカダミアナッツ makadamia nattsu	Macadamia nuts マカデイミア　ナッツ	※mac nuts（マックナッツ）ともいう
ハワイアン　シーソルト hawaian　sī soruto	Hawaiian sea salt ハワイアン　シー　ソゥト	-
パパイヤシードドレッシング papaiya sīdo doresshingu	papaya seed dressing パパィヤ　シード　ドレッシング	-
コチュジャン kochujan	Gochujang (red chili paste) ゴチュジャン（レッド　チリ　ペィスト）	고추장 コチュジャン
粉唐辛子 kona tōgarashi	hot pepper powder ホット　ペパァ　パウダー	고춧가루 コチュッカル
柚子茶 yuzu cha	Korean citron tea コリアン　シトロン　ティー	유자차 ユジャチャ
鐵蛋（ティエダン） tie dan	iron egg アイロン　エッグ	鐵蛋 ティエダン
からすみ karasumi	dried mullet roe ドライド　ムレット　ロゥ	烏魚子 ウーユイーズ
五味醤 ū mi jan	Taiwanese five-flavor sauce タイワニーズ　ファイヴ　フレイヴァー　ソース	五味醬 ウーウェイジャン
ナンプラー nan pura	nam pla (fish sauce) ナム　プラー　（フィッシュ　ソース）	น้ำปลา ナムプラー
スイートチリソース suīto　chiri sōsu	sweet chili sauce スィート　チリ　ソース	น้ำจิ้มไก่ ナムチムガイ
グリーンカレーペースト gurīn　karē　pēsuto	green curry paste グリーン　カリィ　ペイスト	เครื่องแกงเขียวหวาน クルアンケーンキアウワーン
イベリコ豚のパテ iberiko buta no pate	spreadable paste made from Ibérico pork スプレッダブゥ　ペイスト　メイド　フロム　イベリコ　ポーク	paté de jamón Ibérico パテ　デ　ハモン　イベリコ
ムール貝の缶詰 mūru gai no kanzume	canned mussels キャンド　ムセゥズ	conserva　de mejillones コンセルバ　デ　メヒジョネス
アイオリソース aiori　sōsu	Aioli sauce アイオリ　ソース	salsa alioli サルサ　アリオリ

レストラン

日本語 *Japanese*	英語 *English*	韓国語 한국어
レストランを探す resutoran o sagasu	**Finding restaurant** ファインディング　レストラン	**레스토랑 찾기** レストラン チャッキ
ここ の 名物　料理 が Koko no meibutsu ryōri ga 食べたいの ですが tabetai　no desu ga	I'd　like　to　have some アイド　ライク　トゥ　ハヴ　サム local　specialty. ロウカゥ　スペシャゥティ	이곳의 명물요리를 먹고 イゴセ ミョンムルリョリルル モッコ 싶은데요. シプンデヨ
おすすめのレストランを Osusume no resutoran　o 教えてください oshiete kudasai	Could you recommend クジュ　レコメンド a nice　restaurant? ア　ナイス　レストラン	좋은 레스토랑을 추천해 주세요. チョウン レストラウル チュチョネ ジュセヨ
あまり高価 で ない Amari　kōka de nai ところが いいです tokoro ga īdesu	I　want a restaurant with アイ　ウォンタ　レストラン　ウィズ reasonable prices. リーズナブゥ　プライスィズ	너무 비싸지 않은 곳이 좋아요. ノム ピサジ アヌン ゴシ チョアヨ
レストランが 多いの は Restoran　ga ōi　no wa どの エリアですか？ dono eria　desu ka	Where is the main area ホェア　イザ　メイン　エーリア for　restaurants? フォー　レストランツ	레스토랑이 많은 곳은 어디예요? レストランイ マヌン ゴスン オディエヨ
子連れ で 行けるレストランを Kozure de ikeru　resutoran　o 教えてください oshiete kudasai	Is there any restaurant where イズ　ゼア　エニ　レストラン　ホェア I　can go with　my　children? アイ キャン ゴー ウィズ　マイ　チルドレン	아이를 데리고 갈 수 アイルル テリゴ カル ス 있는 레스토랑을 가르쳐 주세요. インヌン レストラウル カルチョ ジュセヨ
営業　時間 を教えてください Eigyō jikan o　oshiete kudasai	What　are the ホァット　アーザ business hours? ビズネス　アワーズ	영업시간을 가르쳐 주세요. ヨンオプシガヌル カルチョ ジュセヨ
ディナーは　何時 から Dinā　wa nanji kara 営業 しますか？ eigyō shimasu ka	What time does ホァッタイム　ダズ the dinner start? ザ　ディナー　スタート	저녁은 몇 시부터 해요? チョニョグン ミョッ シブト ヘヨ

中国語 中文	タイ語 ไทย	スペイン語 Español
找餐廳 ザオツァンティン	**หาร้านอาหาร** ハーラーンアーハーン	**Buscar restaurantes** ブスカル　レスタウランテス
想 吃 這裡 的 シャン チー ジャーリー ダ 有名 料理 ヨウミン リャオリー	อยากทานอาหารขึ้นชื่อนี้ ヤークターンアーハーン　クンシューニー	Quiero comer el キエロ　コメール　エル típico plato de aquí. ティピコ　プラト　デ　アキ
請 告訴 我 チン ガオスー ウォー 推薦 的 餐廳 ツイジエン ダ ツァンティン	ช่วยบอกร้านอาหารแนะนำหน่อย シュアイボーク　ラーンアーハーン　ネナムノイ	Recomiendeme un レコミエンデメ　ウン restaurante por favor. レスタウランテ　ポル　ファボル
在 找 價格 ザイ ザオ ジャーガー 不會 太高 的 餐廳 ブーフイ タイガオ ダ ツァンティン	ขอร้านที่ไม่แพงเกินไปดีกว่า コーラーンティーマイペーン　グーンパイ ディーグワー	Uno que no sea muy caro. ウノ　ケ　ノ　セア　ムイ　カロ
哪個 區域 的 餐廳 ナーガ チューユー ダ ツァンティン 比較 多? ビージャオ ドゥオ?	ย่านไหนมีร้านอาหารเยอะ ヤーンナイ　ミーラーンアーハーン　ユ	¿ Dónde hay una zona con ドンデ　アイ　ウナ　ソナ　コン muchos restaurantes ? ムチョス　レスタウランテス
請 告訴 我 可以 帶 チン ガオスー ウォー クーイー ダイ 小孩 去 的 餐廳 シャオハイ チュウ ダ ツァンティン	ช่วยบอกร้านอาหารที่พาเด็กไปได้หน่อย シュアイボーク　ラーンアーハーン　ティー パーデックパイダイ　ノイ	Dígame un restaurante que ディガメ　エル　レスタウランテ　ケ pueda ir con niños por favor. プエダ　イル　コン　ニニョス　ポル　ファボル
請 告訴 我 營業時間 チン ガオスー ウォー インイエシージエン	ขอทราบเวลาทำการด้วย コーサーブボークウェーラー　タムガーン ドゥアイ	Dígame el horario por favor. ディガメ　エル　オラリオ　ポル　ファボル
晚餐 幾點 ワンツァン ジーディエン 開始 營業 カイシー インイエ	อาหารเย็นเปิดกี่โมง アーハーンイェン　プーッ　ギーモーン	¿ A qué hora abre ア　ケ　オラ　アブレ para la cena? パラ　ラ　セナ

コンシェルジェのいるホテルなら、レストラン探しから予約代行までを手伝ってくれる。

日本語 *Japanese*	英語 *English*	韓国語 한국어
レストランの予約 resutoran no yoyaku	**Reserve a table** リザーヴ　ア　テイブゥ	**레스토랑 예약하기** テストラン イェヤッカギ
予約　を入れてもらえますか？ Yoyaku o irete　morae masu ka	May I make a reservation? メアイ　メイクァ　リザヴェイション	예약을 해 주시겠어요? イェヤグル ヘ ジュシゲッソヨ
今晩7時に、4名でお願いします Konban shichiji ni yonmei de onegai shimasu	Four people at seven フォー　ピープル　アット　セヴン tonight, please. トゥナイト　プリーズ	오늘 밤 7시에 オヌル パム イルゴプシエ 4명으로 부탁합니다. ネミョンウロ プタッカムニダ
大人　2名、子供　2名　です Otona nimei, kodomo nimei desu	Two adults and トゥー　アダゥツ　アンド two children, please. トゥー　チルドレン　プリーズ	어른 2명, 아이 2명입니다. オルン トゥミョン アイ トゥミョンイムニダ
何時 なら 席　がとれますか？ Nanji nara seki ga toremasu ka	What time can we ホァッタイム　キャン　ウィー reserve a table? リザーヴァ　テイブゥ	몇 시부터라면 자리가 있어요? ミョッ シブトラミョン チャリガ イッソヨ
遅い時間でも　構い　ません Osoi jikan demo kamai masen	We don't mind ウィー　ドン　マインド　イフ if it's late. イッツ　レイト	늦은 시간이라도 괜찮습니다. ヌジュン シガニラド クェンチャンスムニダ
ラストオーダーは 何時 ですか？ Rasuto ōdā　wa nanji desu ka	When does the kitchen close? ホェン　ダズ　ザ　キッチン　クロウズ	마지막 주문 시간은 몇 시예요? マジマク チュムン シガヌン ミョッ シエヨ
ドレスコードは ありますか？ Doresukōdo　wa arimasu ka	Do you have a dress code? ドゥ ユー　ハヴァ　ドレス　コウド	드레스 코드가 있습니까? トゥレス コドゥガ イッスムニカ

中国語 中文	タイ語 ไทย	スペイン語 Español
預約餐廳 ユーユエツァンティン	**จองร้านอาหาร** チョーンラーンアーハーン	**Reservar restaurante** レセルバル　レスタウランテ
可以　預約　嗎? クーイー　ユーユエ　マ?	ช่วยจองให้หน่อยได้ไหม シュアイチョーン　ハイノイ　ダイマイ	¿ Podría　reservar ? ポドリア　レセルバル
今晚　7點，4位 ジンウン　チーディエン、スーウェイ	เย็นนี้หนึ่งทุ่ม 4 ที่ イェンニー　ヌントゥム　シーティー	Esta　noche a　las エスタ　ノチェ　ア　ラス 7 para cuatro personas. シエテ　クアトロ　ペルソナス
兩　大　兩　小 リャン　ダー　リャン　シャオ	ผู้ใหญ่สองที่เด็กสองที่ プーヤイソーンティー　デックソーンティー	Dos　adultos　y　dos　niños. ドス　アドゥルトス　イ　ドス　ニニョス
幾點　會　有　位子? ジーディエン　フイ　ヨウ　ウェイズ?	ที่นั่งจะได้ตอนกี่โมง ティーナン　チャダイ　トーンギイーモーン	¿A　qué hora está　disponible? ア　ケ　オラ　エスタ　ディスポニブレ
時間　晚　一點　也　沒關係 シージエン　ウン　イーディエン　イエ メイグァンシー	เวลาช้าหน่อยก็ไม่เป็นไร ウェーラーシャーノイ　ゴーマイペンライ	No me importa　que sea　tarde. ノ　メ　インポルタ　ケ　セア　タルデ
最後　點餐　是　幾點? ズイホウ　ディエン　ツァン　シー ジーディエン?	ลาสต์ออร์เดอร์กี่โมง ラースオードゥー　ギーモーン	¿ A　qué hora cierra la　cocina? ア　ケ　オラ　シエラ　ラ　コシーナ
有沒有　服裝　規定? ヨウメイヨウ　フージュアン　グイディン?	มีระเบียบการแต่งกายไหม ミーラビアプ　ガーンテンガーイ　ルーマイ	¿ Hay　código　de　vestimenta? アイ　コディゴ　デ　ベスティメンタ

❗国によって食事のピークタイムはバラバラ。スペインでは 21 時以降のディナーが一般的だ。

日本語 *Japanese*	英語 *English*	韓国語 한국어
入口にて(予約あり) iriguchi nite (yoyaku ari)	**At the entrance (reserved)** アット ジ **エ**ントランス (リ**ザー**ヴド)	**입구에서 (예약을 한 경우)** イㇷ゚**ク**エソ (イェヤグㇽ ハン キョンウ)
こんばんは。 Konbanwa 予約 した 田中 です Yoyaku shita Tanaka desu	Good evening. I have a グッド **イー**ヴニング アイ ハヴァ reservation for Tanaka. リザ**ヴェ**イション フォー タナカ	저기요, 예약한 다나카입니다. チョギヨ イェヤッカン タナカイㇺニダ
7時 に予約 をして おります Shichiji ni yoyaku o shite orimasu	I have a アイ ハヴァ reservation at seven. リザ**ヴェ**イション アット **セ**ヴン	7시에 예약했는데요. イㇽゴㇷ゚**シ**エ イェヤッケンヌンデヨ
テーブル席をお願いしています Tēburu seki o onegai shite imasu	I requested a table. アイ リク**エ**ステッ ダ **テ**イブゥ	테이블석으로 부탁합니다. テイブㇽソグロ プタッカㇺニダ
窓際 の 席 を予約 しました Madogiwa no seki o yoyaku shimashita	I reserved a アイ リ**ザー**ヴ ダ table by the window. **テ**イブゥ バイ ザ **ウィ**ンドウ	창가쪽 자리를 チャン**カチ**ョㇰ チャリルㇽ 예약했습니다. イェヤッケッスㇺニダ
あちらの 席 に Achira no seki ni 変えてもらえますか? kaete morae masu ka	May I change to that seat メアイ **チェ**インジ トゥ **ザ**ッ **シー**ト over there? **オ**ウヴァ **ゼ**ア	저쪽 자리로 바꿔 주시겠어요? チョチョㇰ チャリロ パ**ク**ォ ジュシゲッソヨ
あとから1名 遅れて 来ます Ato kara ichimei okurete kimasu	We have one more ウィー ハヴ **ワ**ン **モ**ア person coming later. パーソン **カ**ミング **レ**イター	나중에 1명 더 옵니다. ナジュンエ ハンミョン ドー オㇺニダ
予約 した 席 と Yoyaku shita seki to 違う の ですが chigau no desu ga	This is not the seat ディス イズ **ノ**ット ザ **シー**ト I requested. アイ リク**エ**ステッド	예약한 자리하고 다른데요. イェヤッカン チャリハゴ タルンデヨ

中国語 中文	タイ語 ไทย	スペイン語 Español
在 入口（已預約） ザイ ルーコウ(イーユーユエ)	**ตรงทางเข้า (มีการจองไว้)** トロンターンカオ（ミーガーンチョーンウイ）	**En la entrada (con reserva)** エン ラ エントラダ （コン レセルバ）
晩安，我 是 ワンアン、ウォー シー 有 預約 的 田中 ヨウ ユーユエ ダ ティエンゾン	สวัสดี ที่จองไว้ชื่อทานากะ サワッディー ティーチョーンウイ シュー タナカ	Buenas noches. Tengo una ブエナス ノチェス テンゴ ウナ reserva a nombre de Tanaka. レセルバ ア ノンブレ デ タナカ
有 預約 7點 ヨウ ユーユエ チーディエン	จองไว้ตอนหนึ่งทุ่ม チョーンウイトーンヌントゥム	Tengo la reserva a las siete. テンゴ ラ レセルバ ア ラス シエテ
事前 要求 シーチエン ヤオチョウ 安排 餐桌座位 アンパイ ツァンズオズオウエイ	ขอที่นั่งเป็นโต๊ะเอาไว้ コーティーナン ペントー アオウイ	He pedido una mesa. エ ペディド ウナ メサ
預約 靠窗 的 座位 ユーユエ カオチュアン ダ ズオウエイ	จองที่นั่งริมหน้าต่างไว้ チョーンティーナン リムナーターンウイ	He reservado una mesa al lado エ レセルバド ウナ メサ アル ラド de la ventana. デ ラ ベンタナ
可以 換 到 クーイー ファン ダオ 那邊 的 座位 嗎? ナービエン ダ ズオウエイ マ?	ขอย้ายไปโต๊ะนั้นได้ไหม コーヤーイパイトナン ダイマイ	¿ Podría cambiarnos a ポドリア カンビアルノス ア aquella mesa? アケジャ メサ
有 一位 會 晩 到 ヨウ イーウエイ フイ ワンダオ	อีกหนึ่งท่านจะมาช้าหน่อย イークヌンターン チャマー シャーノイ	Va a venir otra persona バ ア ベニール オトラ ペルソナ más tarde. マス タルデ
跟 預約 的 座位 ガン ユーユエ ダ ズオウエイ 不一様 ブーイーヤン	ไม่ใช่ที่นั่งที่จองไว้ マイシャイティーナン ティーチョーンウイ	No es la mesa que había ノ エス ラ メサ ケ アビア reservado. レセルバド

電話に自信のない人は予約サイトを活用しよう。メールが手元に残るので確認に便利。

日本語 *Japanese*	英語 *English*	韓国語 한국어
入口にて（予約なし） iriguchi nite (yoyaku nashi)	**At the entrance (without reservation)** アット ジ エントランス（ウィズアウト リザヴェイション）	**입구에서 (예약을 안 한 경우)** イブクエソ（イェヤグル ア ナン キョンウ）
こんばんは。4名 ですが、 Konbanwa. Yonmei desu ga 席 は ありますか？ seki wa ari masu ka	Good evening. Do you グッド イーヴニング ドゥユー have a table for four? ハヴァ テイブゥ フォ フォー	저기요, 4명인데 チョギヨ ネミョンインデ 자리 있습니까? チャリ イッスムニカ
カウンター席 でも いいです Kauntā seki demo īdesu	Counter seat is fine. カウンター シーティズ ファイン	카운터 자리라도 괜찮습니다. カウント チャリラド クェンチャンスムニダ
どのくらい 待ち ますか？ Dono kurai machi masu ka	How long do ハウ ロング ドゥ we have to wait? ウィー ハフ トゥ ウェイト	얼마 정도 기다리면 돼요? オルマ ジョンド キダリミョン トェヨ
店の 外で Mise no soto de 待って いて いいですか？ matte itemo īdesu ka	Can we wait outside? キャン ウィー ウェイト アウトサイド	가게 밖에서 기다려도 돼요? カゲ パケソ キダリョド トェヨ
全員で 一緒の 席に Zen-in de issho no seki ni してください shite kudasai	We'd like to sit together. ウィード ライク トゥ シッ トゥゲザー	전원 같은 자리로 해 주세요. チョヌォン カトゥン ジャリロ ヘ ジュセヨ
何時 なら Nanji nara 席 が あきそう ですか？ seki ga aki sō desu ka	What time is available? ホアッタイム イズ アヴェイラブゥ	몇 시면 자리가 ミョッ シミョン チャリガ 날 것 같습니까? ナル コッ カッスムニカ
では、そのころに また Dewa sono koro ni mata 戻って 来ます modotte kimasu	We'll be back later, then. ウィール ビー バック レイター ゼン	그럼 그때쯤에 다시 오겠습니다. クロム クテチュメ タシ オゲッスムニダ

中国語 中文	タイ語 ไทย	スペイン語 Español
在 入口（無預約） ザイ ルーコウ（ウーユーユエ）	**ตรงทางเข้า (ไม่มีการจอง)** トロンターンカオ マイミーガーンチョーン	**En la entrada (sin reserva)** エン ラ エントラダ（シン レセルバ）
晩安，四位，有 位子 嗎? ワンアン、スーウェイ、ヨウ ウェイズ マ?	สวัสดี มีที่นั่งว่างสำหรับ 4 คนไหม サワッディー ミーティーナンワーン サムラップシーコンマイ	Buenas noches. ブエナス ノチェス ¿ Hay alguna mesa para cuatro ? アイ アルグナ メサ パラ クアトロ
吧台 位子 也 沒關係 バータイ ウェイズ イエ メイグァンシー	ที่นั่งตรงเค้าน์เตอร์ก็ได้ ティーナントロンカウントー ゴーダイ	No nos importa que ノ ノス インポルタ ケ sea en la barra. セア エン ラ バラ
要等多久? ヤオ ダン ドゥオジョウ?	ต้องรอนานแค่ไหน トンローナーンケーナイ	¿ Cuánto hay que esperar? クアント アイ ケ エスペラル
可以 在 店外 クーイー ザイ ディエンウァイ 等 嗎? ダン マ?	รอข้างนอกร้านได้ไหม ローカーンノークラーン ダイマイ	¿ Podemos esperar ポデモス エスペラル fuera del restaurante? フエラ デル レスタウランテ
不 想 分開 坐 ブー シャン フェンカイ ズオ	ช่วยจัดโต๊ะที่ทุกคนนั่งด้วยกันได้ シュアイチャット ティートゥッコン ナンドゥアイガンダイ	Una mesa que podamos ウナ メサ ケ ポダモス sentarnos juntos. センタルノス フントス
幾點 可能 ジーディエン クーナン 會 有 位子? フイ ヨウ ウェイズ?	โต๊ะจะว่างประมาณกี่โมง ト チャワーン プラマーン ギーモーン	¿ Sobre qué hora ソブレ ケ オラ tendrá mesa libre? テンドラ ラ メサ リブレ
那時候 再 回來 ナシーホウ ザイ フイライ	ฉันจะกลับมาใหม่ในเวลานั้น シャンチャグラッブマーマイ ナイウェーラーナン	Vale. Volverémos sobre esa hora. バレ ボルベレモス ソブレ エサ オラ

予約をとらない超人気店は１～２時間待ちは当たり前。開店直後を狙うのがおすすめ。

日本語 Japanese	英語 English	韓国語 한국어
オーダー Ōdā	**Order** オーダー	**주문** チュムン
メニュー を 見せてください Menyū o misete kudasai	May I have a menu, please? メアイ ハヴァ メニュー プリーズ	메뉴를 보여 주세요. メニュルル ポヨ ジュセヨ
日本語（英語）の Nihongo (Eigo) no メニュー は ありますか？ menyū wa ari masu ka	Do you have a menu ドゥ ユー ハヴァ メニュー in Japanese (English)? イン ジャパニーズ（イングリッシュ）	일본어 (영어) 메뉴는 있습니까? イルボノ (ヨンオ) メニュヌン イッスムニカ
注文 を お願い します Chūmon o onegai shimasu	May I order? メアイ オーダー	주문을 부탁합니다. チュムヌル プタッカムニダ
今日 の おすすめ 料理 は Kyō no osusume ryōri wa なんですか？ nan desu ka	What do you ホアッ ドゥ ユー recommend today? リコメンド トゥデイ	오늘의 추천요리는 뭐예요? オヌレ チュチョンニョリヌン ムォエヨ
どれが 人気 ですか？ Dore ga ninki desu ka	Which one is popular? フィッチ ワン イズ ポピュラー	어느 게 인기가 있어요? オヌ ゲ インキガ イッソヨ
【メニューを指して】 これ を ください Kore o kudasai	I'll have this. アイゥ ハヴ ディス	이걸 주세요. イゴル チュセヨ
以上 です Ijō desu	That's all, thank you. ザッツ オール サンキュー	이상입니다. イサンイムニダ

レストラン オーダー

→P244-253…各地のメニュー

中国語 中文	タイ語 ไทย	スペイン語 Español
點餐 ティエンツァン	**สั่งอาหาร** サンアーハーン	**Pedido** ペディード
給 我 看 菜單 ゲイ ウォー カン ツァイダン	ขอดูเมนูหน่อย コードゥーメーヌーノイ	Trāigame la carta por favor. トライガメ ラ カルタ ポル ファボル
有 日文 (英文) ヨウ リーウェン (インウェン) 菜單 嗎? ツァイダン マ?	มีเมนูภาษาญี่ปุ่น ภาษาอังกฤษไหม ミーメーヌーパーサーイープン (パーサーアングリッ) マイ	¿ Tiene la carta ティエネ ラ カルタ en japonés (inglés)? エン ハポネス (イングレス)
要 點餐 ヤオ ディエンツァン	ขอสั่งอาหารด้วย コーサンアーハーンドゥアイ	Vamos a pedir. バモス ア ペディール
今天 推薦 料理 ジンティエン トゥイジェン リャオリー 是 什麼 シー センマ	วันนี้อาหารแนะนำมีอะไรบ้าง ワンニーアーハーンネナム ミーアライバーン	¿ Cuál es la sugerencia クアレス ラ スへレンシア del chef de hoy? デル チェフ デ オイ
哪道菜 受 歡迎? ナーダオツァイ ソウ フアンイン?	อันไหนเป็นที่นิยมที่สุด アンナイ ペンティーニヨム ティスット	¿ Qué plato sale más? ケ プラト サレ マス
就 這個 ジョウ ジェガ	ขออันนี้ コーアンニー	Deme esto por favor. デメ エスト ポル ファボル
先 這樣 シェン ジャーヤン	แค่นี้ ケーニー	Eso es todo. エソ エス トド

レストラン オーダー

ハワイやグアムの料理はどれもボリューム満点。注文のし過ぎに注意!

日本語 *Japanese*	英語 *English*	韓国語 한국어
店内で ten nai de	**In the restaurant** イン　ザ　**レ**ストラン	**가게 안에서** カゲ アネソ
コート　を　預かって Kōto　o　azukatte もらえますか？ morae masu ka	Could you keep my coat? クジュ　**キ**ープ　マイ　**コ**ウト	코트를 맡아 주시겠어요? コトゥルル マタ ジュシゲッソヨ
この　店の　名物料理　は Kono　mise no　meibutsu　ryōri wa なんですか？ nan desu ka	What's your specialty? ホワッツ　ヨア　スペ**シャ**ゥティ	이 집의 명물요리는 뭐예요? イー チベ ミョンムルリョリヌン ムォエヨ
量　は　どれくらい　ですか？ Ryō　wa　dore kurai　desu ka	How big is a portion? ハウ　**ビ**ッグ　イズァ　**ポ**ウション	양은 어느 정도예요? ヤンウン オヌ ジョンドエヨ
辛くない　料理　を Karaku nai　ryōri　o 教えて　ください oshiete　kudasai	Which one is not spicy? フィッチ　ワン　イズ　**ノ**ット　ス**パ**イシー	맵지 않은 요리는 뭐가 있어요? ペプ**チ** アヌン ヨリヌン ムォガ イッソヨ
すぐに　出てくる　料理 Sugu ni　detekuru　ryōri は　どれですか？ wa　dore desu ka	Do you have ドゥ　ユー　ハヴ anything ready quickly? **エ**ニシング　レディ　ク**イ**ックリー	바로 나오는 요리는 뭐예요? パロ ナオヌン ヨリヌン ムォエオ
これは　私が　注文 Kore wa　watashi ga　chūmon したものではありません shita mono de wa arimasen	This isn't what I ordered. ディス　イズン　ホワッタイ　**オ**ーダード	이건 제가 주문한 게 아닌데요. イゴン チェガ チュムナン ゲ アニンデヨ
料理が　まだ　きません Ryōri ga　mada　kimasen	My order hasn't come yet. マイ　**オ**ーダー　ハズン　**カ**ム　イエット	음식이 아직 안 나와요. ウムシギ アジク アン ナワヨ

レストラン 店内で

→P254-255…レストラン単語

中国語 中文	タイ語 ไทย	スペイン語 Español
在 店内 ザイ ディエンネイ	**ในร้าน** ナイラーン	**En el restaurante** エン エル レスタウランテ
可以 寄放 外套 嗎? クーイー ジーファン ウァイタオ マ?	ฝากเสื้อโค้ทได้ไหม ファークスアーコート ダイマイ	¿ Puede guardar el abrigo? プエデ グアルダール エル アブリゴ
店裡 的 有名 料理 ディエンリー ダ ヨウミン リャオリー 是 什麼? シー センマ?	เมนูพิเศษของร้านนี้คืออะไร メーヌーピセーッ コーンラーンニー クーアライ	¿ Las especialidades ラス エスペシアリダデス de la casa cuáles son? デ ラ カサ クアレス ソン
分量 大概 多少? フェンリャン ダーガイ ドゥオサオ?	ปริมาณแค่ไหน ポリマーン ケーナイ	¿ Cómo es la cantidad ? コモ エス ラ カンティダ
不辣 的 料理 有 什麼? ブーラー ダ リャオリー ヨウ センマ?	ช่วยบอกอาหารที่ไม่เผ็ดหน่อย シュアイボーク アーハーンティーマイペッノイ	Digame los platos ディガメ ロス プラトス que no piquen por favor. ケ ノ ピケン ポル ファボル
出菜 速度 快 的 ツューツァイ スードゥー クアイ ダ 料理 是 哪個? リャオリー シー ナーガ?	จานไหนออกมาเร็ว チャーンナイ オークマーレウ	¿ Qué platos son ケ プラトス ソン los más rápidos? ロス マス ラピドス
這 不是 ジャー ブーシー 我 點 的 菜 ウォー ディエン ダ ツァイ	อันนี้ไม่ใช่ที่ฉันสั่ง アンニー マイシャイ ティーシャンサン	Este plato no es エステ プラト ノ エス el que había pedido. エル ケ アビア ペディード
菜 還沒 來 ツァイ ハイメイ ライ	อาหารยังไม่มา アーハーンヤンマイマー	Aún no me trae la comida. アウン ノ メ トラエ ラ コミーダ

ハワイにはソフトドリンク飲み放題の店が多い。1杯目がきたら"Refill free（リフィル フリー）?"と尋ねよう。

日本語 Japanese	英語 English	韓国語 한국어
支払い shiharai	**Payment** ペイメント	**계산** ケサン
お会計 を お願いします O kaikei o onegai shimasu	Check, please. チェック プリーズ	계산을 부탁합니다. ケサヌル プタッカムニダ
サービス料 は Sābisu ryō wa 含まれて いますか？ fukumarete imasu ka	Is service イズ サーヴィス charge included? チャージ インクルーディド	서비스 요금은 포함되어 있습니까? ソビス ヨグムン ポハムドェオ イッスムニカ
この クレジットカード Kono kurejitto kādo は 使えますか？ wa tsukae masu ka	May I use メアイ ユーズ this credit card? ディス クレディット カード	이 신용카드는 イー シニョンカドゥヌン 쓸 수 있습니까? スル ス イッスムニカ
この 料理 は 頼んで いません Kono ryōri wa tanonde imasen	I didn't order this. アイ ディドゥン オーダー ディス	이 요리는 안 시켰는데요. イーヨリヌン アン シキョンヌンデヨ
これ は キャンセル しました Kore wa kyanseru shimashita	I cancelled this. アイ キャンセゥド ディス	이건 캔슬했는데요. イゴン ケンスレンヌンデヨ
間違って います Machigatte imasu	I think there is a mistake. アイ シンク ゼア イズァ ミステイク	계산이 틀린데요. ケサニ トゥルリンデヨ
領収書 を ください Ryōshūsho o kudasai	May I have a receipt, メアイ ハヴァ リシート please? プリーズ	영수증을 주세요. ヨンスジュンウル チュセヨ

中国語 中文	タイ語 ไทย	スペイン語 Español
結帳 ジエザン	**ชำระเงิน** シャムラグン	**La cuenta** ラ クエンタ
要 買單 ヤオ マイダン	คิดเงินด้วย キッグンドゥアイ	La cuenta por favor. ラ クエンタ ポル ファボル
有 含 服務費 嗎? ヨウ ハン フーウーフェイ マ?	รวมเซอร์วิสชาร์ตหรือยัง ルアムスーウィッシャーッ ルーヤン	¿ Está incluido el servicio? エスタ インクルイド エル セルビシオ
可以 刷 クーイー シュアー 這張 信用卡 嗎? ジェイザン シンヨンカー マ?	เครดิตการ์ดนี้ใช้ได้ไหม クレーディッガーッ ニー シャイダイマイ	¿ Se puede usar セ プエデ ウサール esta tarjeta de crédito? エスタ タルヘタ デ クレディト
沒有 點 這道菜 メイヨウ ディエン ジャーダオツァイ	ฉันไม่ได้สั่งอาหารนี้ シャンマイダイサン アーハーンニー	No he pedido este plato. ノ エ ペディード エステ プラト
這道菜 取消 了 ジャーダオツァイ チューシャオ ラ	อันนี้ยกเลิกไปแล้ว アンニー ヨックルーク パイレウ	Había anulado eso. アビア アヌラード エソ
好像 弄錯 了 ハオシャン ノンツオ ラ	ผิด ピッ	Está mal. エスタ マル
請 給 我 收據 チン ゲイ ウォー ソウジュー	ขอใบเสร็จด้วย コーバイセッドゥアイ	Deme un recibo por favor. デメ ウン レシーボ ポル ファボル

サービス料が代金に加算されている場合、チップを支払う必要はない。二重に支払わないよう要注意。

日本語 *Japanese*	英語 *English*	韓国語 한국어
カフェ kafe	**Cafe** カフェ	**카페** カペ
こんにちは。2名　座れますか？ Kon nichiwa　ni mei　suware masu ka	Hello.　Do　you　have a ハロゥ　ドゥ　ユー　ハヴァ table　for　two? **テイ**ブゥ　フォー　**トゥー**	저기요, 2명 자리 있습니까? チョギヨ トゥミョン チャリ イッ**ス**ムニ**カ**
テラス席　を お願いします Terasu seki　o　onegai shimasu	We'd　like　to ウィード　ライク　トゥ sit　outside. シット　アウト**サイ**ド	테라스석으로 해 주세요. テラスソグロ ヘ ジュセヨ
ここに　座って　いいですか？ Koko ni　suwatte　īdesu ka	Can we　sit　here? キャウィー　シット　**ヒ**ア	여기에 앉아도 돼요? ヨギエ アンジャド トェヨ
注文　を お願いします Chūmon　o　onegai shimasu	May I　order? メアイ　**オー**ダー	주문 부탁합니다. チュムン プタッカムニダ
今日　の　おすすめ を Kyō　no　osusume　o 教えて　ください oshiete　kudasai	What　do　you ホァッ　ドゥ　ユー recommend　today? リコ**メ**ンド　トゥデイ	오늘의 추천 메뉴는 뭐예요? オヌレ チュチョン メニュヌン ムォエヨ
甘すぎない　デザート　は Amasugi nai　dezāto　wa どれですか？ dore desu ka	Which　dessert フィッチ　デ**ザー**ト is　not　too　sweet? イズ　ノット　**トゥー** ス**イー**ト	너무 달지 않은 ノム タルジ アヌン 디저트는 어느 거예요? ティジョトゥヌン オヌ ゴエヨ
コーヒー　を　テイクアウト Kohī　o　teiku auto に　したいのですが ni　shitai no desu ga	May I　have a coffee to　go? メアイ　ハヴァ　**コ**フィー　トゥ　**ゴー**	커피를 테이크아웃하고 싶은데요. コピルル テイクアウッタゴ シプンデヨ

中国語 中文	タイ語 ไทย	スペイン語 Español
咖啡廳 カーフェイティン	**คาเฟ่** カフェー	**Cafetería** カフェテリア
午安 ウーアン 兩位 有 位子 嗎? リャンウェイ ヨウ ウェイズ マ?	สวัสดี มาสองคนมีที่นั่งไหม サワッディー マーソーンコン ミーティーナンマイ	Hola. オラ ¿ Podemos sentarnos dos ? ポデモス センタールノス ドス
請 安排 戶外座位 チン アンパイ フーウァイズオウェイ	ขอที่นั่งด้านนอก コーティーナンダーンノーク	Queremos la terraza. ケレモス ラ テラサ
可以 坐 這裡 嗎? クーイー ズオ ジャーリー マ?	นั่งตรงนี้ได้ไหม ナントロンニーダイマイ	¿ Puedo sentarme aquí? プエド センタールメ アキ
要 點餐 ヤオ ディエン ツァン	ขอสั่งอาหารด้วย コーサンアーハーンドゥアイ	¿ Puedo pedir? プエド ペディール
今天 推薦 是 什麼? ジンティエン トゥイジエン シー センマ?	ช่วยบอกเมนูแนะนำของวันนี้ด้วย シュアイボークメーヌーネナム コーンワンニードゥアイ	Digame la sugerencia ディガメ ラ スヘレンシア de hoy por favor. デ オイ ポル ファボル
不會 太甜 的 點心 ブー フイ タイティエン ダ ディエンシン 是 哪個? シー ナーガ?	ของหวานอันไหนที่ไม่หวานมาก コーンワーンアンナイティー マイワーンマーク	¿ Hay un postre que アイ ウン ポストレ ケ no sea muy dulce? ノ セア ムイ ドゥルセ
我 想 外帶 咖啡 ウォー シャン ウァイダイ カーフェイ	เอากาแฟกลับบ้านได้ไหม アオガフェーグラッバーン ダイマイ	Prepareme un café プレパレメ エル カフェ para llevar por favor. パラ ジェバール ポル ファボル

ソウルは映えカフェの宝庫。夜の買い物後に立ち寄れる、深夜 OK の店舗も!

ファストフード fasuto fūdo	Fastfood ファストフード	패스트푸드 ペストゥプドゥ
ここで　食べます Koko de　tabe masu	I'll　eat　here. アイゥ　イート　**ヒ**ア	여기서 먹습니다. ヨギソ モク**ス**ムニダ
持って　帰ります Motte　kaeri masu	To　go,　please. トゥ　**ゴー**　プ**リー**ズ	테이크아웃으로 부탁합니다. テイクアウスロ プタッカムニダ
ハンバーガー　と　フライドポテト Hanbāgā　to　furaido poteto を　ください o　kudasai	A　hamburger ア　**ハ**ンバーガー and　fries,　please. アンド　フ**ラ**イズ　プ**リー**ズ	햄버거하고 감자튀김을 주세요. ヘムボゴハゴ カムジャトゥィギムル チュセヨ
飲み物　は　セット　に Nomimono　wa　setto　ni できますか？ dekimasu ka	Does it　come with a　drink? ダズィット　**カ**ム　ウィズァ　ド**リ**ンク	음료수는 세트로 ウムニョスヌン セトゥロ 할 수 있습니까? ハル **ス** イッ**ス**ムニ**カ**
キッズメニュー　は Kizzu menyū　wa ありますか？ ari masu ka	Do　you　have a kids' meal? ドゥー　ユー　ハヴァ　**キッ**ズ　**ミ**ール	어린이 메뉴는 있습니까? オリニ メニュヌン イッ**ス**ムニ**カ**
ケチャップ（マヨネーズ） Kechappu　(mayonēzu) を　つけてください o　tsukete kudasai	Ketchup (mayonaise), **ケ**チャップ（**マ**ヨネーズ） please. プ**リー**ズ	케찹 (마요네즈) 도 같이 주세요. ケチャプ（マヨネジュ）ド カチ チュセヨ
フォーク　と　スプーン　を Fōku　to　supūn　o ください kudasai	May I　have a fork メアイ　ハヴァ　**フォ**ーク and a　spoon? アンドァ　ス**プー**ン	포크와 스푼을 주세요. ポクワ スプヌル チュセヨ

中国語 中文	タイ語 ไทย	スペイン語 Español
速食店 スーシーディエン	**ฟาสต์ฟู้ด** ファストフード	**Comida rápida** コミーダ ラピダ
內用 ネイヨン	ทานที่นี่ ターンティーニー	Me lo como aquí. メロ コモ アキ
外帶 ウァイダイ	นำกลับบ้าน ナムグラッバーン	Me lo llevo. メロ ジェボ
給 我 漢堡 和 薯條 ゲイ ウォー ハンバオ ハー スウティアオ	ขอแฮมเบอร์เกอร์และเฟรนช์ฟรายส์ コーヘンブーグー レ フレンチフライ	Deme una hamburguesa デメ ウナ アンブルゲサ y unas patatas fritas. イ ウナス パタタス フリタス
飲料 可以 インリャオ クーイー 搭 套餐 嗎? ダー タオツァン マ?	เครื่องดื่มนี้รวมเป็นเซตกับอาหารได้ไหม クルアンドゥームニールアムペンセッ カッブアーハーン ダイマイ	¿ Entra la bebida エントラ ラ ベビーダ en el menú? エン エル メヌ
有 兒童餐 嗎? ヨウ アートンツァン マ?	มีเมนูสำหรับเด็กไหม ミーメヌー サムラップデックマイ	¿ Hay un menú infantil? アイ ウン メヌ インファンティル
請 附 チン フー 蕃茄醬 (美乃滋) 給 我 ファンチエジャン (メイナイズ) ゲイ ウォー	ใส่ซอสมะเขือเทศ (มายองเนส) ให้ด้วย サイソースマクアーテーッ (マヨンネース) ハイドゥアイ	Deme kéchup (mayonesa), デメ ケチュップ (マジョネサ) por favor. ポル ファボル
請 給 我 チン ゲイ ウォー 叉子 和 湯匙 チャーズ ハー タンチー	ขอช้อนกับส้อมด้วย コーショーンガッブソム ドゥアイ	Deme un tenedor y デメ ウン テネドール イ una cuchara por favor. ウナ クチャラ ポル ファボル

セルフ式のファストフードはチップ不要。レジ横のビンなどに小銭を入れる程度でOK。

日本語 *Japanese* 　　英語 *English*

ハワイのメニュー Hawai no menyū	Menu in Hawaii メニュー　イン　ハワイ	関連単語
パンケーキ pankēki	pancake パーンケイク	ube（紫イモ） ウベ lilikoi（ハワイ語でパッションフルーツ） リリコイ
アサイーボウル asaī　bōru	açaí　bowl アサイー ボウル	granola（グラノーラ） グラノラ honey（はちみつ） ハニー
ハンバーガー hanbāgā	hamburger ハーンバーガー	avocado（アボカド） アヴォカドゥ bacon（ベーコン） ベイコン
スパム むすび supamu musubi	Spam musubi スパム　ムスゥビー	nori（のり）※ハワイでは日本語で通じる ノゥリ spam（ランチョンミート） スパム
ガーリックシュリンプ gārikku　shurinpu	garlic　shrimp ガーリック シュリンプ	shrimp（小エビ） シュリンプ plate　lunch（プレートランチ） プレイト ランチ
ロコ モコ roko　moko	loco　moco ロゥコ モゥコ	fried egg（目玉焼き） フライデッグ gravy　sauce（グレービーソース） グレイヴィー ソース
ポケ poke	poke ポゥキ	ahi（ハワイ語でマグロ） アヒ tako（タコ）※ハワイでは日本語で通じる タコ

日本語 *Japanese* 英語 *English*

ハワイのメニュー Hawai no menyū	Menu in Hawaii メニュー イン ハワイ	関連単語
ロミロミサーモン romiromi sāmon	lomi lomi salmon ロミ ロミ サモン	lomi（ハワイ語で揉む） ロミ salmon（サケ） サモン
カルアピッグ karua piggu	kalua pig カルア ピッグ	taro（タロイモ） タロ leaf（葉） リーフ
フリフリチキン furi furi chikin	huli-huli chicken フリ フリ チキン	grill（焼き色を付けて焼く） グリル turn（回る） ターン
サイミン saimin	saimin サイミン	noodle soup（汁麺） ヌードゥ スープ broth（だし汁） ブロス
マラサダ marasada	malasada マラサーダ	doughnut（ドーナッツ） ドウナッ custard（カスタード） カスタード
ハウピア haupia	haupia ハウピア	coconut milk（ココナッツミルク） コゥコナッツ ミゥク pudding（プリン） プディング
かき氷 kakigōri	shaved ice シェイヴド アイス	syrup（シロップ） スィロップ rainbow（虹） レインボゥ

日本語 Japanese 台湾のメニュー Taiwan no menyū	中国語 中文 台灣的食物 タイワン ダ シーウー	関連単語
滷肉飯 rūrōfan	滷肉飯 ルーロウファン	魯肉飯 ※こう表記している店も多い 八角 (八角) バージャオ
小籠包 shōronpō	小籠包 シャオロンバオ	絲瓜 (ヘチマ) スーグア 豬肉 (豚肉) ズーロウ
臭豆腐 shūdōfu	臭豆腐 チョウドウフー	泡菜 (台湾式のキムチ) パオツァイ 牙籤 (つまようじ) ヤーチエン
フライドチキン furaidochikin	雞排 ジーパイ	原味 (ノーマル) ユエンウェイ 辣味 (スパイシー味) ラーウェイ
タンツーメン tantūmen	擔仔麵 ダンザイミエン	肉醬 (肉そぼろ煮) ロウジャン 香菜 (コリアンダー /パクチー) シャンツァイ
牛肉麺 gyūnikumen	牛肉麵 ニョウロウミエン	紅燒 (台湾風のピリ辛味) ホンサオ 清燉 (さっぱり味) チンドゥン
蚵仔煎 oajien	蚵仔煎 オアジェン	蚵仔 (中国語ではなく台湾語で呼ぶのが一般的) オア

日本語 *Japanese* **台湾のメニュー** Taiwan no menyū	中国語 中文 **台灣的食物** タイワン ダ シーウー	関連単語
鍋 nabe	火鍋 フオグオ	麻辣 (激辛鍋) マーラー 鴛鴦鍋 (2色鍋) ユエンヤングオ
豆乳 tōnyū	豆漿 ドウジャン	鹹豆漿 (温かい豆乳に酢を入れたおぼろ豆腐のようなもの) シエンドウジャン 早餐店 (朝食屋さん) ザオツァンディエン
ぶっとびスープ buttobisūpu	佛跳牆 フォーティアオチャン	魚翅 (フカヒレ) ユーチ 金華火腿 (金華ハム) ジンフアフオトゥイ
台湾茶 taiwancha	台灣茶 タイワンチャー	凍頂烏龍茶 (凍頂産のウーロン茶) ドンディンウーロンチャー 東方美人茶 (オリエンタルビューティー) ドンファンメイレンチャー 金萱茶 (ほのかにミルクの香りがするウーロン茶) ジンシュエンチャ 包種茶 (軽やかな花香がふんわり香るお茶) バオゾンチャ
タピオカミルクティー tapiokamirukutī	珍珠奶茶 ゼンズーナイチャー	波霸 (大きなタピオカ、ボインの意味) ボーバー 珍珠鮮奶茶 (牛乳を使ったタピオカミルクティー) ゼンズーシエンナイチャ
マンゴーかき氷 mangōkakigōri	芒果冰 マングオビン	雪花冰 (雪のようにふわふわのカキ氷) シュエファビン 剉冰 (シャリシャリのカキ氷) トゥアビン
パイナップルケーキ painappurukēki	鳳梨酥 フォンリースー	旺來 (幸せを呼ぶという意味の台湾語。パイナップルの台湾語と発音が似ている。) ワンライ 土鳳梨 (スムースカイエン種のパイナップル) トゥフォンリー

日本語 *Japanese*　　韓国語 한국어

韓国のメニュー Kankoku no menyū	한국 메뉴 ハングク　メニュ	関連単語
サムギョプサル samugyopusaru	삼겹살 サムギョプ**サル**	깻잎（えごまの葉） **ケ**ンニプ 쌈무（サンム／大根の甘酢漬け） **サ**ムム
タッカルビ takkarubi	닭갈비 タク**カ**ルビ	볶음밥（焼き飯） ポ**ク**ム**パ**プ 맵다（辛い） メプ**タ**
チキン chikin	치킨 チキン	후라이드（フライド） フライドゥ 양념（ヤンニョム） ヤンニョム
サムゲタン samugetan	삼계탕 サムゲタン	스프（スープ） スプ 고려인삼（高麗人参） コリョインサム
ソルロンタン sorurontan	설렁탕 ソルロンタン	깍두기（カクテキ） **カ**ク**ト**ゥギ 소금（塩） ソグム
プデチゲ pudechige	부대찌개 プデチゲ	소세지（ソーセージ） ソセジ 우동면（うどん麺） ウドンミョン
トッポギ toppogi	떡볶이 トク**ポキ**	순대（スンデ） スンデ 라볶이（ラッポッキ） ラポ**キ**

日本語 *Japanese*　　韓国語 한국어

韓国のメニュー Kankoku no menyū	한국 메뉴 ハングク　メニュ	関連単語
キムパプ kimupabu	김밥 キム**パ**プ	참치김밥（ツナキムパプ） チャムチキム**パ**プ 테이크 아웃（持ち帰り） テイク アウッ
ピビンバ pibinba	비빔밥 ピビム**パ**プ	돌솥비빔밥（石焼きピビンバ） トルソッピビム**パ**プ 나물（ナムル） ナムル
冷麺 reimen	냉면 ネンミョン	식초（お酢） シクチョ 겨자（カラシ） キョジャ
ホットク hottoku	호떡 ホ**ト**ク	시나몬（シナモン） シナモン 뜨겁다（熱い） **ト**ゥゴプ**タ**
パッピンス pappinsu	팥빙수 パッ**ピ**ンス	팥（小豆） パッ 콩가루（きな粉） コン**カ**ル
焼酎 shōchū	소주 ソジュ	잔（グラス） チャン 맥주（ビール） メク**チ**ュ
マッコリ makkori	막걸리 マク**コ**ルリ	사이다（サイダー） サイダ 한병（1本） ハン ビョン

タイのメニュー Tai no menyū	เมนูไทย メニュータイ	関連単語
トムヤムクン tomuyamukun	ต้มยำกุ้ง トムヤムグン	กุ้งแม่น้ำ （川エビ） ผักชี （パクチー） グンメーナーム パックシー
グリーンカレー gurīn karē	แกงเขียวหวาน ゲーンキーアウワーン	แกงเผ็ด（レッドカレー） ゲーンペッ มัสมั่น（マッサマンカレー） マサマン
青 パパイヤ サラダ ao papaiya no sarada	ส้มตำ ソムタム	ข้าวเหนียว（もち米） カウニアウ พริก（トウガラシ） プリック
カニの カレー粉 炒め kani no karēko itame	ปูผัดผงกะหรี่ プーパッポンガリー	ปูนิ่ม（ソフトシェルクラブ） プーニム ข้าวสวย（白いご飯） カオスアイ
タイスキ tai suki	สุกี้ スキー	ลูกชิ้นกุ้ง （エビ団子） หมี่หยก （緑の麺） ルークシングン ミーヨック
カオマンガイ kao man gai	ข้าวมันไก่ カオマンガイ	เลือด（血のゼリー） ルアーッ น้ำจิ้ม（漬けダレ） ナームチム
ガパオライス gapao raisu	ข้าวผัดกะเพรา カオパッグラパオ	ไข่ดาว（目玉焼き） カイダーオ อาหารทะเล（シーフード） アーハーンタレー

日本語 Japanese　　タイ語 ไทย

タイのメニュー Tai no menyū	เมนูไทย メニュータイ	関連単語
焼き鳥 yaki tori	ไก่ย่าง ガイヤーン	ตับไก่ (鶏レバー) タップガイ ไก่ทอด (フライドチキン) ガイトート
エビすり身揚げ ebi surimi age	ทอดมันกุ้ง トートマングン	น้ำจิ้มหวาน (スイートチリソース) ナームチムワーン ทอดมันปลา (魚すり身揚げ) トートマンプラー
タイ風焼きそば tai fū yakisoba	ผัดไทย パッタイ	ถั่วงอก (モヤシ) トゥアーゴーク กุยช่าย (ニラ) グイシャーイ
タイラーメン tai rāmen	ก๋วยเตี๋ยว グアイテアウ	บะหมี่ (小麦麺) バミー แห้ง (汁なし) ヘーン
マンゴーともち米 mangō to mochigome	ข้าวเหนียวมะม่วง カーウニアウ マムアン	กะทิ (ココナツツミルク) ガティ ทุเรียน (ドリアン) トゥリアン
揚げパン agepan	ปาท่องโก๋ パートンゴー	สังขยา (パンダンリーフのシロップ) サンカヤー นมข้นหวาน (コンデンスミルク) ノムコンワーン
揚げバナナ age banana	กล้วยทอด グルアイトーッ	มันทอด (揚げサツマイモ) マントート กล้วยปิ้ง (焼きバナナ) グルアイピン

日本語 *Japanese*　　スペイン語 Español

スペインのメニュー Supein no menyū	Menú en España メヌ　エン　エスパーニャ	関連単語
スペイン風 オムレツ supein fū omuretsu	tortilla トルティージャ	patata（いも） パタタ huevo（卵） ウエボ
ホットチョコレートと チュロス hottochokorēto to churosu	churros con chocolate チュロス　コン　チョコラテ	harina（小麦粉） アリーナ leche（ミルク） レチェ
ひよこ豆　入り煮込み hiyokomame iri nikomi	cocido コシード	garbanzo（ひよこ豆） ガルバンソ chorizo（ブタのソーセージ） チョリソ
バゲットサンド bagetto sando	montadito モンタディート	pinchos（串が刺さったオープンサンド） ピンチョス boacadillo（大きめのバゲットサンド） ボカディージョ
揚げパン age pan	rosquilla ロスキージャ	aniz（アニス） アニス azucar（砂糖） アスカル
チキンの チリンドロン煮込み chikin no chirindoron nikomi	pollo al chilindrón ポジョ　アル　チリンドロン	pimiento rojo（パプリカ） ピミエント　ロホ cebolla（玉ねぎ） セボージャ
スペインの 柔らか　プリン spein no yawaraka purin	natilla ナティージャ	yemas de huevo（黄身） ジェマス　デ　ウエボ vainilla（バニラ） バイニージャ

日本語 *Japanese*　　スペイン語 Español

スペインのメニュー Supein no menyū	Menú en España メヌ　エン　エスパーニャ	関連単語
飲む レモン シャーベット nomu remon shabetto	sorbete de limón ソルベテ デ リモン	limón（レモン） リモン cava（カタルーニャのスパークリングワイン） カバ
にんにくスープ ninniku sūpu	sopa de ajo ソパ デ アホ	ajo（にんにく） アホ pimentón（パプリカの香辛料） ピメントン
パイ pai	empanada エンパナーダ	atún（ツナ） アトゥン carne（ミート） カルネ
えびの オイル煮 ebi no oiruni	gambas al ajillo ガンバス アル アヒージョ	cazuela（素焼きの容器） カスエラ aceite（油） アセイテ
チーズ盛り合わせ chīzu moriawase	tabla de quesos タブラ デ ケソス	queso de cabra（山羊チーズ） ケソ デ カブラ queso ahumado（スモークチーズ） ケソ アウマード
トマト塗りパン tomato nuri pan	pan con tomate パン コン トマテ	pan tostado（トーストパン） パン トスタード jamón serrano（生ハム） ハモン セラーノ
冷製 トマト スープ reisei tomato sūpu	salmorejo サルモレホ	tomate（トマト） トマテ huevo duro（ゆで卵） ウエボ ドゥロ

日本語 Japanese	英語 English	韓国語 한국어
レストラン　単語 Resutoran tango	**Words for restaurant** ワーズ　フォー　レストラン	**레스토랑 단어** レストラン タノ
水 / 炭酸水 / ジュース mizu tansansui jūsu	water / sparkling water / juice ウァラァ / スパークリング ウァラァ / ジュース	물 / 탄산수 / 주스 ムル / タンサンス / ジュス
食前酒 / ビール / ワイン / ウィスキー shokuzenshu bīru wain wisukī	aperitif / beer / wine / whiskey アペリティフ / ビア / ワイン / ウィスキー	식전주 / 맥주 / 와인 / 위스키 シクチョンジュ / メクチュ / ワイン / ウィスキ
(ワイン) 赤 / 白 / ロゼ / スパークリング aka shiro roze supākuringu	red / white / rose / sparkling レッド / ホワイト / ロウズ / スパークリング	레드 / 화이트 / 로제 / 스파클링 レドゥ / ファイトゥ / ロゼ / スパクルリン
前菜 / スープ / メイン / デザート zensai sūpu mein dezāto	appetizer / soup / main / dessert アペタイザー / スープ / メイン / デザート	에피타이저 / 스프 / 메인 / 디저트 エピタイジョ / スプ / メイン / ティジョトゥ
牛肉 / 豚肉 / 鶏肉 / 羊肉 gyūniku butaniku toriniku yōniku	beef / pork / chicken / mutton ビーフ / ポーク / チキン / マトン	소고기 / 돼지고기 / 닭고기 / 양고기 ソゴギ / トェジゴギ / タクコギ / ヤンゴギ
(肉の焼き加減) レア / ミディアム / ウェルダン rea midiamu werudan	rare / medium / well-done レア / ミディアム / ウェルダン	레어 / 미디엄 / 웰던 レオ / ミディオム / ウェルドン
魚 / カニ / クルマエビ / カキ sakana kani kuruma ebi kaki	fish / crab / prawn / oyster フィッシュ / クラブ / プロウン / オイスター	생선 / 게 / 보리새우 / 굴 センソン / ケ / ポリセウ / クル
(調理法) 揚げた / 煮込んだ / 焼いた / 炒めた ageta nikonda yaita itameta	deep-fried / stewed / grilled / stir-fried ディープフライド / ステュード / グリルド / スターフライド	튀김 / 조림 / 구이 / 볶음 トゥィギム / チョリム / クイ / ポクム
アイスクリーム / シャーベット / ケーキ aisukurīmu shābetto kēki	ice cream / sherbet / cake アイスクリーム / シャーベット / ケイク	아이스크림 / 샤베트 / 케이크 アイスクリム / シャベトゥ / ケイク
コーヒー / 紅茶 kōhī kōcha	coffee / tea コフィー / ティー	커피 / 홍차 コピ / ホンチャ
塩 / 醤油 / 酢 shio shōyu su	salt / soy sauce / vinegar ソウト / ソイ ソース / ヴィネガー	소금 / 간장 / 식초 ソグム / カンジャン / シクチョ
甘い / 辛い / 酸っぱい / 苦い amai karai suppai nigai	sweet / hot / sour / bitter スウィート / ホット / サワー / ビター	달다 / 맵다 / 시다 / 쓰다 タルダ / メプタ / シダ / スダ

レストラン単語

中国語 中文	タイ語 ไทย	スペイン語 Español
餐廳用語 ツァンティンヨンユー	**คำศัพท์ในร้านอาหาร** カムサップ　ナイラーン　アーハーン	**Vocabularios restaurante** ボカブラリオス　レスタウランテ
水/氣泡水/果汁 スイ/チーパオスイ/グオジー	น้ำ / โซดา / น้ำผลไม้ ナーム / ソーダー / ナームポンラマーイ	agua / agua con gas/zumo アグア / アグア コン ガス / スモ
餐前酒/啤酒/葡萄酒/威士忌 ツァンチェンジョウ/ピージョウ/プータオジョウ/ウエイシージー	เหล้าก่อนอาหาร / เบียร์ / ไวน์ / วิสกี้ ラオ / ビアー / ワイン / ウィスキー	aperitivo/cerveza/vino/whisky アペリティボ / セルベサ / ビノ / ウイスキー
紅酒/白酒/桃紅葡萄酒/氣泡葡萄酒 ホンジョウ/バイジョウ/タオホンプータオジョウ/チーパオプータオジョウ	แดง /ขาว /โรเซ่ /สปาร์คลิ้ง デーン / カーオ / ローセー / スパークリン	tinto/blanco/rosado/esupumoso ティント / ブランコ / ロサド / エスプモソ
前菜/湯/主菜/甜點 チエンツァイ/タン/ズーツァイ/ティエンディエン	อาหารเรียกน้ำย่อย / ซุป / อาหารจานหลัก / ของหวาน アーハーンリアクナムヨイ / スップ / アーハーンチャーンラック / コーンワーン	entremeses/sopa/plato principal/postre エントレメセス / ソパ / プラト プリンシパル / ポストレ
牛肉/豬肉/雞肉/羊肉 ニョウロウ/ズーロウ/ジーロウ/ヤンロウ	เนื้อวัว / เนื้อหมู /เนื้อไก่ / เนื้อแกะ ヌアーウーア / ヌアームー / ヌアーガイ / ヌアーケ	ternera/cerdo/pollo/cordero テルネラ / セルド / ポジョ / コルデロ
三分熟/五分熟/全熟 サンフェンソウ/ウーフェンソウ/チュエンソウ	ดิบ / กึ่งสุกกึ่งดิบ / สุก ディップ / グンスックグンディップ / スック	poco hecho/al punto/muy hecho ポコ エチョ / アル プント / ムイ エチョ
魚/螃蟹/明蝦/蚵 ユー /パンシエ/ミンシャー /カー (オア)	ปลา / ปู / กุ้งลายเสือ / หอยนางรม プラー / プー / グンラーイスアー / ホーイナーンロム	pescado/centollo/langostino/ostra ペスカド / セントジョ / ランゴスティノ / オストラ
炸/煮/烤/炒 ザー /ズー /カオ/チャオ	ทอด / ต้ม / ย่าง / ผัด トート / トム / ヤーン / パッ	frito/guisado/asado/rehogado フリト / ギサド / アサド / レオガド
冰淇淋/冰沙/蛋糕 ビンチーリン/ビンサー /ダンガオ	ไอศครีม / เชอเบท / เค้ก アイスクリーム / シーベーッ / ケーキ	helado/sorbete/tarta エラド / ソルベテ / タルタ
咖啡/紅茶 カーフェイ/ホンチャー	กาแฟ / ชา ガフェー / シャー	café/té カフェ / テ
鹽/醬油/醋 イエン/ジャンヨウ/ツー	เกลือ /ซีอิ๊ว / น้ำส้มสายชู クルアー /シーイウ / ナームソムサーイシュー	sal/salsa de soja/vinagre サル / サルサ デ ソハ / ビナグレ
甜/辣/酸/苦 ティエン/ラー /スアン/クー	หวาน / เผ็ด / เปรี้ยว / ขม ワーン / ペッ / プリアウ / コム	dulce/picante/agrio/amargo ドゥルセ / ピカンテ / アグリオ / アマルゴ

海外の薬局では、アスピリンなど一部の薬以外、処方箋がないと薬を買えない国も多い。

カトラリー

日…スプーンsupūn
英…spoonスプーン
韓…숟가락スッカラク
中…湯匙タンチー
タ…ช้อนショーン
ス…cucharaクチャラ(f)

日…フォークfōku
英…forkフォーク
韓…포크ポク
中…叉子ツァーズ
タ…ส้อมソム
ス…tenedorテネドール(m)

日…ナイフnaifu
英…knifeナイフ
韓…나이프ナイプ
中…刀子ダオズ
タ…มีดミーッ
ス…cuchilloクチージョ (m)

日…ナプキンnapukin
英…napkinナプキン
韓…냅킨ネプキン
中…餐巾ツァンジン
タ…ผ้าเช็ดปากパーシェッパーク
ス…servilletaセルビジェタ (f)

日…デザートスプーンdezāto supūn
英…dessert spoonデザート スプーン
韓…디저트 숟가락ティジョトゥ スッカラク
中…甜點湯匙ティエンディエンタンチー
タ…ช้อนของหวานショーンコーンワーン
ス…cucharillaクチャリージャ (f)

日…バターbatā
英…butterバター
韓…버터ポト
中…奶油ナイヨウ
タ…เนยノーイ
ス…mantequillaマンテキージャ (f)

日…テーブルクロスtēburu kurosu
英…table clothテイブゥ クロス
韓…테이블 클로스テイブル クルロス
中…桌巾ズオージン
タ…ผ้าปูโต๊ะパープート
ス…mantelマンテル (m)

日…こしょうkoshō
英…pepperペパァ
韓…후추フチュ
中…胡椒粉フージャオフェン
タ…พริกไทยプリックタイ
ス…pimientaピミエンタ (f)

日…パン皿panzara
英…bread plateブレッド プレイト
韓…빵 접시パン チョプシ
中…麵包盤ミエンバオパン
タ…จานขนมปังチャーンカノムパン
ス…plato de panプラト デ パン (m)

日…皿sara
英…plateプレイト
韓…접시チョプシ
中…盤子パンズ
タ…จานチャーン
ス…platoプラト (m)

日…塩shio
英…saltソゥト
韓…소금ソグム
中…鹽巴イエンバー
タ…เกลือグルアー
ス…salサル (f)

日…ワインwain
英…wineワイン
韓…와인ワイン
中…葡萄酒(紅酒)プータオジョウ(ホンジョウ)
タ…ไวน์ワイン
ス…vinoビノ(m)

日…水mizu
英…waterウァラァ
韓…물ムル
中…水スイ
タ…น้ำナーム
ス…aguaアグア (m)

エンタメ・エステ

チケット予約
劇場
ライブ
バー・ナイトクラブ
スパ・エステ
マッサージ
エンタメ単語
座席配置

日本語 *Japanese*	英語 *English*	韓国語 한국어
チケット予約 chiketto yoyaku	**Ticket reservation** ティケット　リザヴェイション	**티켓 예약** ティケッ イエヤク
～の チケットは どこ で ～ no chiketto wa doko de 手に入ります か？ teni hairi masu ka	Where can I get ホェア　キャナイ　ゲッ tickets of ～？ ティケッツ　オブ	～의 티켓은 어디서 살 수 있어요? エ ティケスン オディソ サル ス イッソヨ
どんな ミュージカルが Donna myūjikaru ga 上演 されて いますか？ jōen sarete imasu ka	What musicals are ホワット ミューズィカル アー playing? プレイング	어떤 뮤지컬이 상영되고 있어요? オトン ミュジコリ サンヨンドェゴ イッソヨ
～の チケットをください ～ no chiketto o kudasai	May I have a ticket of ～？ メアイ　ハヴァ　ティケット　オブ	～의 티켓을 주세요. エ ティケスル チュセヨ
明日6時30分 の 回 を、 Asu roku-ji sanjuppun no kai o 大人 2名 です otona ni-mei desu	Two adults for tomorrow トゥー アダゥツ フォー トゥモロゥ at 6:30, please. アット　シックスサーティ　プリーズ	내일 6시 30분 ネイル ヨソッシ サムシププン 공연 어른 2장입니다. コンヨン オルン トゥジャンイムニダ
上演時間 は どのくらいですか？ Jōenjikan wa donokurai desu ka	How long is this show? ハウ　ロング　イズ　ディス　ショウ	상연시간은 어느 정도입니까? サヨンシガヌン オヌ ジョンドイムニカ
真ん中 の 席 は 取れますか？ Man-naka no seki wa toremasu ka	Can I get a seat キャナイ　ゲッタ　シート in the middle? インザ　ミドル	한 가운데 자리로 잡을 ハン ガウンデ チャリロ チャブル 수 있습니까? ス イッスムニカ
安い 席 で いいです Yasui seki de iidesu	Cheap seat is fine. チープ　シート　イズ　ファイン	싼 자리가 좋습니다. サン ジャリガ チョッスムニダ

→P272…座席配置

中国語 中文	タイ語 ไทย	スペイン語 Español
票巻　預約 ピャオジュエン　ユーユエ	**จองตั๋ว** チョーントゥーア	**Reservar entradas** レセルバル　エントラダス
～　的　票　哪裡　買得到? ～　ダ　ピャオ　ナーリー　マイダダオ?	ตั๋ว～ซื้อได้ที่ไหน トゥーア～スーダイティーナイ	¿ Dónde se compra ドンデ　セ　コンプラ la entrada de ～ ? ラ　エントラダ　デ
在　演　什麼　音樂劇 ザイ　イエン　センマ　インユエジュー?	มีการแสดงมิวสิคัลแบบไหนเล่นอยู่บ้าง ミーカーンサデーン　ミュシカル ベーブナイ　レンユーバーン	¿ Los musicales que están ロス　ムシカレス　ケ　エスタン poniendo ahora cuáles son? ポニエンド　アオラ　クアレス　ソン
請　給　我　～　的　票 チン　ゲイ　ウォー　～　ダ　ピャオ	ขอตั๋ว～หน่อย コートゥーア～ノイ	Deme una entrada de ～ デメ　ウナ　エントラダ　デ
明天　6點30分 ミンティエン　リョウディエンサンシーフェン 的　場次，大人　兩位 ダ　チャンツー、ダーレン　リャンウェイ	ขอตั๋วรอบหกโมงครึ่งพรุ่งนี้สำหรับผู้ใหญ่สองที่ コートゥーア　ローブホックモーンクルン プルンニー　サムラップ　プーヤイソーンティー	Dos adultos para mañana ドス　アドゥルトス　パラ　マニャナ a las seis y media ア　ラス　セイス　イ　メディア
演出　時間　多久? イエンチュー　シージエン　ドゥオジョウ?	ระยะเวลาการแสดงนานแค่ไหน ラヤウェーラーガーンサデーン ナーンケーナイ	¿ Cuánto dura ? クアント　ドゥラ
還有　正中間　的 ハイヨウ　ゼンヅンジエン　ダ 座位　嗎? ズオウェイ　マ?	ขอที่นั่งตรงกลางได้ไหม コーティーナントロンクラーン　ダイマイ	¿ Puede ser el プエデ　セル　エル asiento central? アシエント　セントラル
便宜　的　座位 ピエンイ　ダ　ズオウェイ 就　可以 ジョウ　クーイー	ที่นั่งราคาถูกก็ได้ ティーナンラーカートゥークゴーダイ	una entrada más barata ウナ　エントラーダ　マス　バラタ por favor. ポル　ファボル

韓国では、英語（日本語）字幕付きのミュージカル公演がある。

日本語 *Japanese*	英語 *English*	韓国語 한국어
劇場 Gekijō	**At theater** アット **シ**アター	**극장** クク**チ**ャン
クロークは ありますか？ Kurōku wa arimasu ka	Is there a cloak room? イズ ゼア ア ク**ロ**ーク **ル**ーム	휴대품 보관소는 있습니까? ヒュデプム ポグァンソヌン イッ**ス**ムニ**カ**
コートを預かってもらえますか？ Kōto o azukatte morae masu ka	Could you keep my coat? クジュ **キ**ープ マイ **コ**ウト	코트를 맡겨도 돼요? コトゥルル マッ**キ**ョド トェヨ
プログラムを買いたいのですが Puroguramu o kaitai no desu ga	May I have a brochure, please? メアイ **ハ**ヴァ ブ**ロ**ーシュア プ**リ**ーズ	프로그램을 사고 싶은데요. プログレムル サゴ シプンデヨ
私の席はどこですか？ Watashi no seki wa doko desu ka	Where is my seat? ホェア イズ **マ**イ **シ**ート	제 자리는 어디예요? チェ チャリヌン オディエヨ
終演は何時ですか？ Shūen wa nanji desu ka	What time does it end? ホワッ **タ**イム ダズィッ **エ**ンド	마지막 공연은 몇 시예요? マジマク コンヨヌン ミョッ **シ**エヨ
休憩 時間は ありますか？ Kyūkei jikan wa arimasu ka	Is there an intermission? イズ ゼア アン インタ**ミッ**ション	휴게 시간은 있습니까? ヒュゲ シガヌン イッ**ス**ムニ**カ**
飲み物は 買えますか？ Nomimono wa kaemasu ka	Can I buy something to drink? キャナイ **バ**イ **サ**ムシング トゥ ド**リ**ンク	마실 것을 살 수 있습니까? マシル **コ**スル サル **ス** イッ**ス**ムニ**カ**

中国語 中文	タイ語 ไทย	スペイン語 Español
劇院 ジューユエン	**โรงละคร** ローンラコーン	**En el teatro** エン エル テアトロ
有 行李寄放處 嗎? ヨウ シンリージーファンツュー マ?	มีตู้ฝากเสื้อโค้ทไหม ミートゥーファーク スアーコーッマイ	¿ Hay guardaropas ? アイ グアルダロパス
可以 寄放 外套 嗎? クーイー ジーファン ウァイタオ マ?	ขอฝากเสื้อโค้ทไว้ได้ไหม コーファークスアーコーッ ウイダイマイ	¿ Puedo dejar el abrigo ? プエド デハール エル アブリゴ
想 買 節目冊 シャン マイ ジエムーツァー	อยากซื้อโปรแกรมการแสดง ヤークスー プローグレム ガーンサデーン	Quiero comprar el programa. キエロ コンプラール エル プログラマ
我 的 座位 在 哪? ウォー ダ ズオウェイ ザイ ナー?	ที่นั่งของฉันอยู่ที่ไหน ティーナン コーンシャン ユーティーナイ	¿ Dónde es mi asiento ? ドンデ エス ミ アシエント
結束 是 幾點? ジエスー シー ジーディエン?	การแสดงเสร็จกี่โมง ガーンサデーンセッ ギーモーン	¿ A qué hora termina ? ア ケ オラ テルミナ
有 中場 休息 嗎? ヨウ ゾンチャン シウシー マ?	มีช่วงพักเบรคไหม ミーシュアンパックブレークマイ	¿ Hay descanso ? アイ デスカンソ
可以 買 飲料 嗎? クーイー マイ インリャオ マ?	ซื้อเครื่องดื่มได้ไหม スークルアンドゥーム ダイマイ	¿ Se puede comprar bebidas ? セ プエデ コンプラール ベビダス

スペインでの観劇やオペラ鑑賞は、ドレスアップしていくのがマナー。

日本語 Japanese	英語 English	韓国語 한국어
ライブ raibu	**Live show** ライヴ　ショウ	**라이브** ライブ
ショーの 開始 は 何時ですか？ Shō no kaishi ha nanji desu ka	What time does the show ホワッタイム　ダズ　ザ　ショウ starts? スターツ	쇼는 몇 시에 시작해요? ショヌン ミョッ シエ シジャッケヨ
今日は 誰 の ステージですか？ Kyō wa dare no sutēji desu ka	Who is on stage today? フゥズ　オン　ステイジ　トゥデイ	오늘은 누구의 무대입니까? オヌルン ヌグエ ムデイムニカ
その ショーは Sono shō wa どの ようなもの ですか？ dono yōna mono desu ka	What show is it? ホワット　ショウ　イズィット	그 쇼는 어떤 거예요? クー ショヌン オトン ゴエヨ
どの ような音楽 ですか？ Dono yōna ongaku desu ka	What kind of music ホワッ　カインドヴ　ミューズィック is it? イズィット	어떤 음악이에요? オトン ウマギエヨ
まだ チケットは とれますか？ Mada chiketto wa toremasu ka	Can I still get tickets? キャナイ　スティル　ゲット　ティケッツ	아직 티켓을 구할 수 있어요? アジク ティケスル クハル ス イッソヨ
ステージ近く の 席 を Sutēji chikaku no seki o お願いします onegai shimasu	May I have a seat close メアイ　ハヴァ　シート　クロウス to the stage? トゥーザ　ステイジ	무대 근처 자리로 부탁합니다. ムデ クンチョ チャリロ プタッカムニダ
食事 は できますか？ Shokuji wa dekimasu ka	Are we allowed to eat? アー　ウィー　アラウ　トゥ　イート	식사는 할 수 있습니까? シクサヌン ハル ス イッスムニカ

エンタメ・エステ ライブ

➔P258-259…チケット予約

中国語 中文	タイ語 ไทย	スペイン語 Español
演唱會 イエンチャンフイ	**คอนเสิร์ต** コンスーッ	**Espectáculos en vivo** エスペクタクロス エン ビボ
表演 幾點 開始? ビャオイエン ジーディエン カイシー?	การแสดงเริ่มกี่โมง ガーンサデーンルーム ギーモーン	¿ A qué hora empieza ア ケ オラ エンピエサ el espectáculo ? エル エスペクタクロ
今天 是 誰 表演? ジンティエン シー セイ ビャオイエン?	วันนี้ใครขึ้นเวที ワンニークライクン ウェーティー	¿ Quién actúa hoy ? キエン アクトゥア オイ
那 是 怎樣 的 表演? ナー シー ゼンヤン ダ ビャオイエン?	เป็นการแสดงแบบไหน ペンガーンサデーン ベーブナイ	¿ Cómo es ese espectáculo ? コモ エス エセ エスペクタクロ
那 是 怎樣 的 音樂? ナー シー ゼンヤン ダ インユエ?	เป็นดนตรีแบบไหน ペンドントリー ベーブナイ	¿ Qué tipo de música es ? ケ ティポ デ ムシカ エス
還 可以 買到 票 嗎? ハイ クーイー マイダオ ピャオ マ?	ฉันยังสามารถซื้อตั๋วได้อยู่ไหม シャンヤンサーマーッ スートゥーア ダイユーマイ	¿ Aún se puede comrar アウン セ プエデ コンプラール la entrada ? ラ エントラダ
麻煩 給 我 マーファン ゲイ ウォー 靠 舞台 的 票 カオ ウータイ ダ ピャオ	ขอที่นั่งใกล้เวที コーティーナングライ ウェーティー	Un asiento cerca ウン アシエント セルカ del escenario por favor. デル エスセナリオ ポル ファボル
可以 吃 東西 嗎? クーイー チー ドンシー マ?	ทานอาหารได้ไหม ターンアーハーン ダイマイ	¿ Se puede comer ? セ プエデ コメール

上演時間が夜遅い場合は、帰りの送迎込みのツアーに参加するとより安心。

日本語 *Japanese*	英語 *English*	韓国語 한국어
バー・ナイトクラブ Bā, naito kurabu	**Bars・Clubs** バーズ　クラブス	**바・나이트클럽** パ　　ナイトクラブ
近く　におすすめの バー Chikaku ni osusume no bā (クラブ) は ありますか? (kurabu) wa arimasu ka	Which bar (night club) do you フィッチ バー (ナイトクラブ) ドゥーユー recommend around here? レコメンド　アラウンド ヒア	근처에 추천할만한 바 (클럽) クンチョエ チュチョナルマナン パ (クルロブ) 가 있습니까? ガ イッスムニカ
ドレスコードは ありますか? Doresu kōdo wa arimasu ka	Is there a dress code? イズ ゼア ア ドレス コード	드레스코드는 있습니까? トゥレスコドゥヌン イッスムニカ
今日は 混んでいますか? Kyō wa konde imasu ka	Is it crowded today? イズィット クラウディッド トゥデイ	오늘은 사람이 많습니까? オヌルン サラミ マンスムニカ
店 は 何時 まで Mise wa nanji made あいていますか? aite imasu ka	What time does it close? ホワッタイム ダズィット クロウズ	가게는 몇 시까지 합니까? カゲヌン ミョッ シカジ ハムニカ
席料 は いくらですか? Sekiryō wa ikura desu ka	How much is a ハウ マッチ イズァ cover charge? カバー チャージ	자리 값은 얼마예요? チャリ カプスン オルマエヨ
お酒 の メニューを見せてください Osake no menyū o misete kudasai	May I see the drink menu? メアイ シー ザ ドリンク メニュー	술 메뉴를 보여 주세요. スル メニュルル ポヨ ジュセヨ
同じ もの をください Onaji mono o kudasai	I'll have the same. アイル ハヴ ザ セイム	같은 걸로 주세요. カトゥン ゴルロ チュセヨ

中国語 中文	タイ語 ไทย	スペイン語 Español
酒吧・夜店 ジョウバー　イエディエン	**บาร์・ไนท์คลับ** バー　ナイトクラブ	**Bares・Pubs** バレス　パブス
附近　有　推薦　的 フージン　ヨウ　トゥイジェン　ダ 酒吧（夜店）嗎? ジョウバー(イエディエン)マ?	แถวนี้มีบาร์ （ไนท์คลับ） แนะนำไหม テウニー　ミーバー（ナイトクラブ） ネナムマイ	¿ Hay　algún　bar (pub) **ア**イ　アル**グ**ン　**バ**ル（**パ**ブ） cerca　que me recomienda ? **セ**ルカ　ケ　メ　レコミ**エ**ンダ
有　服裝規定　嗎? ヨウ　フージュアングイディン　マ?	มีระเบียบการแต่งกายไหม ミーラビアブ　ガーンテンガーイマイ	¿ Tiene　el　código ティ**エ**ネ　エル　**コ**ディゴ de vestimenta? デ　ベスティ**メ**ンタ
今天　人　很　多　嗎? ジンティエン　レン　ヘン　ドゥオ　マ?	วันนี้คนแน่นไหม ワンニーコンネンマイ	¿ Habrá mucha gente　hoy ? アブ**ラ**　**ム**チャ　**ヘ**ンテ　**オ**イ
店　營業　到　幾點? ディエン　インイエ　ダオ　ジーディエン?	ร้านค้าเปิดจนถึงกี่โมง ラーンカープーッ　チョントゥンギーモーン	¿ Hasta　qué hora está　abierto? アスタ　**ケ**　**オ**ラ　エス**タ**　アビ**エ**ルト
包廂費　多少錢? バオシャンフェイ　ドゥオサオチエン?	ค่าที่นั่งเท่าไหร่ カーティーナン　タオライ	¿ Cuánto　cuesta　comer ク**ア**ント　ク**エ**スタ　コ**メ**ール en　la　mesa? エン　ラ　**メ**サ
請　給　我　酒單 チン　ゲイ　ウォー　ジョウダン	ขอดูเมนูเหล้าหน่อย コードゥーメーヌー　ラオ　ノイ	Déjeme ver　la　carta **デ**ヘメ　**ベ**ル　ラ　**カ**ルタ de vinos　por　favor. デ　**ビ**ノス　ポル　ファ**ボ**ル
請　給　我　一樣　的　東西 チン　ゲイ　ウォー　イーヤン　ダ　ドンシー	ขอแบบเดียวกัน コーベーブディアウガン	Deme lo　mismo. **デ**メ　ロ　**ミ**スモ

ハワイでお酒を飲む際、身分証の提示を求められる。パスポートを持っていこう。

日本語 *Japanese*	英語 *English*	韓国語 한국어
スパ・エステ supa esute	**Spa・Beauty salon** スパァ ビューティー サロン	**스파・에스테틱** スパ エステティク
ホテル内 にスパは ありますか？ Hoteru nai ni supa wa arimasu ka	Is there a spa in the hotel? イズゼア ア スパァ インザ ホゥテル	호텔 내에 스파는 있습니까? ホテル ネエ スパヌン イッスムニカ
どんなコースが ありますか？ Donna kōsu ga arimasu ka	What kind of course ホワッ カインドヴ コース do you have? ドゥー ユー ハヴ	어떤 코스가 있습니까? オトン コスガ イッスムニカ
おすすめは どれ ですか？ Osusume wa dore desu ka	What is your recommend? ホワッ ティズ ヨア レコメンド	추천은 어느 거예요? チュチョヌン オヌ ゴエヨ
料金表 を見せてください Ryōkin-hyō o misete kudasai	May I see a price list? メアイ シー ア プライス リスト	요금표를 보여 주세요. ヨグムピョルル ポヨ ジュセヨ
日本語 の メニューは Nihongo no menyū wa ありますか？ arimasu ka	Do you have a menu ドゥーユー ハヴァ メニュー in Japanese? イン ジャパニーズ	일본어 메뉴는 있습니까? イルボノ メニュヌン イッスムニカ
90分 のコースを Kyū juppun no kōsu o 予約 したいです yoyaku shitai desu	I want to book a アイ ウォントゥ ブッカ 90 minutes-course. ナインティ ミニッツ コース	90분 코스를 예약하고 싶은데요. クシップン コスルル イェヤッカコ シプンデヨ
何時 に行けばいいですか？ Nanji ni ikeba īdesu ka	What time should I arrive? ホワッ タイム シュダイ アライヴ	몇 시에 가면 돼요? ミョッ シエ カミョン トェヨ

→P268-269…マッサージ

中国語 中文	タイ語 ไทย	スペイン語 Español
SPA スパ	**สปา・ร้านเสริมสวย** スパー / ラーンスームスアーイ	**SPA・Salón de Belleza** エスパ サロン デ ベジェサ
飯店 裡 有 spa 嗎? ファンディエン リー ヨウ スパ マ?	ในโรงแรมมีสปาไหม ナイローンレーム ミースパーマイ	¿ Hay SPA dentro del hotel ? アイ エスパ デントロ デル オテル
有 怎樣 的 療程? ヨウ ゼンヤン ダ リャオチェン?	มีคอร์สแบบไหนบ้าง ミーコース ベーブナイバーン	¿ Qué tipo de circuitos hay ? ケ ティポ デ シルクイトス アイ
推薦 的 是 哪個? トゥイジエン ダ シー ナーガ?	แนะนำอันไหน ネナムアンナイ	¿ Cuál de ellos クアル デ エジョス me recomienda? メ レコミエンダ
請 讓 我 看 價目表 チン ラン ウォー カン ジャームービャオ	ขอดูใบแสดงราคาหน่อย コードゥー バイサデーンラーカーノイ	Déjeme ver la tarifa デヘメ ベル ラ タリファ por favor. ポル ファボル
有 日文 價目表 嗎? ヨウ リーウェン ジャームービャオ マ?	มีเมนูภาษาญี่ปุ่นไหม ミーメーヌー パーサーイーブンマイ	¿ Hay un menú que esté アイ ウン メヌ ケ エステ en japonés ? エン ハポネス
想 預約 シャン ユーユエ 90 分 鐘 的 療程 ジョウシー フェン ゾン ダ リャオチェン	อยากจองคอร์ส 90 นาที ヤークチョーン コースガオシップナーティー	Quiero reservar el circuito キエロ レセルバル エル シルクイト de 90 minutos. デ ノベンタ ミヌトス
幾點 去 比較 好? ジーディエン チュウ ビージャオ ハオ?	ไปกี่โมงดี パイギーモーンデー	¿ A qué hora tengo ア ケ オラ テンゴ que estar allí ? ケ エスタル アジ

スパは予約した時間より30分程度早めに行くのがエチケット（施設により異なる）。

日本語 Japanese	英語 English	韓国語 한국어
マッサージ massāji	**Massage** マサージ	**마사지** マサジ
マッサージの予約 を お願いします Massāji no yoyaku o onegai shimasu	I want to book a massage. アイ ウォントゥ ブッカ マサージ	마사지 예약을 부탁합니다. マサジ イェヤグル プタッカムニダ
予約 がないのですが 入れますか？ Yoyaku ga nai no desu ga haire masu ka	Can I go in without a reservation? キャナイ ゴー イン ウィズアウタ リザヴェイション	예약을 안 했는데 들어갈 수 있어요? イェヤグル ア ネンヌンデ トゥロガル ス イッソヨ
30分 でいいです San juppun de īdesu	30 minutes is enough. サーティ ミニッツ イズ イナフ	30분으로 해 주세요. サムシブブヌロ ヘ ジュセヨ
強め （弱め）で お願いします Tsuyome (Yowame) de onegai shimasu	Stronger (weaker), please. ストロンガー（ウィーカー） プリーズ	세게 (약하게) 해 주세요. セゲ（ヤッカゲ）ヘ ジュセヨ
気持ちが いいです Kimochi ga īdesu	It feels good. イット フィールズ グッド	기분이 좋네요. キブニ チョンネヨ
少し （とても）痛いです Sukoshi (totemo) itai desu	It hurts a little (lot). イット ハーツァ リトル（ロット）	좀 (너무) 아픕니다. チョム（ノム）アプムニダ
ゆっくりやってください Yukkuri yatte kudasai	Slowly, please. スロウリィ プリーズ	천천히 해 주세요. チョンチョニ ヘ ジュセヨ

→P270-271…エンタメ単語

中国語 中文	タイ語 ไทย	スペイン語 Español
按摩 アンモー	**นวด** ヌアーッ	**Masaje** マサへ
想 預約 按摩 シャン ユーユエ アンモー	อยากจองเวลานวด ヤークチョーンウェーラーヌアーッ	Quiero reservar un masaje. キエロ レセルバル ウン マサへ
沒有 預約 也 可以 嗎? メイヨウ ユーユエ イエ クーイー マ?	ไม่ได้จองไว้ เข้าได้ไหม マイダイチョーンウイ カオダイマイ	¿ Puede ser sin rserva ? プエデ セル シン レセルバ
30 分 鐘 就 好 サンシー フェン ゾン ジョウ ハオ	สามสิบนาทีก็พอ サームシップナーティー ゴ ポー	Con 30 minutos me vale. コン トレインタ ミヌトス メ バレ
強（弱）一點 チャン（ルオ）イーディエン	ช่วยนวด แรงๆ เบาๆ シュアイ ヌアーッ レーンレーン （バオバオ）	Un poco más fuerte ウン ポコ マス フエルテ (suave) por favor. （スアベ）ポル ファボル
很 舒服 ヘンシューフ	ดีมากเลย ディーマーク ルーイ	Me sienta bien. メ シエンタ ビエン
有點(非常)痛 ヨウディエン(フェイチャン)トン	เจ็บนิดหน่อย (มาก) チェッブニッノイ（マーク）	Me duele un poco (mucho). メ ドゥエレ ウン ポコ（ムーチョ）
請 慢 一點 チン マン イーディエン	ค่อยๆนวดนะ コイコイ ヌアーッ ナ	Más despacio mejor. マス デスパシオ メホール

身体で気になることや、触れてほしくない個所（ケガなど）は事前に伝えるといい。

日本語 *Japanese*	英語 *English*	韓国語 한국어
エンタメ単語 entame tango	**Words for entertainment** ワーズ フォー エンタテインメント	**엔터테인먼트 단어** エントテインモントゥ タノ
演劇 engeki	play プレイ	연극 ヨングㇰ
ミュージカル myūjikaru	musical ミューズィカル	뮤지컬 ミュジコㇽ
映画 eiga	movies ムーヴィーズ	영화 ヨンファ
舞踊 buyō	dance ダーンス	무용 ムヨン
コンサート konsāto	concert コンサート	콘서트 コンソトゥ
指定席 / 自由席 shitei-seki / jiyū-seki	reserved seat / unreserved seat リザーヴド シート / アンリザーヴド シート	지정석 / 자유석 チジョンソㇰ / チャユソㇰ
施術 sejutsu	treatment トリートメント	시술 シスㇽ
うつぶせ utsubuse	face down フェイス ダウン	엎드려 누움 オプトゥリョ ヌウㇺ
あおむけ aomuke	face up フェイサップ	똑바로 누움 トㇰパロ ヌウㇺ
足のむくみ ashi no mukumi	swollen feet スウォレン フィート	다리 붓기 タリ ブッキ
乾燥肌 kansō hada	dry skin ドゥライ スキン	건조 피부 コンジョ ピブ
敏感肌 binkan hada	sensitive skin センシティブ スキン	민감 피부 ミンガㇺ ピブ

娯樂用語 ユーラーヨンユー	ศัพท์เกี่ยวกับนันทนาการ サップ ギアウギップ ナンタナーガーン	Vovabulario de entretenimiento ボカブラリオ デ エントレテニミエント
舞台劇 ウータイジュー	ละครเวที ラコーンウェーティー	teatro テアトロ (m)
音樂劇 インユエジュー	มิวสิคัล ミューシカル	musical ムシカル (f)
電影 ディエンイン	หนัง ナン	cine シネ (m)
舞蹈 ウーダオ	รำ ラム	baile バイレ (m)
演唱會 イエンチャンフイ	คอนเสิร์ต コンスーッ	concierto コンシエルト (m)
對號座/非對號座 ドゥイハオズオ/フェイドゥイハオズオ	ที่นั่งจองล่วงหน้า / ที่นั่งไม่ได้จอง ティーナン チョーンルアンナー / ティーナン マイダイチョーン	asiento reservado/asiento libre アシエント レセルバド／アシエント リブレ (m)
療程 リャオチエン	ทรีตเม้นท์ トリーッメン	masaje マサヘ (m)
趴著 パーザ	นอนคว่ำ ノーンクウム	boca abajo ボカ アバホ
仰著 ヤンザ	นอนหงาย ノーンガーイ	boca arriba ボカ アリバ
腳水腫 ジャオスイゾン	ขาบวม カーブアム	inchazón de piernas インチャソン デ ラス ピエルナス (m)
乾燥皮膚 ガンザオピーフ	ผิวแห้ง ピウヘーン	piel seca ピエル セカ (f)
敏感皮膚 ミンガンピーフ	ผิวแพ้ง่าย ピウペーガーイ	piel sensible ピエル センシブレ (f)

劇場の座席配置

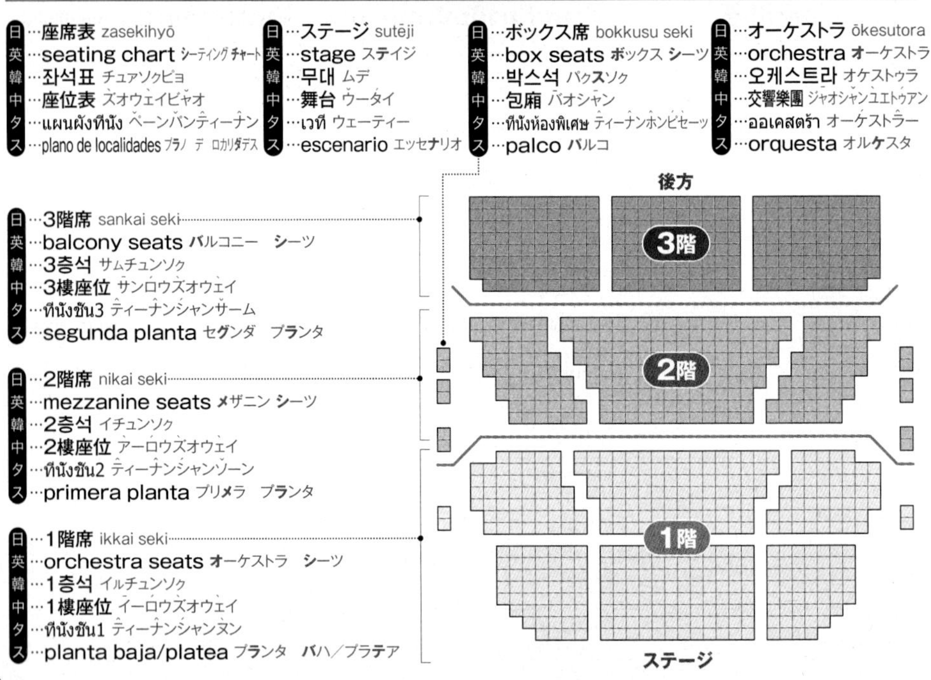

日…座席表 zasekihyō
英…seating chart シーティング チャート
韓…좌석표 チュァソクピョ
中…座位表 ズオウェイビャオ
タ…แผนผังที่นั่ง ペーンパンティーナン
ス…plano de localidades プラノ デ ロカリダデス
日…ステージ sutēji
英…stage ステイジ
韓…무대 ムデ
中…舞台 ウータイ
タ…เวที ウェーティー
ス…escenario エッセナリオ
日…ボックス席 bokkusu seki
英…box seats ボックス シーツ
韓…박스석 パクスソク
中…包廂 バオシャン
タ…ที่นั่งห้องพิเศษ ティーナンホンピセーッ
ス…palco パルコ
日…オーケストラ ōkesutora
英…orchestra オーケストラ
韓…오케스트라 オケストゥラ
中…交響樂團 ジャオシャンユエトゥアン
タ…ออเคสตร้า オーケストラー
ス…orquesta オルケスタ
日…3階席 sankai seki
英…balcony seats バルコニー シーツ
韓…3층석 サムチュンソク
中…3樓座位 サンロウズオウェイ
タ…ที่นั่งชั้น3 ティーナンシャンサーム
ス…segunda planta セグンダ プランタ
日…2階席 nikai seki
英…mezzanine seats メザニン シーツ
韓…2층석 イチュンソク
中…2樓座位 アーロウズオウェイ
タ…ที่นั่งชั้น2 ティーナンシャンソーン
ス…primera planta プリメラ プランタ
日…1階席 ikkai seki
英…orchestra seats オーケストラ シーツ
韓…1층석 イルチュンソク
中…1樓座位 イーロウズオウェイ
タ…ที่นั่งชั้น1 ティーナンシャンヌン
ス…planta baja/platea プランタ バハ／プラテア
後方
3階
2階
1階
ステージ

日日本語 Japanese 英英語 English 韓韓国語 한국어 中中国語 中文 タタイ語 ไทย ススペイン語 Español

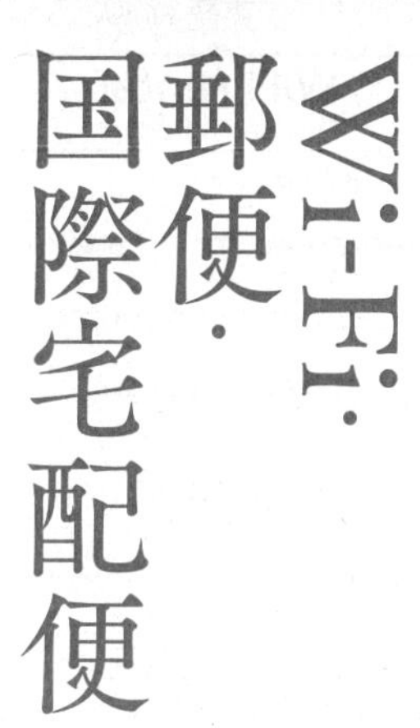
Wi-Fi・
郵便・
国際宅配便

日本語 *Japanese*	英語 *English*	韓国語 한국어
WiFi レンタル waifai rentaru	**WiFi rental** ワイファイ　レンタゥ	**WiFi 렌털** ワイパイ レントル
予約　を していた 田中　　です Yoyaku o　shiteita　Tanaka　desu	I　have a アイ　ハヴァ reservation　for　Tanaka. リザヴェーション　フォー　タナカ	예약한 다나카입니다. イェヤッカン タナカイムニダ
予約　して いない　の　です　が、 Yoyaku shite inai　no　desu　ga ルーターは　借りられ　ます　か？ rūtā　wa　karirare　masu　ka?	Can　we　rent a router キャン　ウィー　レンタ　ルーター without　reservation? ウィズアウ　リザヴェイション	예약을 안 했는데 라우터를 イェヤグル ア ネンヌンデ ラウトルル 빌릴 수 있습니까? ピルリル ス イッスムニカ
1日　　あたりいくらですか？ Ichinichi　atari　ikura　desuka?	How much per day? ハウ　マッチ　パー　デイ	하루에 얼마입니까? ハルエ オルマイムニカ
3泊4日　　で 借ります San paku yokka de karimasu	I　will アイ　ウィル rent　for 4　days. レント　フォ　フォー　デイズ	3박 4일 빌리겠습니다. サムバク サイル ピルリゲッスムニダ
予備 の バッテリー も ほしいです Yobi　no batterī　mo hoshī　desu	I　also　need an アイ　オーソ　ニーダン extra　battery. エクストラ　バッテリー	보조 충전기도 ポジョ チュンジョンギド 빌리고 싶은데요. ピルリゴ シプンデヨ
電源　は どうやって Dengen wa dō　yatte 入れるの　です か？ ireru　no　desu ka?	How do　I　turn on? ハウ　ドゥ　アイ　ターノン	전원은 어떻게 켭니까? チョヌォヌン オトッケ キョムニカ
返却　　場所　は　どこ です か？ Henkyaku basho　wa　doko desu ka?	Where should I ホエア　シュダイ return this　to? リターン　ディス　トゥ	반납 장소는 어디예요? パンナプ チャンソヌン オディエヨ

→P284-285…通信単語

中国語 中文	タイ語 ไทย	スペイン語 Español
租 WiFi 分享器 ズー ワイファイ フェンシャンチー	**เช่าไวไฟ** シャウワイファイ	**Alquiler de WiFi** アルキレール デ ウイフィ
我 是 ウォー シー 有 預約 的 田中 ヨウ ユーユエ ダ ティエンゾン	ที่จองเอาไว้ ชื่อทานากะ ティーチョーンアオワイ シュー タナカ	Soy Tanaka que había reservado. ソイ タナカ ケ アビア レセルバド
沒有 預約 メイヨウ ユーユエ 也 可以 租 嗎? イエ クーイー ズー マ?	ไม่ได้จองไว้ จะขอเช่าเร้าเตอร์ได้ไหม マイダイチョーンワイ チャコーシャオラオトゥーダイマイ	¿ Podría alquilar el ポドリア アルキラール エル enrutador sin reserva? エンルタドール シン レセルバ
租 一天 多少錢? ズー イーティエン ドゥオサオチエン?	หนึ่งวันราคาเท่าไหร่ ヌンワン ラーカータオライ	¿ Cuánto cuesta al día ? クアント クエスタ アル ディア
租 四天三夜 ズー スーティエンサンイエ	ขอเช่าสี่วันสามคืน コーシャウ シーワンサームクーン	Lo alquilo por 4 días. ロ アルキロ ポル クアトロ ディアス
有 備用 電池 嗎? ヨウ ベイヨン ディエンチー マ?	ต้องการแบตเตอรี่สำรองด้วย トンガーン ベットリー サムローンドゥアイ	También quiero una タンビエン キエロ ウナ batería de repuesto. バテリア デ レプエスト
如何 開啟 電源? ルーハー カイチー ディエンユエン?	เปิดอย่างไร プーッヤーンライ	¿ Cómo se enciende ? コモ セ エンシエンデ
歸還 地點 在 哪? グイファン ディディエン ザイ ナー?	คืนได้ที่ไหน クーンダイ ティーナイ	¿ Dónde hay que devolverlo ? ア ドンデ アイ ケ デボルベルロ

WiFi ルーターは渡航前に日本で準備するほうが言葉面でも安心。詳細は P288。

日本語 *Japanese*	英語 *English*	韓国語 한국어
WiFi スポットで waifai supotto de	**At WiFi spot** アット ワイファイ スポット	**WiFi 이용 장소에서** ワイパイ イヨン チャンソエソ
WiFi の 接続 方法 を Waifai no setsuzoku hōhō o 教えてください oshiete kudasai	Could you tell me クジュ テルミー how to connect WiFi? ハウ トゥ コネクト ワイファイ	WiFi 접속 ワイパイ チョブソㇰ 방법을 가르쳐 주세요. パンボブル カルチョ ジュセヨ
パスワードを教えてください Pasuwādo o oshiete kudasai	Could you give me クジュ ギヴ ミー the password? ザ パースワード	패스워드를 가르쳐 주세요. ペスウォドゥルㇽ カルチョ ジュセヨ
セキュリティは Sekyuriti wa 大丈夫 でしょうか？ daijōbu de shou ka	Is it secure? イズィット セキュア	보안은 괜찮습니까? ポワヌン クェンチャンスㇺニカ
通信 速度 が 遅いです Tsūshin sokudo ga osoi desu	The internet ジ インターネット connection is slow. コネクション イズ スロゥ	통신 속도가 느립니다. トンシン ソㇰトガ ヌリㇺニダ
接続 が 切れました Setsuzoku ga kiremashita	It's disconnected. イッツ ディスコネクティッド	접속이 끊어졌어요. チョブソギ クノジョッソヨ
ホテルの 部屋 で Hoteru no heya de 繋がり ますか？ tsunagari masu ka	Can I use キャナイ ユーズ internet at hotel room? インターネット アット ホテル ルーム	호텔 방에서 연결됩니까? ホテル パエソ ヨンギョㇽドェㇺニカ
ひと部屋で 何台 まで Hitoheya de nandai made 繋げられ ますか？ tsunagerare masu ka	How many devices ハウ メニィ ディヴァイシィズ can I connect per room? キャナイ コネクト パー ルーム	방 하나에 몇 パン ハナエ ミョッ 대까지 연결할 수 있습니까? テカジ ヨンギョラㇽ ス イッスㇺニカ

中国語 中文	タイ語 ไทย	スペイン語 Español
在 有 WiFi 熱點 的 地方 ザイ ヨウ ワイファイ ラーディエン ダ ティファン	**จุดเชื่อมต่อไวไฟ** チュッ シュアームトーワイファイ	**En el área de WiFi** エン エル **ア**レア デ ウ**イ**フィ
請 告訴 我 チン ガオスー ウォー WiFi 連線 的 方法 ワイフェイ リエンシエン ダ ファンファー	ช่วยบอกวิธีต่อไวไฟด้วย シュアイボークウィティー トー ワイファイドゥアイ	Explíqueme cómo se conecta エスプ**リ**ケメ **コ**モ セ コ**ネ**クタ el WiFi por favor. エル ウ**イ**フィ ポル ファ**ボ**ル
密碼 多少? ミーマー ドゥオサオ	ช่วยบอกพาสเวิร์ดด้วย シュアイボークパスワード ドゥアイ	Dígame la contraseña. **ディ**ガメ ラ コントラ**セ**ニャ
安全 嗎? アンチュエン マ?	มีความปลอดภัยไหม ミークワーム プローッパイマイ	¿ Está bien la seguridad? エス**タ** ビ**エ**ン ラ セグリ**ダ**
連線 速度 慢 リエンシエン スードゥー マン	ความเร็วเนตช้า クワームレウネッ シャー	Anda muy lento. **ア**ンダ **ム**イ **レ**ント
連線 斷 了 リエンシエン ドゥアン ラ	ขาดการเชื่อมต่อ カーッガーンシュアムトー	Se desconectó. セ デスコネク**ト**
在 飯店 客房 ザイ ファンディエン カーファン 連得上 嗎? リエンダサン マ?	ที่ห้องของโรงแรมมีการเชื่อมต่อไหม ティーホン コーンローンレーム ミーガーンシュアムトーマイ	¿ Se conectará dentro de セ コネクタ**ラ** **デ**ントロ デ la habitación del hotel ? ラ アビタシ**オ**ン デル オ**テ**ル
一間 客房 イージエン カーファン 可以 連上 幾台? クーイー リエンサン ジータイ?	ห้องนึงสามารถต่อได้กี่เครื่อง ホンヌン サーマーッ トーダイギークルアン	¿ Hasta cuántos terminales se pueden アスタ ク**ア**ントス テルミ**ナ**レス セ プ**エ**デン conectar en una habitación? コネク**タ**ール エン **ウ**ナ アビタシ**オ**ン

街なかで利用できる無料 WiFi は、セキュリティに難あり。個人情報の送受信は避けよう。

日本語 Japanese	英語 English	韓国語 한국어
インターネット intānetto	**Internet** インターネット	**인터넷** イントネッ
ホテル内 にビジネスセンターは Hoteru nai ni bijinesu sentā wa ありますか？ arimasu ka	Is there a business center イズ ゼアァ ビジネス センター in the hotel? イン ザ ホゥテル	호텔 안에 ホテル アネ 비지니스센터는 있습니까? ビジニスセントヌン イッスムニカ
自分 の パソコンを持ち込んでも Jibun no pasokon o mochikonde mo いいですか？ īdesu ka	May I bring my laptop? メアイ ブリング マイ ラップトップ	제 컴퓨터를 가지고 가도 됩니까? チェ コムピュトルル カジゴ カド トェムニカ
パソコンを借りていいですか？ Pasokon o karite īdesu ka	May I use your PC? メアイ ユーズ ヨア ピースィー	컴퓨터를 빌려도 돼요? コムピュトルル ピルリョド トェヨ
日本語 入力 できますか？ Nihongo nyūryoku deki masu ka	Can I type Japanese? キャナイ タイプ ジャパニーズ	일본어로 입력할 수 있습니까? イルボノロ イムニョッカル ス イッスムニカ
プリンターで 出力 しても Purintā de shutsuryoku shite mo いいですか？ īdesu ka	May I print this out? メアイ プリン ディス アウト	프린터로 출력해도 돼요? プリントロ チュルリョッケド トェヨ
パソコンが インターネットに Pasokon ga intānetto ni つながりません tsunagari masen	The PC isn't ザ ピースィー イズント connected. コネクティッド	컴퓨터가 인터넷 연결이 안 돼요. コムピュトガ イントネッ ヨンギョリ アン ドェヨ
パソコンが 起動 しません Pasokon ga kidō shimasen	The PC doesn't start. ザ ピースィー ダズン スタート	컴퓨터가 기동이 안 돼요. コムピュトガ キドンイ アン ドェヨ

中国語 中文	タイ語 ไทย	スペイン語 Español
網路 ウンルー	**อินเตอร์เนต** インターネッ	**internet** インテルネー
飯店 内 有 ファンディエン ネイ ヨウ 商務中心 嗎? サンウーヅンシン マ?	มีศูนย์บริการธุรกิจในโรงแรมไหม ミースーンボリガーン トゥラギッ ナイローンレームマイ	¿ Hay un centro de アイ ウン セントロ デ negocios en el hotel? ネゴシオス エン エル オテル
可以 帯 自己 的 クーイー ダイ ズージー ダ 電脳 嗎? ディエンナオ マ?	เอาคอมพิวเตอร์ส่วนตัวเข้าไปใช้ได้ไหม アオコンピューター スアントゥーア カオパイシャイ ダイマイ	¿Puedo conectar mi propio プエド コネクタール ミ プロピオ ordenador en ese sitio? オルデナドール エン エステ シティオ
電脳 可以 ディエンナオ クーイー 借 一下 嗎? ジエ イーシア マ?	ขอยืมใช้คอมพิวเตอร์ได้ไหม コーユームシャイ コンピューター ダイマイ	¿ Me podría dejar el メ ポドリア デハール エル ordenador? オルデナドール
可以 輸入 日文 嗎? クーイー スールー リーウェン マ?	พิมพ์ภาษาญี่ปุ่นได้ไหม ピムパーサーイープン ダイマイ	¿ Está configurado el エスタ コンフィグラド エル idioma japonés? イディオマ ハポネス
可以 用 印表機 嗎? クーイー ヨン インビャオジー マ?	ขอปริ้นออกมาได้ไหม コープリン オークマー ダイマイ	¿ Puedo imprimir? プエド インプリミール
電脳 無法 ディエンナオ ウーファー 連上 網路 リエンサン ウンルー	ต่ออินเตอร์เนตเข้ากับคอมพิวเตอร์ไม่ได้ トーインターネッ カオガッブコンピューターマイダイ	No hay conexión a internet. ノ アイ コネクシオン ア インテルネー
電脳 無法 開機 ディエンナオ ウーファー カイジー	คอมพิวเตอร์ไม่ทำงาน コンピューター マイタムガーン	No arranca el ordenador. ノ アランカ エル オルデナドール

❗パソコンやプリンターの利用は有料のことも。利用時はホテルのフロントで確認を。

日本語 *Japanese*	英語 *English*	韓国語 한국어
電話 denwa	**Telephone** テレフォウン	**전화** チョヌァ
キングホテルの 電話番号 を Kingu Hoteru no denwa bangō o 教えてください oshiete kudasai	May I have a phone メアイ ハヴァ フォウン number of King Hotel? ナンバー オヴ キング ホゥテル	킹호텔 전화번호를 キンホテル チョヌァボノルル 가르쳐 주세요. カルチョ ジュセヨ
もしもし、キングホテルですか？ Moshimoshi, Kingu Hoteru desu ka? 私 は 田中一郎 です Watashi wa Tanaka Ichiro desu	Hello, is this King Hotel? ヘロゥ イズ ディス キングホゥテル？ This is Ichiro Tanaka. ディスィズ イチロー タナカ	여보세요, 킹호텔이지요? ヨボセヨ キンホテリジヨ 저는 다나카 이치로입니다. チョヌン タナカ イチロイムニダ
305号室 の 佐藤さんを San maru go gōshitsu no Satō san o お願いします onegai shimasu	Mr. Sato, room ミスター サトウ ルーム number 305, please. ナンバー スリー オウ ファイヴ プリーズ	305호실 사토씨를 부탁합니다. サムベクオホシル サトシルル プタッカムニダ
伝言 をお願いします Dengon o onegai shimasu	May I leave a message? メアイ リーヴァ メッセージ	전언을 부탁합니다. チョノヌル プタッカムニダ
もう少し Mō sukoshi ゆっくり話して ください yukkuri hanashite kudasai	Please speak more slowly. プリーズ スピーク モア スロウリィ	좀 더 천천히 말씀해 주세요. チョム ド チョンチョニ マルスメ ジュセヨ
よく 聞こえませんでした Yoku kikoe masen deshita	I can't hear you well. アイ キャント ヒア ユー ウェル	잘 안 들립니다. チャル アン ドゥルリムニダ
ごめんなさい、 Gomen nasai. かけ 間違え ました Kake machigae mashita	I'm sorry, I have アイム ソーリー アイ ハヴ the wrong number. ザ ゥロング ナンバー	죄송합니다. 잘못 걸었습니다. チュェソンハムニダ チャルモッ コロッスムニダ

中国語 中文	タイ語 ไทย	スペイン語 Español
電話 ディエンフア	**โทรศัพท์** トーラサップ	**Teléfono** テレフォノ
請　告訴　我 チン　ガオスー　ウォー King飯店　的　電話 キングファンディエン　ダ　ディエンフア	ช่วยบอกหมายเลขโทรศัพท์ของโรงแรมคิงให้หน่อย シュアイボーク　マーイレークトラサップ コーンローンレームキンノイ	Dígame el　número de　teléfono ディガメ　エル　ヌメロ　デ　テレフォノ de Kinghotel　por　favor. デ　キングホテル　ポル　ファボル
喂，是　King飯店　嗎? ウェイ、シー　キングファンディエン　マ? 我　是　田中一郎 ウォー　シー　ティエンヂンイーラン	ฮาโหล โรงแรมคิงใช่ไหม ฉันทานากะอิจิโร ハロー　ローンレームキン　シャイマイ シャンタナカイチロー	¿ Oiga,hablo　con　Kinghotel ? オイガ　アブロ　コン　キングホテル Soy　Ichiro　Tanaka. ソイ　イチロ　タナカ
請　轉　305號　房　的 チン　ズアン　サンリンウーハオ　ファン　ダ 佐藤　先生 ズオタン　シエンセン	ขอต่อสายถึงคุณอิโตห้อง ３０５ หน่อย コートーサーイ　トゥンクンイトー　ホン サームスーンハー　ノイ	Páseme con　el　sr. Sato　de la パセメ　コン　エル　セニョール　サト　デ　ラ habitación　305　por favor. アビタシオン　トレス　セロ　シンコ　ポル　ファボル
想　要　留言 シャン　ヤオ　リュウイエン	ขอฝากข้อความหน่อย コーファーク　コークワームノイ	Un　recado por　favor. ウン　レカド　ポル　ファボル
請　說　慢一點 チン　スオー　マンイーディエン	ช่วยพูดช้าลงหน่อย シュアイプーッ　シャーロンノイ	Hable　más　despacio　por　favor. アブレ　マス　デスパシオ　ポル　ファボル
聽不太到 ティンブータイダオ	ไม่ค่อยได้ยิน マイコイダイイン	No　le　he　oido　muy　bien. ノ　レ　エ　オイド　ムイ　ビエン
對不起，打錯　了 ドゥイブーチー、ダーツオ　ラ	ขอโทษ โทรผิด コートーッ　トーピッ	Perdóne. Me he　equivocado. ペルドネ　メ　エ　エキボカード

日本語 *Japanese*	英語 *English*	韓国語 한국어
郵便・国際宅配便 yūbin kokusai takuhai bin	**Post, Overseas courier service** ポウスト、オウヴァーシーズ クリアー サービス	**우편 국제택배편** ウピョン クゥチェテクペピョン
これ を日本 に Kore o Nihon ni 送り たいの です が okuri tai no desu ga	I want to send this アイ ウォントゥ センディス to Japan. トゥ ジャパン	이걸 일본에 보내고 싶은데요. イゴル イルボネ ポネゴ シプンデヨ
切手 をください Kitte o kudasai	May I have a stamp? メアイ ハヴァ スタンプ	우표를 주세요. ウピョルル チュセヨ
船便 (航空便 / EMS) Funabin (Kōkū-bin / EMS) で 送り たい の です が de okuri tai no desu ga	I want to send it アイ ウォントゥ センディッ by sea (air / EMS) バイ シー (エア / イーエムエス)	배편 (항공편 / EMS) 으로 ペピョン (ハンゴンピョン / イエムエス) ウロ 부치고 싶은데요. ブチゴ シプンデヨ
箱 には 食べ物 が Hako ni wa tabemono ga 入って います haitte imasu	Foods are in the box. フーズ アー イン ザ ボックス	상자에는 먹을 것이 サンジャエヌン モグル コシ 들어 있습니다. トゥロ イッスムニダ
ここ に は 何 を Koko ni wa nani o 書けば いいです か? kakeba īdesu ka	What should I write here? ホワット シュダイ ライト ヒア	여기에는 뭘 적으면 돼요? ヨギエヌン ムォル チョグミョン トェヨ
どの くらい 日にち が Dono kurai hinichi ga かかり ます か? kakari masu ka	How long does it take? ハウ ロン ダズィッ テイク	며칠정도 걸려요? ミョチルジョンド コルリョヨ
金額 は いくら ですか? Kingaku wa ikura desuka	How much is it? ハウ マッチ イズィッ	금액은 얼마예요? クメグン オルマエヨ

→P286-287…通信単語

中国語 中文	タイ語 ไทย	スペイン語 Español
郵寄　EMS ヨウジー、イーエムエス	**ไปรษณีย์ ไปรษณีย์ระหว่างประเทศ** プライサニー、プライサニー　ラウーンプラテーッ	**Correos** コレオス
這個　想　寄到　日本 ジェガ　シャン　ジーダオ　リーベン	ต้องการส่งอันนี้ไปญี่ปุ่น トンガーンソンアンニー　パイイープン	Quiero enviarlo　a　Japón. キエロ　エンビアルロ　ア　ハポン
請　給　我　郵票 チン　ゲイ　ウォー　ヨウピャオ	ขอซื้อแสตมป์ コースーサテンプ	Deme un　sello　por　favor. デメ　ウン　セジョ　ポル　ファボル
想　用　海運 シャン　ヨン　ハイユン (航空/EMS) 寄 (ハンコン/イーエムエス) ジー	ต้องการส่งทางเรือ (ทางอากาศ　/ EMS) トンガーンソンターンルアー (ターンアーガーッ /　イーエムエス)	Quiero enviarlo　por キエロ　エンビアールロ　ポル barco.(avión / EMS) バルコ (アビオン / エーエメエセ)
箱子　裡面　有　食物 シャンズ　リーミエン　ヨウ　シーウー	ในกล่องมีของกิน ナイグロン　ミーコーンギン	Contiene　alimentos コンティエネ　アリメントス　ポル dentro　de la　caja. デントロ　デ　ラ　カハ
這裡　寫　什麼　好　呢? ジャーリー　シエ　センマ　ハオ　ナ?	ตรงนี้ต้องเขียนอะไร トロンニー　トンキアンアライ	¿ Qué　es lo　que　hay ケ　エス　ロ　ケ　アイ que rellenar aquí ? ケ　レジェナール　アキ
需要　花　幾天? シュウヤオ　ファー　ジーティエン?	ใช้เวลากี่วัน シャイウェーラーギーワン	¿ Cuántos　días クアントス　ディアス tardará　en　llegar ? タルダラ　エン　ジェガール
金額　是　多少? ジンアー　シー　ドゥオサオ?	เป็นจำนวนเงินเท่าไหร่ ペンチャムヌアングン　タオライ	¿ Cuánto　cuesta ? クアント　クエスタ

渡航先から荷物を送る際は、品物の外装に必ず「別送品(→ P286)」と書くこと。

日本語 Japanese	英語 English	韓国語 한국어
通信単語 Tūshin tango	**Words for telecommunication** ワーズ フォー テレコミュニケイション	**통신 단어** トンシン タノ
ノートパソコン nōto pasokon	laptop ラップトップ	노트북 ノトゥブク
携帯電話 keitai denwa	cell phone / mobile phone セル フォン / モバイル フォン	핸드폰 ヘンドゥポン
タブレット端末 taburetto tanmatsu	tablet タブレット	태블릿 단말 テブルリッ タンマル
携帯 ゲーム機 keitai gēmuki	handheld game consoles ハンドヘルド ゲイム コンソールズ	휴대용 게임기 ヒュデヨン ケイムギ
データ量 dēta ryō	data usage データ ユーセジ	데이터양 テイトヤン
予備バッテリー yobi batterī	extra battery pack エクストラ バッテリー パック	예비 충전기 イェビ チュンジョンギ
USB ケーブル yū-esu-bī kēburu	USB cable ユーエスビィ ケイブゥ	USB케이블 ユエスビケイブル
ACアダプタ ē-shī adaputā	AC adapter エイシー アダプター	AC어댑터 エイシオデプト
充電 する jūden suru	charge チャージ	충전하다 チュンジョナダ
接続 する setsuzoku suru	connect コネクト	접속하다 チョプソッカダ

通信用語 トンシンヨンユー	คำศัพท์เกี่ยวกับการสื่อสาร カムサップ ギアウガップ ガーンスーサーン	Vocabulario de informática ボカブラリオ デ インフォルマティカ
筆電 ビーディエン	โน๊ตบุ๊ค ノートブック	(ordenador) portátil (オルデナドール) ポルタティル (m)
手機 ソウジー	โทรศัพท์มือถือ トーラサップ ムートゥー	(teléfono) móvil (テレフォノ) モビル (m)
平板電腦 ピンバンディエンナオ	แท็บเล็ต テブレッ	tableta (gráfica) タブレタ グラフィカ (f)
掌上型遊戲機 ザンサンシンヨウシジー	เครื่องเล่นเกมพกพา クルアンレンゲーム ポックパー	videojuego ビデオフエゴ (m)
流量 リョウリャン	ปริมาณดาต้า ポリマーンダーター	uso de datos ウソ デ ダトス (m)
預備電池 ユーベイディエンチー	แบตเตอรี่สำรอง ベットゥーリーサムローン	bateria de repuesto バテリア デ レプエスト (f)
USB線 ユーエスビーシエン	สาย USB サーイ USB	cable USB カブレ ウーエセベー (m)
AC供電器 エーシーゴンディエンチー	หัวแปลงปลั๊กไฟ ホアープレーン プラックファイ	adaptador de CA アダプタドール デ セーアー (m)
充電 ツォンディエン	ชาร์ตแบต シャーッベット	cargar カルガール
連接 リエンジエー	เชื่อมต่อ シュアムトー	conectar コネクタール

日本語 *Japanese*	英語 *English*	韓国語 한국어
通信単語 Tūshin tango	**Words for telecommunication** ワーズ　フォー　テレコミュニケイション	**통신 단어** トンシン タノ
手紙 tegami	letter レター	편지 ピョンジ
はがき hagaki	postcard ポウストカード	엽서 ヨプソ
封筒 fūtō	envelope エンヴェロウプ	봉투 ポントゥ
切手 kitte	stamp スタンプ	우표 ウピョ
小包 kozutsumi	parcel パーセル	소포 ソポ
速達　/　普通便 sokutatsu / futū-bin	express　/　regular mail エクスプレス　/　レギュラー　メイル	속달 / 보통우편 ソクタル / ポトンウピョン
依頼主　/ 届け先 irai nushi / todoke saki	from / to フロム　/　トゥ	보내는 사람 / 받는 사람 ポネヌン サラム / パンヌン サラム
内容品 naiyō hin	contents コンテンツ	내용물 ネヨンムル
重量 jūryō	weight ウェイト	중량 チュンニャン
価格 kakaku	value ヴァリュー	가격 カギョク
贈物　/　商品見本　/　商品 / 身の回り品　/　書類 okurimono / shōhin mihon / shōhin / mino mawari hin / shorui	gift / sample / merchandise / personal effects / document ギフト/サンプル/マーチャンダイズ/パーソナル　イフェクツ/ドキュメント	선물 / 상품 / 견본 / 상품 / 개인용품 / 서류 ソンムル / サンプム / キョンボン / サンプム / ケインニョンプム / ソリュ
別送品 bessō-hin	unaccompanied baggage アンアカンパニィド　　バゲッジ	별송품 ピョルソンプム

通信用語 トンシンヨンユー	คำศัพท์เกี่ยวกับการสื่อสาร カムサップ ギアウガップ ガーンスーサーン	Vocabulario de telecomunicaciones ボカブラリオ デ テレコムニカシオネス
信 シン	จดหมาย チョッマーイ	carta カルタ (f)
明信片 ミンシンピエン	ไปรษณียบัตร プライサニーヤバッ	postal ポスタル (f)
信封 シンフォン	ซองจดหมาย ソーンチョッマーイ	sobre ソブレ (m)
郵票 ヨウピャオ	แสตมป์ サテンプ	sello セジョ (m)
包裹 バオグオー	พัสดุ パッサドゥ	paquete パケテ (m)
快捷/普通 クァイジエ/プートン	ส่งด่วน / ส่งธรรมดา ソンドゥアン / ソンタッマダー	urgente / ordinario ウルヘンテ/オルディナリオ
寄件人/收件人 ジージエンレン/ソウジエンレン	ผู้ส่ง / ผู้รับ プーソン / プーラップ	remitente / destinatario レミテンテ/デスティナタリオ
內容物 ネイロンウー	รายละเอียดของ ラーイラーイアッ コーン	contenido コンテニド(m)
重量 ゾンリャン	น้ำหนัก ナムナック	peso ペソ(m)
價格 ジャーガー	ราคา ラーカー	precio プレシオ(m)
禮品/商業貨樣/銷售物品/個人物品/文件 リーピン/サンイエフオヤン/シャオソウウーピン/ガーレンウーピン/ウエンジエン	ของขวัญ / ตัวอย่างสินค้า / ผลิตภัณฑ์ / ของใช้ส่วนตัว / เอกสาร コーンクワン / トゥーアヤーンシンカー / パリッタパン / コーンシャイスアントゥーア	regalos/muestras / productos / artículos personales/libros レガロス/ムエストラス/プロドゥクトス/アルティクロス ペルソナレス/リブロス
後送物品 ホウソンウーピン	แยกส่ง イェークソン	equipaje no acompañado エキパヘ ノ アコンパニャード

海外用WiFiルーターを、日本で借りていこう。

ルーターとは、日本で使用している自分のスマートフォンやタブレット端末、パソコンを現地通信会社の回線に接続し、インターネットを利用できるようにする機器のこと。事前申し込みでWiFi機器を宅配してもらえるほか、主要国際空港の窓口にて受け取ることもできる。

街歩き中やタクシー乗車中に、地図アプリを活用したい

電車やバスの時刻表やルートを検索したい

観光地や店舗の最新情報を、現地で調べたい

近くにある人気のレストランを探して、ネット予約したい

LINEなどで音声通話やメッセージ送信をしたい

おもな海外用WiFiレンタルサービス

グローバルWifi	townwifi.com/
イモトのWiFi	www.imotonowifi.jp/
Wi-Ho!	www.wi-ho.net/

WiFiルーターを利用する、7つのメリット

❶料金は定額制で安心!

日数と通信速度、データ容量によって選択。データ無制限の料金プランも選べる。

❷複雑な設定がいらない

ルーターの電源を入れ、端末にIDとパスワードを設定するだけでOK。

❸いつでも、どこでも繋がる

常にルーターを持ち運ぶことで、接続場所が限定されずに使える。

❹セキュリティ対策が◎

情報の漏洩リスクが高い公共のフリーWiFiに比べて、はるかに安全。

❺複数接続ができる

ルーターが1台あれば、家族や友人とシェアできるので、料金もお得に!

❻通信速度が安定している

利用者の多いフリーWiFiは接続が不安定で、通信速度が遅いこともある。

❼サポートが24時間日本語対応OK

時差を気にせず、日本語でヘルプ要請できるのはありがたい! ※通話料金が発生する場合あり

基本辞書

日本語 *Japanese*	英語 *English*	韓国語 한국어	中国語 中文	タイ語 ไทย	スペイン語 Español
あ 会う au	meet ミート	만나다 マンナダ	見面 ジェンミエン	พบ ポップ	encontrarse エンコントラルセ
合う au	fit フィット	맞다 マッタ	合適 ハーシー	เหมาะ モ	quedarse ケダールセ
赤ちゃん akachan	baby ベイビィ	아기 アギ	嬰兒 インアー	เด็กทารก デックターロック	bebé ベベ (m)
アクセスする akusesu suru	access アクセス	접속하다 チョプソッカダ	交通 ジャオトン	เข้าถึง カオトゥン	acceder アクセデール
朝 asa	morning モーニング	아침 アチム	早上 ザオサン	เช้า シャーオ	por la mañana ポル ラ マニャーナ
味 aji	taste テイスト	맛 マッ	味道 ウェイダオ	รส ロッ	sabor サボール (m)
明日 ashita	tomorrow トゥモロゥ	내일 ネイル	明天 ミンティエン	พรุ่งนี้ プルンニー	mañana マニャーナ
預かる azukaru	keep キープ	맡다 マッタ	保管 ボオグアン	ฝากเก็บ ファーッゲップ	guardar グアルダール
温（暖）かい atatakai	warm ウォーム	따뜻하다 タトゥタダ	溫的 ウェンダ	อบอุ่น オブウン	templado (cálido) テンプラード（カリド）
新しい atarasī	new ニュゥ	새롭다 セロプタ	新的 シンダ	ใหม่ マイ	nuevo ヌエボ
熱（暑）い atsui	hot ホット	뜨겁다 トゥゴプタ	熱的 ラーダ	ร้อน ローン	caliente (calor) カリエンテ カロール
脂っこい aburakkoi	oily オイリィ	기름지다 キルムジタ	很肥 ヘンフェイ	มัน マン	grasoso グラソソ
アプリ apuri	application アプリケイション	어플 オプル	APP エーピーピー	แอ๊พลิเคชั่น エップリケーシャン	aplicación アプリカシオン (f)
雨 ame	rain レイン	비 ピ	雨 ユー	ฝน フォン	lluvia ジュビア (f)

基本辞書 あ

日本語 Japanese	英語 English	韓国語 한국어	中国語 中文	タイ語 ไทย	スペイン語 Español
歩く aruku	walk ウォーク	걷다 コッタ	走 路 ゾウルー	เดิน ドゥーン	andar アンダール (m)
アルコール arukōru	alcohol アルコホー	알코올 アルコオル	酒精 ジョウジン	แอลกอฮอล์ エルゴーホー	alcohol アルコール (m)
アレルギー arerugī	allergy アラージィ	알레르기 アルレルギ	過敏 グオミン	ภูมิแพ้ プームペー	alérgia アレルヒア (f)
安全 anzen	safe セイフ	안전 アンジョン	安全 アンチュエン	ปลอดภัย プローッパイ	seguro セグロ (m)
案内 annai	guide ガイド	안내 アンネ	指南 ジーナン	แนะนำ ネナム	información インフォルマシオン (f)
い 椅子 isu	chair チェア	의자 ウィジャ	椅子 イーズ	เก้าอี้ ガオイー	silla シジャ (f)
急ぐ isogu	hurry ハリィ	서두르다 ソトゥルダ	快一點 クアイイーディエン	รีบ リーブ	prisa プリサ
痛む itamu	hurt ハート	아프다 アプダ	痛 トン	เจ็บ チェッブ	dolor ドロール
位置 ichi	place プレイス	위치 ウィチ	位置 ウェイジー	ที่ตั้ง ティータン	sitio シティオ (m)
1日券 ichinichi ken	one-day pass ワンデイ パス	일일권 イリルクォン	一日巻 イーリージュエン	ตั๋ว1วัน トゥーアヌンワン	one-day pass ワンデイ パス
一緒に isshoni	together トゥゲザー	함께 ハムケ	一起 イーチー	ด้วยกัน ドゥアイガン	juntos フントス
いつでも itsudemo	always オゥウエイズ	언제나 オンジェナ	隨時 スイシー	เสมอ サムー	siempre シエンプレ
今 ima	now ナウ	지금 チグム	現在 シエンザイ	ตอนนี้ トーンニー	ahora アオラ
イヤホン iyahon	earphone イヤフォン	이어폰 イオポン	耳機 アージー	หูฟัง フーファン	aulicular アウリクラール (m)

日本語 Japanese	英語 English	韓国語 한국어	中国語 中文	タイ語 ไทย	スペイン語 Español
衣類 irui	clothing クロージン	의류 ウィリュ	衣服 イーフー	เสื้อผ้า スアパー	ropa ロパ (f)
インターネット intānetto	internet インタネット	인터넷 イントネッ	網際網路 ワンジーワンルー	อินเตอร์เน็ต インターネッ	internet インテルネ (m)
う ウール ūru	wool ウール	울 ウル	羊毛 ヤンマオ	ขนแกะ コンゲ	lana ラナ (f)
上 ue	up アップ	위 ウィ	上 サン	บน ボン	arriba アリーバ
ウエスト uesuto	waist ウェイスト	허리 ホリ	腰圍 ヤオウェイ	เอว エーウ	cintura シントゥーラ (f)
後ろ ushiro	back バック	뒤 ティ	後面 ホウミエン	หลัง ラン	atrás アトラス
歌 uta	song ソング	노래 ノレ	歌曲 ガーチュー	เพลง プレーン	canción カンシオン (f)
え エアコン eakon	air conditioner エア コンディショナー	에어컨 エオコン	空調 コンティアオ	แอร์ エー	aire acondicionado アイレ アコンディシオナド (m)
駅 eki	station ステイション	역 ヨク	車站 チャーザン	สถานี サターニー	estación エスタシオン (f)
液晶画面 ekishō gamen	LCD screen エルスィーディー スクリーン	액정화면 エクチョンファミョン	螢幕 インムー	หน้าจอLCD ナーチョーエルシーディー	pantalla パンタージャ (f)
液体 ekitai	liquid リクィッド	액체 エクチェ	液體 イーティー	ของเหลว コーンレーウ	líquido リキド (m)
エスカレーター esukarētā	escalater エスカレーター	에스컬레이터 エスコルレイト	手扶梯 ソウフーティー	บันไดเลื่อน バンダイルアン	escalera mecánica エスカレラ メカニカ (f)
選ぶ erabu	choose チューズ	고르다 コルダ	選 シュエン	เลือก ルアク	elegir エレヒール
襟 eri	collar カラー	옷깃 オッキッ	衣領 イーリン	ปกเสื้อ ポックスアー	cuello クエジョ (m)

日本語 Japanese	英語 English	韓国語 한국어	中国語 中文	タイ語 ไทย	スペイン語 Español
エレベーター erebētā	**elevater** エレヴェイター	엘리베이터 エルリベイト	電梯 ディエンティー	ลิฟท์ リフ	ascensor アセンソール (m)
延長する enchō suru	**extend** エクステンド	연장하다 ヨンジャンハダ	延長 イエンチャン	ขยาย カヤーイ	extender エステンデール prolongar プロロンガール
鉛筆 enpitsu	**pencil** ペンシル	연필 ヨンピル	鉛筆 チエンビー	ดินสอ ディンソー	lápiz ラピス (m)
お **おいしい** oishī	**taste good** テイスト グーッ **delicious** デリシャス	맛있다 マシッタ	好吃 ハオチー	อร่อย アロイ	bueno ブエノ rico リコ
横断歩道 ōdanhodō	**crossing** クロッスィング	횡단보도 ヒンダンボド	斑馬線 バンマーシエン	ทางม้าลาย ターンマーラーイ	paso de cebra パソ デ セブラ (m)
嘔吐 ōto	**vomit** ヴォウミット	구토 クト	嘔吐 オウトゥー	อาเจียน アーチアン	vómito ボミト (m)
往復 ōfuku	**round trip** ラウンド トゥリップ	왕복 ワンボク	來回 ライフイ	ไปกลับ パイグラップ	ida y vuelta イダ イ ブエルタ
お金 okane	**money** マニー	돈 トン	錢 チエン	เงิน グン	dinero ディネロ (m)
起きる okiru	**wake up** ウェイカップ	일어나다 イロナダ	起床 チーチュアン	ตื่น トゥーン	despertarse デスペルタルセ levantarse レバンタルセ
屋外の okugai no	**outdoor** アウッドー	옥외의 オグェエ	戶外 フーウイ	กลางแจ้ง グラーンチェーン	aire libre アイレ リブレ
屋上 okujō	**rooftop** ルーフトップ	옥상 オクサン	屋頂 ウーディン	ดาดฟ้า ダーッファー	azotea アソテア (f)

日本語 Japanese	英語 English	韓国語 한국어	中国語 中文	タイ語 ไทย	スペイン語 Español
送る okuru	send センドゥ	보내다 ポネダ	送 ソン	ส่ง ソン	mandar マンダール
遅れる okureru	delay ディレイ	늦다 ヌッタ	遲到 チーダオ	ล่าช้า ラーシャー	retrasar レトラサール
押す osu	push プッシュ	누르다 ヌルダ	按 アン	กด ゴッ	empujar エンプハール
落ちる / 落とす ochiru / otosu	drop ドゥロップ	떨어지다 トロジダ	掉 ディアオ	ตก トック	caerse / tirar カエルセ ／ ティラール
夫 otto	husband ハズバンド	남편 ナムピョン	老公 ラオゴン	สามี サーミー	marido マリード (m)
おつり otsuri	change チェインジ	거스름돈 コスルムトン	找零 ザオリン	เงินทอน グントーン	cambio カンビオ (m)
おてふき otefuki	hand wipe ハンド　ワイプ	물수건 ムルスゴン	濕紙巾 シージージン	ผ้าเช็ดมือ パーシェッムー	toallita húmeda トアジータ　ウメダ (f)
音 oto	sound サウンド	소리 ソリ	聲音 センイン	เสียง シアン	sonido ソニード (m)
男の子 otokonoko	boy ボーイ	남자 ナムジャ	男孩 ナンハイ	เด็กผู้ชาย デックプーシャーイ	niño ニーニョ (m)
おととい ototoi	day before デイ　ビフォァ yesterday イェスタデイ	그저께 クジョケ	前天 チエンティエン	เมื่อวานซืน ムアワーンスーン	anteayer アンテアジェール
大人 otona	adult アダゥト	어른 オルン	大人 ダーレン	ผู้ใหญ่ プーヤイ	adulto アドゥルト (m)
踊り odori	dance ダンス	춤 チュム	舞蹈 ウーダオ	เต้นรำ テンラム	baile バイレ (m)
同じ onaji	same セイム	같다 カッタ	一樣 イーヤン	เหมือน ムアン	igual イグアル

日本語 *Japanese*	英語 *English*	韓国語 한국어	中国語 中文	タイ語 ไทย	スペイン語 Español
覚える oboeru	remember リメンバー	외우다 ウェウダ	記得 ジーダー	จำ チャム	aprender アプレンデール recordar レコルダール
おもちゃ omocha	toy トーイ	장난감 チャンナンカム	玩具 ワンジュー	ของเล่น コーンレン	jugete フゲテ (m)
親 oya	parents ペアレンツ	부모님 プモニム	父母 フームー	ผู้ปกครอง プーポックローン	padres パードレス (m)
泳ぐ oyogu	swim スウィム	수영하다 スヨンハダ	游泳 ヨウヨン	ว่ายน้ำ ウーイナーム	nadar ナダール
降りる oriru	get off ゲットオフ	내리다 ネリダ	下車 シアチャー	ลง ロン	bajarse バハールセ
音楽 ongaku	music ミューズィック	음악 ウマク	音樂 インユエ	ดนตรี ドントリー	música ムシカ (f)
温度 ondo	temperature テンプリチャー	온도 オンド	溫度 ウェンドゥー	อุณหภูมิ ウンハプーム	temperatura テンペラトゥラ (f)
女の子 onnanoko	girl ガール	여자 ヨジャ	女孩 ニューハイ	เด็กผู้หญิง デックプーイン	niña ニーニャ (f)
か 蚊 ka	mosquito モスキート	모기 モギ	蚊子 ウェンズ	ยุง ユン	mosquito モスキート (m)
貝 kai	shell シェウ	조개 チョゲ	貝 ベイ	หอย ホイ	concha コンチャ (f)
絵画 kaiga	painting ペインティング	회화 フェファ	繪畫 フイフア	จิตรกรรม チッタガム	pintura ピントゥーラ (f)
会計 kaikei	bill ビゥ	계산 ケサン	買單 マイダン	คิดเงิน キッグン	cuenta クエンタ (f)
解錠する kaijō suru	unlock アンロック	열다 ヨルダ	開鎖 カイスオ	ปลดล็อค プロッロック	desbloquear デスブロケアール

日本語 Japanese	英語 English	韓国語 한국어	中国語 中文	タイ語 ไทย	スペイン語 Español
階段 kaidan	**stairs** ステアズ	**계단** ケダン	**樓梯** ロウティー	**บันได** バンダイ	**escaleras** エスカレラス (f)
買う kau	**buy** バイ	**사다** サダ	**買** マイ	**ซื้อ** スー	**comprar** コンプラール
帰る kaeru	**go back** ゴー　バック	**돌아가다** トラガダ	**回去** フイチュー	**กลับ** グラップ	**volver** ボルベール
変える kaeru	**change** チェインジ	**바꾸다** パクダ	**換** ファン	**เปลี่ยน** プリアン	**cambiar** カンビアール
書く kaku	**write** ライト	**쓰다** スダ	**寫** シエ	**เขียน** キアン	**escribir** エスクリビール
確認する kakunin suru	**check** チェック	**확인하다** ファギナダ	**確認** チュエレン	**ยืนยัน** ユーンヤン	**chequear** チェケアール
傘 kasa	**umbrella** アンブレラ	**우산** ウサン	**雨傘** ユーサン	**ร่ม** ロム	**paraguas** パラグアス (m)
風邪 kaze	**cold** コウルド	**감기** カムギ	**感冒** ガンマオ	**หวัด** ワッ	**constipado** コンスティパード (m)
家族 kazoku	**family** ファミリィ	**가족** カジョク	**家人** ジャーレン	**ครอบครัว** クローブクルア	**familia** ファミリア (f)
固い katai	**hard** ハードゥ	**딱딱하다** タタッカダ	**硬的** インダ	**แข็ง** ケン	**duro** ドゥロ
片道 katamichi	**one way** ワン　ウェイ	**편도** ピョンド	**單行道** ダンシンダオ	**ทางเดียว** ターンディアウ	**ida** イダ (f)
加熱式たばこ kanetsushiki tabako	**vape** ヴェイプ	**전자담배** チョンジャダムベ	**電子菸** ディエンズイエン	**บุหรี่ไฟฟ้า** ブリーファイファー	**cigarrillo de** シガリージョ　デ **vapor /iQOS** バポール／イコス (m)
紙 kami	**paper** ペイパー	**종이** チョンイ	**紙** ジー	**กระดาษ** グラダーッ	**papel** パペル (m)

日本語 Japanese	英語 English	韓国語 한국어	中国語 中文	タイ語 ไทย	スペイン語 Español
かゆい kayui	itchy イッチィ	가렵다 カリョブタ	癢 ヤン	คัน カン	picar ピカール
ガラス garasu	glass グラース	유리 ユリ	玻璃 ボーリー	แก้ว ゲウ	cristal クリスタル (m)
革 kawa	leather レザー	가죽 カジュク	皮革 ピーガー	หนัง ナン	cuero クエロ (m)
かわいい kawaii	cute キュート	귀엽다 クィヨブタ	可愛 クーアイ	น่ารัก ナーラック	bonito ボニート
為替レート kawase rēto	currency rate カレンスィ　レイト	환율 ファンニュル	匯率 フイリュ	อัตราแลกเปลี่ยนเงินตรา アットラーレークプリアン　グントラ	tipo　de cambio ティポ　デ　カンビオ (m)
缶 kan	can キャン	캔 ケン	罐頭 グァントウ	กระป๋อง グラポン	lata ラタ (f)
乾燥している kansō shiteiru	dry ドライ	건조하다 コンジョハダ	乾燥的 ガンザオダ	แห้ง ヘーン	seco セコ
乾電池 kandenchi	battery バッテリィ	건전지 コンジョンジ	電池 ディエンチー	แบตเตอรี่ ベットゥーリー	pila ピラ (f)
き 木 ki	wood ウーッド	나무 ナム	樹 スー	ไม้ マーイ	madera マデラ (f)
聞く kiku	hear ヒア	듣다 トゥッタ	聽 ティン	ได้ยิน ダイイン	escuchar エスクチャール
危険 kiken	danger デインジャ	위험하다 ウィホマダ	危險 ウェイシエン	อันตราย アンタラーイ	peligroso ペリグロソ
季節 kisetsu	season スィーズン	계절 ケジョル	季節 ジージエ	ฤดู ルドゥー	estación エスタシオン (f)
汚い kitanai	dirty ダーティー	더럽다 トロブタ	髒的 ザンダ	สกปรก ソッガプロック	sucio スシオ
貴重品 kichōhin	valuables ヴァリュアブゥズ	귀중품 クィジュンプム	貴重品 グイゾンピン	ของมีค่า コーンミーカー	objetos de valor オブヘトス　デ　バロール (m)

日本語 Japanese	英語 English	韓国語 한국어	中国語 中文	タイ語 ไทย	スペイン語 Español
喫煙所 kitsuenjo	smoking area スモゥキン エーリア	흡연실 フビョンシル	吸菸區 シーイエンチュー	พื้นที่สูบบุหรี่ プーンティースーブリー	área de fumadores アレア デ フマドーレス (f)
切符 kippu	ticket ティケット	티켓 ティケッ	車票 チャーピアオ	ตั๋ว トゥーア	billete ビジェテ (m)
絹 kinu	silk スィウク	실크 シルク	絲織品 スーズーピン	ไหม マイ	seda セダ (f)
QR コード kyūāru kōdo	QR code キューアール コウド	큐알 코드 キュアル コドゥ	QR code キューアーコー	คิวอาร์โค้ด キウアーコーッ	código QR コディゴ クーエレ (m)
救急車 kyūkyūsha	ambulance アンビュランス	구급차 クグプチャ	救護車 ジョウフーチャー	รถพยาบาล ロッパヤーバーン	ambulancia アンブランシア (f)
急行 kyūkō	express エクスプレス	급행 クペン	快車 クアイチャー	ด่วน ドゥアン	exprés エスプレス (m)
牛乳 gyūnyū	milk ミウク	우유 ウユ	牛奶 ニュウナイ	นม ノム	leche レチェ (f)
魚介類 gyokairui	seafood シーフード	해산물 ヘサンムル	海鮮 ハイシエン	อาหารทะเล アーハーンタレー	mariscos マリスコス (m)
着る kiru	wear ウェア	입다 イプタ	穿 チュアン	ใส่ サイ	vestir ベスティール
きれい（清潔） kirei	clean クリーン	깨끗하다 ケクタダ	乾淨 ガンジン	สะอาด サアーッ	limpio リンピオ
緊急 kinkyū	emergency エマージェンスィー	긴급 キングプ	緊急 ジンジー	ฉุกเฉิน シュックシゥーン	emergencia エメルヘンシア (f)
銀行 ginkō	bank バンク	은행 ウネン	銀行 インハン	ธนาคาร タナーカーン	banco バンコ (m)
禁止 kinshi	prohibit プロヒビット	금지 クムジ	禁止 ジンジー	ห้าม ハーム	prohibido プロイビード
く クーポン kūpon	coupon クーポン	쿠폰 クポン	折價券 ザージャージュエン	คูปอง クーポーン	cupón クポン (m)

日本語 *Japanese*	英語 *English*	韓国語 한국어	中国語 中文	タイ語 ไทย	スペイン語 Español
薬 kusuri	medicine メディシン	약 ヤク	藥 ヤオ	ยา ヤー	medicamento メディカメント (m)
果物 kudamono	fruits フルーツ	과일 クァイル	水果 スイグオ	ผลไม้ ポンラマイ	fruta フルータ (f)
口紅 kuchibeni	lipstick リップスティック	립스틱 リブスティク	口紅 コウホン	ลิปสติก リップサティック	pintalabios ピンタラビオス (m)
靴下 kutsushita	socks ソックス	양말 ヤンマル	襪子 ワーズ	ถุงเท้า トゥンタオ	calcetines カルセティネス (m)
クリーム kurīmu	cream クリーム	크림 クリム	奶油 ナイヨウ	ครีม クリーム	crema クレマ (f)
車 kuruma	car カー	차 チャ	車子 チャーズ	รถยนต์ ロッヨン	coche コチェ (m)
燻製にした kunsei ni shita	smoked スモゥクド	훈제 フンジェ	煙燻的 イエンシュンダ	อบควัน オブクワン	ahumado アウマード
警察 keisatsu	police ポリィース	경찰 ギョンチャル	警察 ジンチャー	ตำรวจ タムルアッ	policia ポリシア (f)
け 計算する keisan suru	calculate カゥリュレイト	계산하다 ケサナダ	計算 ジースアン	คำนวณ カムヌアン	calucular カルクラール
ケーキ kēki	cake ケイク	케이크 ケイク	蛋糕 ダンガオ	เค้ก ケーキ	tarta タルタ (f)
けが kega	injury インジュリィー	부상 プサン	傷口 サンコウ	บาดเจ็บ バーッチェッブ	lesión レシオン (f)
劇場 gekijō	theater シアター	극장 ククチャン	劇場 ジューチャン	โรงละคร ローンラコーン	teatro テアトロ (m)
景色 keshiki	view ヴュー	풍경 プンギョン	風景 フォンジン	วิว ウィウ	paisaje パイサヘ (m)
化粧水 keshōsui	toner トウナー	토너 トノ	化妝水 ファジュアンスイ	โลชั่นบำรุงหน้า ローシャンバムルンナー	tóncio トニコ (m)

日本語 Japanese	英語 English	韓国語 한국어	中国語 中文	タイ語 ไทย	スペイン語 Español
化粧品 keshōhin	cosmetics コスメティックス	화장품 ファジャンプム	化妆品 ファジュアンピン	เครื่องสำอางค์ クルアンサムアーン	cosmético コスメティコ (m)
解熱剤 genetsuzai	antipyretic アンタイパイレティック	해열제 ヘヨルチェ	退燒藥 トゥイサオヤオ	ยาลดไข้ ヤーロッカイ	antipirético アンティピレティコ (m)
下痢 geri	diarrea ダイアリア	설사 ソルサ	拉肚子 ラードゥーズ	ท้องเสีย トーンシア	diarrea ディアレア (f)
見学する kengaku suru	tour トゥアー	견학하다 キョナッカダ	參觀 ツァングァン	เยี่ยมชม イアムショム	tour トゥール (m)
現金 genkin	cash キャッシュ	현금 ヒョングム	現金 シェンジン	เงินสด グンソッ	efectivo エフェクティボ (m)
検索する kensaku suru	search サーチ	검색하다 コムセッカダ	搜尋 ソウシュン	ค้นหา コンハー	buscar ブスカール
こ 更衣室 kōishitsu	changing room チェインジン ルーム	탈의실 タリシル	更衣室 ガンイーシー	ห้องเปลี่ยนเสื้อผ้า ホンプリアンスアパー	vestuario ベストゥアリオ (m)
硬貨 kōka	coin コイン	동전 トンジョン	硬幣 インビー	เหรียญ リアン	moneda モネダ (f)
交換する kōkan suru	change チェインジ	교환하다 キョファナダ	交換 ジャオファン	แลกเปลี่ยน レーグプリアン	cambiar カンビアール
航空券 kōkūken	flight ticket フライト ティケット	항공편 ハンゴンピョン	機票 ジーピャオ	ตั๋วเครื่องบิน トゥーアクルアンビン	billete de ビジェテ デ avión アビオン (m)
香水 kōsui	perfume パーフューム	향수 ヒャンス	香水 シャンスイ	น้ำหอม ナムホーム	perfume ペルフーメ (m)
コート kōto	coat コウト	코트 コトゥ	外套 ワイタオ	เสื้อโค้ท スアコーッ	abrigo アブリーゴ (m)
氷 kōri	ice アイス	얼음 オルム	冰塊 ビンクァイ	น้ำแข็ง ナムケン	hielo イエロ (m)

日本語 Japanese	英語 English	韓国語 한국어	中国語 中文	タイ語 ไทย	スペイン語 Español
国際運転免許証 kokusai unten menkyoshō	international インタナショナル driving permit ドゥライヴィン　パミット	국제운전면허증 ククチェウンジョンミョノチュン	國際駕照 グオジージャーザオ	ใบขับขี่สากล バイカップキーサーゴン	carnet de conducir カルネ　デ　コンドゥシール internacional インテルナシオナル (m)
国際線 kokusaisen	international インタナショナル flight フライト	국제선 ククチェソン	國際線 グオジーシエン	เที่ยวบินต่างประเทศ ティアウビンターンプラテーッ	vuelo ブエロ internacional インテルナシオナル (m)
国内線 kokunaisen	domestic flight ドメスティック　フライト	국내선 クンネソン	國內線 グオネイシエン	เที่ยวบินภายในประเทศ ティアウビンパーイナイプラテーッ	vuelo nacional ブエロ　ナシオナル (m)
午後 gogo	afternoon アーフタヌーン	오후 オフ	下午 シアウー	บ่าย バーイ	por la tarde ポル　ラ　タルデ
小銭 kozeni	small change スモール　チェインジ	잔돈 チャンドン	零錢 リンチエン	เหรียญ リアン	moneda モネダ (f)
午前 gozen	morning モーニング	오전 オジョン	上午 サンウー	เช้า シャーウ	por la mañana ポル　ラ　マニャーナ
骨董品 kottōhin	antique アンティーク	골동품 コルトンプム	骨董 グードン	โบราณ ボーラーン	antigüedad アンティグエダ (f)
コップ koppu	cup カップ	컵 コプ	杯子 ベイズ	ถ้วย トゥアイ	vaso バソ (m)
言葉 kotoba	language ラングウィッジ	언어 オノ	語言 ユーイエン	ภาษา パーサー	idioma イディオマ (m)
こども kodomo	child チャイルド	아이 アイ	小孩 シャオハイ	เด็ก デック	niño ニーニョ
ゴミ gomi	trash トゥラッシュ	쓰레기 スレギ	垃圾 ラーサー	ขยะ カヤ	basura バスーラ (f)
米 kome	rice ライス	쌀 サル	米 ミー	ข้าว カオ	arroz アロス (m)

日本語 Japanese	英語 English	韓国語 한국어	中国語 中文	タイ語 ไทย	スペイン語 Español
コンタクトレンズ kontakuto renzu	contact lenses コンタクト レンズィズ	콘택트렌즈 コンテクトゥレンズ	隱形眼鏡 インシンイエンジン	คอนแทคเลนส์ コンテックレン	lentillas レンティージャス (f)
さ サービス sābisu	service サービス	서비스 ソビス	服務 フーウー	บริการ ボリガーン	servicio セルビシオ
最後 saigo	last ラースト	마지막 マジマク	最後 ズイホウ	สุดท้าย スッターイ	final フィナル (m)
最初 saisho	first ファースト	처음 チョウム	最初 ズイツュー	แรก レーク	principio プリンシピオ (m)
探す sagasu	find ファインド	찾다 チャッタ	找 ザオ	หา ハー	buscar ブスカール
魚 sakana	fish フィッシュ	생선 センソン	魚 ユー	ปลา プラー	pescado ペスカード (m)
酒場 sakaba	bar バー	술집 スルチプ	酒吧 ジョウバー	บาร์ バー	bar バル (m)
酒 sake	liquor リカー	술 スル	酒 ジョウ	เหล้า ラオ	bebidas ベビーダス alcohólicas アルコリカス (f)
座席 zaseki	seat スィート	좌석 チュアソク	座位 ズオウェイ	ที่นั่ง ティーナン	asiento アシエント (m)
撮影する satsuei suru	film フィウム	촬영하다 チャリョンハダ	攝影 サーイン	ถ่ายทำ ターイタム	filmar フィルマール
雑貨 zakka	sundry サンドリー	잡화 チャプァ	日用品 リーヨンピン	สินค้าเบ็ดเตล็ด シンカーベッタレッ	artículos para アルティクロス パラ el hogar エル オガール (m)
雑誌 zasshi	magazine マガズィーン	잡지 チャプチ	雜誌 ザージー	นิตยสาร ニッタヤサーン	revista レビスタ (f)

日本語 Japanese	英語 English	韓国語 한국어	中国語 中文	タイ語 ไทย	スペイン語 Español
寒い samui	cold コウルド	춥다 チュプタ	冷的 ランダ	หนาว ナーオ	frío フリオ
冷める sameru	cool クール	식다 シクダ	冷掉 ランディアオ	เย็น イェン	enfriado エンフリアード
三角 sankaku	triangle トゥライアングゥ	삼각형 サムガッキョン	三角形 サンジャオシン	สามเหลี่ยม サームリアム	triángulo トゥリアングロ (m)
サングラス sangurasu	sunglasses サングラースィズ	선글라스 ソングルラス	太陽眼鏡 タイヤンイエンジン	แว่นตาดำ ウェンターダム	gafas de sol ガファス デ ソル (f)
シートベルト shītoberuto	seat belt スィートベウト	안전벨트 アンジョンベルトゥ	安全帯 アンチュエンダイ	เข็มขัดนิรภัย ケムカッニラパイ	cinturón de seguridad シントゥロン デ セグリダ (m)
塩辛い shiokarai	salty ソルティー	짜다 チャダ	鹹的 シエンダ	เค็ม ケム	salado サラド
市街 shigai	city シティ	거리 コリ	城市 チェンシー	เมือง ムアン	centro セントロ (m)
四角 shikaku	square スクエア	사각형 サガッキョン	四角形 スージャオシン	สี่เหลี่ยม シーリアム	cuadrado クワドラド (m)
時間 jikan	time タイム	시간 シガン	時間 シージエン	เวลา ウェーラー	tiempo ティエンポ (m)
事故 jiko	accident アクスィデント	사고 サゴ	車禍 チャーフオ	อุบัติเหตุ ウバアティヘーッ	accidente アクシデンテ (m)
時差ぼけ jisaboke	jetlag ジェットラグ	시차병 シチャビョン	時差 シーチャー	เจ็ทแล็ก ジェッレッグ	desfase horario デスファセ オラリオ (m)
静か shizuka	quiet クワイエット	조용하다 チョヨンハダ	安靜的 アンジンダ	เงียบ ギーアブ	tranquilo トランキロ
自然 shizen	natural ナチュラル	자연 チャヨン	自然 ズーラン	ธรรมชาติ タㇺシャーッ	naturaleza ナトゥラレサ (f)

基本辞書 さ〜し

日本語 *Japanese*	英語 *English*	韓国語 한국어	中国語 中文	タイ語 ไทย	スペイン語 Español
下 shita	down ダウン	밑 ミッ	下 シアー	ข้างล่าง カーンラーン	abajo アバホ
下着 shitagi	underwear アンダウェアー	속옷 ソゴッ	內衣 ネイイー	ชุดชั้นใน シュッシャンナイ	ropa interior ロパ インテリオール (f)
湿布 shippu	patch パッチ	파스 パス	貼布 ティエブー	ผ้าเปียก パーピアク	parche パルチェ (m)
自動販売機 jidō hanbaiki	vending machine ヴェンディングマシーン	자동판매기 チャドンパンメギ	自動販賣機 ズードンファンマイジー	ตู้ขายอัตโนมัติ トゥーカーイアッタノーマッ	expendedor エクスペンデドール (m)
自撮り jidori	selfie セルフィー	셀카 セルカ	自拍 ズーパイ	เซลฟี่ セルフィー	selfie セルフィー
支払う shiharau	pay ペイ	지불하다 チブラダ	付錢 フーチエン	จ่าย チャーイ	pagar パガール
紙幣 shihei	bill ビゥ	지폐 チペ	紙鈔 ジーチャオ	บิล ビン	billete ビジェテ (m)
閉まる shimaru	close クローズ	닫다 タッタ	關閉 グァンビー	ปิด ピット	cerrar セラール
SIM カード shimu kādo	SIM card スィムカード	심카드 シムカドゥ	SIM 卡 シムカー	ซิมการ์ด シムガード	tarjeta SIM タルヘタ シム (f)
じゃがいも jagaimo	potato ポテイトウ	감자 カムジャ	馬鈴薯 マーリンスー	มันฝรั่ง マンファラン	patata パタタ (f)
写真 shashin	photo フォゥトウ	사진 サジン	照片 ザオピエン	รูปถ่าย ループターイ	foto フォト (f)
ジャム jamu	jam ジャム	잼 チェム	果醬 グオジャン	แยม エーム	mermelada メルメラーダ (f)
シャワー shawā	shower シャワー	샤워 シャウォ	淋浴 リンユー	อาบน้ำ アーブナム	ducha ドゥチャ (f)
シャンプー shanpū	shampoo シャンプー	샴푸 シャムプ	洗髮精 シーファージン	แชมพู シェームプー	champú チャンプ (m)

日本語 Japanese	英語 English	韓国語 한국어	中国語 中文	タイ語 ไทย	スペイン語 Español
集合場所 shūgō basho	meeting point ミーティング　ポイント	집합 장소 チバブ チャンソ	集合地點 ジーハーディーディエン	จุดนัดพบ チュッナッポブ	punto de プント　デ encuentro エンクエントロ (m)
充電器 jūdenki	charger チャージャー	충전기 チュンジョンギ	充電器 チョンディエンチー	เครื่องชาร์ตแบต クルアンシャーッベット	cargador カルガドール (m)
週末 shūmatsu	weekend ウィーケンド	주말 チュマル	週末 ジョウモー	วันหยุด ワンユッ	fin　de semana フィン　デ　セマーナ (m)
ジュエリー juerī	jewelry ジュエリー	주얼리 ジュオルリ	珠寶 ズウバオ	จิวเวอรี่ ジウウーリー	joya ホジャ (f)
手工芸品 shukōgeihin	handicrafts ハンディクラーフト	수공예품 スゴンイェプム	手工藝品 ソウゴンイーピン	หัตถกรรม ハッタガム	artesanía アルテサニア (f)
手指消毒液 shushi shōdokueki	hand sanitizer ハンド　サニタイザー	손 소독제 ソン ソドクチェ	乾洗手 ガンシーソウ	น้ำยาฆ่าเชื้อที่มือและนิ้ว ナムヤーカーシュアー ティームー レ ニウ	Desinfectante de デシンフェクタンテ　デ manos マノス (m)
出血する shukketsu suru	bleed ブリード	출혈하다 チュリョラダ	出血 ツューシエ	เลือดออก ルアーッオーク	sangrar サングラール
出発する shuppatsu suru	depart ディパート	출발하다 チュルバラダ	出發 ツューファー	ออกเดินทาง オークドゥーンターン	salir サリール
しょうが shōga	ginger ジンジャー	생강 センガン	薑 ジャン	ขิง キン	jengibre ヘンヒブレ (m)
使用中 shiyōchū	occupied オキュパイド	사용중 サヨンジュン	使用中 シーヨンゾン	กำลังใช้งาน ガムランシャイガーン	ocupado オクパード
賞味期限 shōmi kigen	expiration date イクスィピレイション　デイト	유통기한 ユトンギハン	有效日期 ヨウシャオリーチー	วันหมดอายุ ワンモットアーユ	caducidad カドゥシダ (f)
女性 josei	female フィーメイル	여성 ヨソン	女性 ニュウシン	ผู้หญิง プーイン	mujer ムヘール (f)

基本辞書 し

日本語 Japanese	英語 English	韓国語 한국어	中国語 中文	タイ語 ไทย	スペイン語 Español
書店 shoten	book store ブック ストア	서점 ソジョム	書店 スーディエン	ร้านหนังสือ ラーンナンスー	librería リブレリア (f)
シリアル shiriaru	cereal シリアゥ	시리얼 シリオル	穀類麥片 グーレイマイピエン	ซีเรียล シーリアル	cereales セレアレス (m)
信号 shingō	traffic light トゥラフィック ライト	신호등 シノドゥン	紅綠燈 ホンリュウダン	ไฟจราจร ファイチャラーチョーン	semáforo セマフォロ (m)
新聞 shinbun	newspaper ニューズペイパー	신문 シンムン	報紙 バオジー	หนังสือพิมพ์ ナンスーピム	periódico ペリオディコ (m)
す スーツケース sūtsukēsu	suitcase スーツケイス	슈트케이스 シュトゥケイス	行李箱 シンリーシャン	กระเป๋าเดินทาง グラパオドゥーンターン	maleta マレタ (f)
スカート sukāto	skirt スカート	스커트 スコトゥ	裙子 チュンズ	กระโปรง グラプローン	falda ファルダ (f)
頭痛 zutsū	headache ヘデイク	두통 トゥトン	頭痛 トウトン	ปวดหัว プアーッホーア	dolor de cabeza ドロール デ カベサ (m)
スニーカー sunīkā	sneakers スニーカーズ	운동화 ウンドンファ	運動鞋 ユンドンシエ	รองเท้าผ้าใบ ローンタオパバイ	zapatillas deportivas サパティージャス デポルティーバス (f)
スポーツ supōtsu	sports スポーツ	스포츠 スポチュ	運動 ユンドン	กีฬา ギーラー	deporte デポルテ (m)
ズボン zubon	trousers トゥラウザーズ	바지 パジ	褲子 クーズ	กางเกง ガーンゲーン	pantalones パンタロネス (m)
スマートフォン sumātofon	smart phone スマートフォウン	스마트폰 スマトゥポン	智慧型手機 ジーフイシンソウジー	สมาร์ทโฟน スマーッフォーン	teléfono inteligente テレフォノ インテリヘンテ (m)
スリッパ surippa	slippers スリパーズ	슬리퍼 スルリポ	拖鞋 トゥオシエ	รองเท้าแตะ ローンターオテ	zapatillas de casa サパティージャス デ カサ (f)
座る suwaru	sit スィット	앉다 アンタ	坐 ズオ	นั่ง ナン	sentarse センタルセ
せ 税金 zeikin	tax タックス	세금 セグム	税金 スイジン	ภาษี パーシー	impuesto インプエスト (m)

日本語 Japanese	英語 English	韓国語 한국어	中国語 中文	タイ語 ไทย	スペイン語 Español
生理用品 seiri yōhin	sanitary napkin サニタリー ナプキンズ	생리용품 センニヨンプム	生理用品 センリーヨンピン	ผ้าอนามัย パーアナーマイ	artículos sanitarios アルティクロス サニタリオス (m)
咳 seki	cough コフ	기침 キチム	咳嗽 カーソウ	ไอ アイ	tos トス (f)
石鹸 sekken	soap ソウプ	비누 ピヌ	肥皂 フェイザオ	สบู่ サブー	jabón ハボン (m)
設定 settei	settings セティングス	설정 ソルチョン	設定 サーディン	การตั้งค่า ガーンタンカー	configración コンフィグラシオン (f)
栓抜き sennuki	bottle opener ボトル オウプナー	병따개 ピョンタゲ	開瓶器 カイピンチー	ที่เปิดขวด ティープーックアッ	abridor アブリドール (m)
そ 双眼鏡 sōgankyō	binoculars ビノキュラース	쌍안경 サンアンギョン	望遠鏡 ワンユエンジン	กล้องส่องทางไกล グロンソンターングライ	prismáticos プリスマティコス (m)
掃除する sōji suru	clean クリーン	청소하다 チョンソハダ	打掃 ダーサオ	ทำความสะอาด タムクワームサアーッ	limpiar リンピアール
ソーセージ sōsēji	sausage ソセージ	소시지 ソシジ	香腸 シャンチャン	ไส้กรอก サイグローク	salchicha サルチチャ (f)
外 soto	outside アウトゥサイド	밖 パク	外面 ワイミエン	ข้างนอก カーンノーク	fuera フエラ
た 体温 taion	body temperature バディ テンプリチャー	체온 チェオン	體溫 ティーウエン	อุณหภูมิร่างกาย ウンハプームラーンガーイ	temperatura テンペラトゥラ (f)
体温計 taionkei	thermometer サーモメター	체온계 チェオンゲ	體溫計 ティーウエンジー	ปรอทวัดไข้ パローッワッカイ	termómetro テルモメトロ (m)
ダウンロードする daunrōdo suru	download ダウンロード	다운로드하다 ダウンロドゥハダ	下載 シアザイ	ดาวน์โหลด ダウンロード	descargar デスカルガール
タバコ tabako	cigarette スィガレット	담배 タムベ	香菸 シャンイエン	บุหรี่ ブリー	tabaco タバコ (m)
食べ物 tabemono	food フード	음식 ウムシク	食物 シーウー	อาหาร アーハーン	comida コミーダ (f)

日本語 Japanese	英語 English	韓国語 한국어	中国語 中文	タイ語 ไทย	スペイン語 Español
男性 dansei	male メイル	남성 ナムソン	男性 ナンシン	ผู้ชาย プーシャーイ	hombre オンブレ (m)
ち血 chi	blood ブラッド	피 ピ	血 シエ	เลือด ルアーッ	sangre サングレ (f)
チケット chiketto	ticket ティケット	티켓 ティケッ	票 ピャオ	ตั๋ว トゥーア	entrada エントラダ (f)
地図 chizu	map マップ	지도 チド	地圖 ディートゥー	แผนที่ ペーンティー	plano プラノ (m)
父 chichi	father ファーザー	아버지 アボジ	爸 バー	พ่อ ポー	padre パードレ (m)
チップ chippu	tip ティップ	팁 ティプ	小費 シャオフェイ	ทิป テップ	propina プロピナ (f)
昼食 chūshoku	lunch ランチ	점심 チョムシム	午餐 ウーツァン	อาหารเที่ยง アーハーンティアン	comida コミーダ (f)
注文する chūmon suru	order オーダー	주문하다 チュムナダ	(料理の注文)點餐 ディエンツァン (商品の注文)訂貨 ディンフオ	สั่งซื้อ サンスー	pedir ペディール
朝食 chōshoku	breakfast ブレックファスト	아침 アチム	早餐 ザオツァン	อาหารเช้า アーハーンシャーオ	desayuno デサジュノ (m)
直行便 chokkōbin	direct flight ダイレクト フライト	직행편 チッケンピョン	直飛 ジーフェイ	เที่ยวบินตรง ティアウビントロン	vuelo directo ブエロ ディレクト (m)
鎮痛剤 chintsūzai	painkiller ペインキラー	진통제 チントンジェ	止痛藥 ズートンヤオ	ยาแก้ปวด ヤーゲープアーッ	analgésico アナルヘシコ (m)
つ追加する tsuika suru	add アッド	추가하다 チュガハダ	追加 ズイジャー	เพิ่ม プーム	adicional アディシオナル
通信 tsūshin	connection コネクション	통신 トンシン	通信 トンシン	การเชื่อมต่อ ガーンシュアムトー	conección コネクシオン (f)

日本語 Japanese	英語 English	韓国語 한국어	中国語 中文	タイ語 ไทย	スペイン語 Español
通訳する tsūyaku suru	translate トランスレイト	통역하다 トンヨッカダ	口譯 コウイー	แปล プレー	traducir トラドゥシール
疲れる tsukareru	tired タイアード	피곤하다 ピゴナダ	累 レイ	เหนื่อย ヌアイ	cansar カンサール
包む tsutsumu	wrap ラップ	싸다 サダ	包裝 バオジュアン	ห่อ ホー	envolver エンボルベール
つまようじ tsumayōji	toothpick トゥースピック	이쑤시개 イスシゲ	牙籤 ヤーチエン	ไม้จิ้มฟัน マイチムファン	parillo パリージョ (m)
爪切り tsumekiri	nail clipper ネイル クリッパー	손톱깎이 ソントプカキ	指甲剪 ジージャオジエン	กรรไกรตัดเล็บ ガングライ タッレッブ	corta uñas コルタウーニャス (f)
て T シャツ T shatsu	T-shirt ティーシャーツ	티셔츠 ティショチュ	T 恤 ティーシュー	เสื้อยืด スアユーッ	camiseta カミセタ (f)
定額料金 teigaku ryōkin	flat rate フラット レイト	정액 요금 チョンエㇰ ヨグㇺ	固定費用 グーディンフェイヨン	อัตราคงที่ アットラーコンティー	precio fijo プレシオ フィホ (m)
ティッシュペーパー tisshu pēpā	tissue ティシュー	티슈 ティシュ	衛生紙 ウェイセンジー	กระดาษทิชชู่ グラダーッティッシュー	pañuelo de papel パニュエロ デ パペル (m)
テーブル tēburu	table テイブゥ	책상 チェㇰサン	桌子 ジュオーズ	โต๊ะ ト	mesa メサ (f)
手数料 tesūryō	commission コミション	수수료 ススリョ	手續費 ソウシューフェイ	ค่าธรรมเนียม カータムニアム	comisión コミシオン (f)
手荷物 tenimotsu	hand baggage ハンド バゲッジ	수하물 スハムㇽ	手提行李 ソウティーシンリー	สัมภาระติดตัว サンパーラ テットゥーア	equipaje de mano エキパヘ デ マノ (m)
テレビ terebi	television テレヴィジョン	티비 ティビ	電視 ディエンシー	ทีวี ティーウィー	televisión テレビシオン (f)
天気 tenki	weather ウェザー	날씨 ナルシ	天氣 ティエンチー	สภาพอากาศ サパープアーガーッ	tiempo ティエンポ (m)

日本語 *Japanese*	英語 *English*	韓国語 한국어	中国語 中文	タイ語 ไทย	スペイン語 Español
伝言 dengon	**message** メセージ	전언 チョノン	留言 リョウイエン	**ข้อความ** コークワーム	mensaje メンサヘ (m)
電子マネー denshi manē	electronic money エレクトロニック マネー	전자화폐 チョンジャファペ	電子錢包 ディエンズーチェンバオ	**เงินอิเล็กทรอนิกส์** グンイレックトローニック	dinero electrónico ディネロ エレクトロニコ (m)
電池 denchi	**battery** バッテリー	건전지 コンジョンジ	電池 ディエンチー	**แบตเตอรี่** ベットゥーリー	pila ピラ (f)
電話 denwa	**telephone** テレフォン	전화 チョヌァ	電話 ディエンフア	**โทรศัพท์** トーラサップ	teléfono テレフォノ (m)
ⓣトイレットペーパー toiretto pēpā	**toilet paper** トイレット ペイパー	휴지 ヒュジ	衛生紙 ウェイセンジー	**กระดาษชำระ** グラダーッシャムラ	papel higiénico パペル イヒエニコ (m)
動画 dōga	**video** ヴィデオ	동영상 トンヨンサン	影片 インピエン	**วีดีโอ** ヴィーディーオー	vídeo ビデオ (m)
唐辛子 tōgarashi	**chili** チリィ	고추 コチュ	辣椒 ラージャオー	**พริก** プリック	guindilla ギンディージャ (f)
投稿 tōkō	**post** ポゥスト	투고 トゥゴ	投稿 トウガオ	**ส่งจดหมาย** ソンチョッマーイ	publicar プブリカール
陶磁器 tōjiki	**ceramic** セラミック	도자기 トジャギ	陶瓷 タオツー	**เซรามิค** セーラーミック	cerámica セラミカ (f)
搭乗口 tōjōguchi	**boarding gate** ボーディング ゲイト	탑승구 タプスング	登機門 ダンジーメン	**ประตูขึ้นเครื่อง** プラトゥークンクルアン	puerta de embarque プエルタ デ エンバルケ (f)
到着する tōchaku suru	**arrive** アライヴ	도착하다 トチャッカダ	抵達 ディーダー	**มาถึง** マートゥン	llegar ジェガール
糖尿病 tōnyōbyō	**diabates** ダイアビーティス	당뇨병 タンニョビョン	糖尿病 タンニャオビン	**โรคเบาหวาน** ロークバオワーン	diabetes ディアベテス (f)
道路 dōro	**road** ロウド	도로 トロ	路 ルー	**ถนน** タノン	carretera カレテラ (f)
遠い tōi	**far** ファー	멀다 モルダ	遠的 ユエンダ	**ไกล** グライ	lejos レホス

日本語 Japanese	英語 English	韓国語 한국어	中国語 中文	タイ語 ไทย	スペイン語 Español
隣 tonari	next to ~ ネクストゥー	옆 ヨプ	在~旁邊 ザイ~パンビエン	ถัดจาก タッチャーク	al lado ア ラド
扉 tobira	door ドー	문 ムン	門 メン	ประตู プラトゥー	puerta プエルタ (f)
トマト tomato	tomato トメイトウ	토마토 トマト	蕃茄 ファンチエ	มะเขือเทศ マクアーテーッ	tomate トマテ (m)
停まる tomaru	stop ストップ	멈추다 モムチュダ	停止 ティンジー	หยุด ユッ	parar パラール
取り換える torikaeru	exchange エクスチェインジ	바꾸다 パクダ	交換 ジャオファン	แลกเปลี่ยน レーグプリアン	descambiar デスカンビアール
取り消す torikesu	cancel キャンセゥ	취소하다 チィソハダ	取消 チュウシャオ	ยกเลิก ヨッグルーク	anular アヌラール
泥棒 dorobō	thief シーフ	도둑 トドゥク	小偷 シャオトウオ	ขโมย カモーイ	ladrón ラドロン (m)
㊅長袖 nagasode	long-sleeve ロング スリーヴ	긴팔 キンパル	長袖 チャンショウ	แขนยาว ケーンヤーオ	manga larga マンガ ラルガ (f)
生の nama no	raw ロウ	생 セン	生的 センダ	ดิบ デッブ	crudo クルード
㊁匂い nioi	smell スメル	냄새 ネムセ	味道 ウェイダオ	กลิ่น クリン	olor オロール
荷物 nimotsu	baggage バゲッジ	짐 チム	行李 シンリー	สัมภาระ サンパーラ	equipaje エキパヘ (m)
人気のある ninki no aru	popular ポピュラー	인기가 있는 インキガ インヌン	受歡迎 ソウファンイン	เป็นที่นิยม ペンティーニヨム	popular ポプラール
にんにく ninniku	garlic ガーリック	마늘 マヌル	大蒜 ダースアン	กระเทียม グラティアム	ajo アホ (m)
㊇盗まれる nusumareru	stolen ストウルン	도둑맞다 トドゥンマッタ	被偷 ベイトウオ	ถูกขโมย トゥークカモーイ	robado ロバド

日本語 Japanese	英語 English	韓国語 한국어	中国語 中文	タイ語 ไทย	スペイン語 Español
ね ネクタイ nekutai	tie タイ	넥타이 ネクタイ	領帶 リンダイ	เนคไท ネックタイ	corbata コルバタ (f)
値段 nedan	price プライス	가격 カギョク	價格 ジャーガー	ราคา ラーカー	precio プレシオ (m)
熱 netsu	heat ヒート	열 ヨル	熱 ラー	ร้อน ローン	fiebre フィエブレ (f)
ネックレス nekkuresu	necklace ネックレス	목걸이 モクコリ	項鍊 シャンリエン	สร้อยคอ ソイコー	collar コジャール (m)
値引き nebiki	discount ディスカウント	할인 ハリン	折扣 ザーコウ	ลดราคา ロットラーカー	descuento デスクエント
の 喉の痛み nodo no itami	sore throat ソー スロウト	인후통 イヌトン	喉嚨痛 ホウロントン	เจ็บคอ チェップコー	dolor de garganta ドロール デ ガルガンタ (m)
飲み物 nomimono	drink ドリンク	음료 ウムンニョ	飲料 インリャオ	เครื่องดื่ม クルアンドゥーム	bebida ベビーダ (f)
海苔 nori	seaweed シーウィード	김 キム	海苔 ハイタイ	สาหร่าย サーラーイ	alga アルガ (f)
乗り換える norikaeru	transit トランジット	갈아타다 カラタダ	轉乘 ジュアンチェン	เปลี่ยนเครื่อง プリアンクルアン	transbordar トランスボルダール
乗り物酔い norimono yoi	motion sickness モウション シックネス	멀미 モルミ	暈車 ユンチャー	เมารถเมาเรือ マオロッ マオルアー	mareo マレオ (m)
乗る noru	ride ライド	타다 タダ	搭乘 ダーチェン	ขี่ キー	montar モンタール
は 歯痛 haita	toothache トゥースエイク	치통 チトン	牙痛 ヤートン	ปวดฟัน プアッファン	dolor de muelas ドロール デ ムエラス (m)
吐き気 hakike	nausea ノーシャ	메스꺼움 メスコウム	想吐的感覺 シャントゥーダガンジュエ	คลื่นไส้ クルンサイ	vómito ボミト (m)
橋 hashi	bridge ブリッジ	다리 タリ	橋 チャオ	สะพาน サパーン	puente プエンテ (m)

日本語 Japanese	英語 English	韓国語 한국어	中国語 中文	タイ語 ไทย	スペイン語 Español
パスワード pasuwādo	password パァスワード	비밀번호 ピミルボノ	密碼 ミーマー	รหัสผ่าน ラハッパーン	contraseña コントラセニャ (f)
バター batā	butter バター	버터 ポト	奶油 ナイヨウ	เนย ヌーイ	mantequilla マンテキージャ (f)
肌荒れ hadaare	rough skin ラフ スキン	피부 트러블 ピブ トゥロブル	皮膚粗糙的 ピーフーツーツァオダ	ผิวหยาบ ピウヤーブ	piel sufrida ピエル スフリダ (f)
発熱 hatsunetsu	fever フィーヴァー	발열 パリョル	發燒 / 發熱 ファーサオ / ファーラー	ไข้ カイ	fiebre フィエブレ (f)
母 haha	mother マザー	어머니 オモニ	媽 マ	แม่ メー	madre マードレ (f)
歯ブラシ haburashi	tooth brush トゥース ブラシ	칫솔 チッソル	牙刷 ヤースアー	แปรงสีฟัน プレーンシーファン	cepillo de dientes セピージョ デ ディエンテス (m)
パン pan	bread ブレッド	빵 パン	麵包 ミエンバオ	ขนมปัง カノムパン	pan パン (m)
ハンカチ hankachi	handkerchief ハンカチーフ	손수건 ソンスゴン	手帕 ソウパー	ผ้าเช็ดหน้า パーシェッナー	pañuelo パニュエロ (m)
番号 bangō	number ナンバー	번호 ポノ	號碼 ハオマー	หมายเลข マーイレーク	número ヌメロ (m)
半袖 hansode	short-sleeve ショート スリーヴ	반팔 パンパル	短袖 ドゥアンショウ	แขนสั้น ケーンサン	manga corta マンガ コルタ (f)
パンフレット panfuretto	brochure ブローシュア	팸플릿 ペムプルリッ	宣傳冊 シュエンチュアンツァー	แผ่นพับ ペンパップ	folleto フォジェト (m)
半分 hanbun	half ハーフ	반 パン	一半 イーバン	ครึ่ง クルン	mitad ミタ
ひ 日帰り旅行 higaeri ryokō	one-day trip ワン デイ トゥリップ	당일치기 여행 タンイルチギ ヨヘン	一日遊 イーリーヨウ	เที่ยวเช้าเย็นกลับ ティアウシャウイェングラッブ	viaje de un día ビアヘ デ ウン ディア (m)
髭剃り higesori	shaver シェイヴァー	면도 ミョンド	刮鬍子 グアフーズ	มีดโกนหนวด ミーッゴーンヌアーッ	afeitadora アフェイタドラ (f)

日本語 Japanese	英語 English	韓国語 한국어	中国語 中文	タイ語 ไทย	スペイン語 Español
左 hidari	left レフト	왼쪽 ウェンチョク	左 ズオ	ซ้าย サーイ	izquierda イスキエルダ (f)
ビデオカメラ bideo kamera	video camera ヴィデオ　キャメラ	비디오카메라 ビディオカメラ	攝影機 サーインジー	กล้องวีดีโอ グロンウィーディーオー	videocámara ビデオカマラ (f)
皮膚 hifu	skin スキン	피부 ピブ	皮膚 ピーフー	ผิว ピウ	piel ピエル (f)
日焼け止め hiyakedome	sunscreen サンスクリーン	선크림 ソンクリム	防曬 ファンサイ	กันแดด ガンデーッ	protector solar プロテクトール　ソラール (m)
病院 byōin	hospital ハスピタル	병원 ピョンウォン	醫院 イーユエン	โรงพยาบาล ローンパヤーバーン	hospital オスピタル (m)
美容院 biyōin	hair salon ヘア　サロン	미용실 ミヨンシル	美容院 メイロンユエン	ร้านเสริมสวย ラーンスームスアイ	peluquería ペルケリア (f)
瓶 bin	bottle ボトル	병 ピョン	瓶子 ピンズ	ขวด クアーッ	botella ボテージャ (f)
品質 hinshitsu	quality クォリティ	품질 プムジル	品質 ピンジー	คุณภาพ クンナパープ	calidad カリダ (f)
ふ ファンデーション fandēshon	foundation ファウンデーション	파운데이션 パウンデイション	粉底 フェンディー	ครีมรองพื้น クリームローンプーン	maquillaje マキジャヘ (m)
ブーツ būtsu	boots ブーツ	부츠 ブチュ	靴子 シュエズ	รองเท้าบู๊ต ローンタオブーッ	botas ボタス (f)
服装 fukusō	clothes クローズ	옷차림 オッチャリム	衣服 イーフー	เสื้อผ้า スアパー	ropa ロパ (f)
腹痛 fukutsū	stomachache ストマッケイク	복통 ポクトン	肚子痛 ドゥーズトン	ปวดท้อง プアーットーン	dolor de tripa ドロール　デ　トリパ (m)
袋 fukuro	bag バッグ	봉투 ポントゥ	袋子 ダイズ	ถุง トゥン	bolsa ボルサ (f)
物価 bukka	price プライス	물가 ムルカ	物價 ウージャー	ราคา ラーカー	precio プレシオ (m)

日本語 Japanese	英語 English	韓国語 한국어	中国語 中文	タイ語 ไทย	スペイン語 Español
古い furui	old オーウルド	오래되다 オレドエダ	舊的 ジョウダ	เก่า ガウ	viejo ビエホ
紛失する funshitsu suru	lost ロスト	분실되다 プンシルドエダ	遺失 イーシー	ทำหาย タムハーイ	perder ペルデール
文房具 bunbōgu	stationary ステイショナリー	문방구 ムンバング	文具 ウェンジュー	เครื่องเขียน クルアンキアン	materiales de papelería マテリアレス デ パペレリア (m)
㊇ 別々に betsubetsu ni	separate セパレイト	따로따로 タロタロ	分開 フェンカイ	แยก イェーク	separado セパラード
便秘 benpi	constipation コンスティペイション	변비 ピョンビ	便秘 ビェンミー	ท้องผูก トーンプーク	estreñimiento エストレニミエント (m)
返品する henpin suru	return リターン	반품하다 パンプマダ	退貨 トゥイフオ	คืน クーン	devolver デボルベール
㊋ 方向 hōkō	direction ダイレクション	방향 パンヒャン	方向 ファンシャン	ทิศทาง ティッターン	dirección ディレクシオン (f)
帽子 bōshi	hat ハット	모자 モジャ	帽子 マオズ	หมวก ムアク	sombrero ソンブレロ (m)
保険 hoken	insurance インシュランス	보험 ポホム	保險 バオシェン	ประกัน プラガン	seguro セグロ (m)
保証書 hoshōsho	warranty ワランティ	보증서 ポジュンソ	保證書 バオゼンスー	ใบรับประกัน バイラップラガン	garantía ガランティア (f)
発疹 hosshin	rash ラッシュ	발진 パルチン	出疹子 チューゼンズ	ผื่น プーン	sarpullido サルプジード (m)
本 hon	book ブック	책 チェク	書 スー	หนังสือ ナンスー	libro リブロ (m)
本物 honmono	genuine ジェニュイン	진짜 チンチャ	真品 ゼンピン	ของแท้ コーンテー	auténtico アウテンティコ
㊍ 枕 makura	pillow ピロウ	베게 ペゲ	枕頭 ゼントウ	หมอน モーン	almohada アルモアダ (f)

日本語 Japanese	英語 English	韓国語 한국어	中国語 中文	タイ語 ไทย	スペイン語 Español
間違え machigae	mistake ミステイク	틀림 トゥルリム	錯誤 ツオウー	ผิดพลาด ピップラーッ	error エロール (m)
待つ matsu	wait ウェイト	기다리다 キダリダ	等待 ダンダイ	รอ ロー	esperar エスペラール
窓 mado	window ウィンドウ	창문 チャンムン	窗戶 チュアンフー	หน้าต่าง ナーターン	ventana ベンターナ (f)
マフラー mahurā	scarf スカーフ	목도리 モクトリ	圍巾 ウェイジン	ผ้าพันคอ パーパンコー	bufanda ブファンダ (f)
マヨネーズ mayonēzu	mayonaise マヨネイズ	마요네즈 マヨネジュ	美乃滋 メイナイズ	มายองเนส マーヨンネース	mayonesa マジョネサ (f)
真ん中 mannaka	middle ミドル	가운데 カウンデ	正中間 ゼンゾンジエン	ตรงกลาง トロングラーン	medio メディオ
み 右 migi	right ライト	오른쪽 オルンチョク	右 ヨウ	ขวา クワー	derecha デレチャ (f)
水着 mizugi	swim wear スウィム ウェア	수영복 スヨンボク	泳衣 ヨンイー	ชุดว่ายน้ำ シュッワーイナーム	bañador バニャドール (m)
店 mise	shop ショップ	가게 カゲ	店 ディエン	ร้าน ラーン	tienda ティエンダ (f)
ミネラルウォーター mineraru wōtā	mineral water ミネラル ウォーター	생수 センス	礦泉水 クアンチュエンスイ	น้ำแร่ ナームレー	agua mineral アグア ミネラル (m)
身分証 mibunshō	ID アイ ディー	신분증 シンブンチュン	身分證 センフェンゼン	บัตรแสดงตัวตน バッサデーントアートン	identificaión イデンティフィカシオン (f)
見る miru	look ルック	보다 ポダ	看 カン	ดู ドゥー	ver ベル
迎え mukae	pick-up ピカップ	마중 マジュン	迎接 インジエ	รับ ラップ	recoger レコヘール
む 虫 mushi	bug バグ	벌레 ポルレ	蟲 ツォン	แมลง マレーン	insecto インセクト (m)

日本語 Japanese	英語 English	韓国語 한국어	中国語 中文	タイ語 ไทย	スペイン語 Español
蒸す musu	steam スティーム	찌다 チダ	蒸 ゼン	นึ่ง ヌン	vapolizar バポリサール
息子 musuko	son サン	아들 アドゥル	兒子 アーズ	ลูกชาย ルークシャーイ	hijo イホ (m)
娘 musume	daughter ドーター	딸 タル	女兒 ニュウアー	ลูกสาว ルークサーオ	hija イハ (f)
無制限 museigen	unlimited アンリミテッド	무제한 ムジェハン	無限制 ウーシェンジー	ไม่จำกัด マイチャムガッ	ilimitado イリミタード
無線 musen	wireless ワイアレス	무선 ムソン	無線 ウーシエン	ไร้สาย ライサーイ	inalámbrico イナランブリコ (m)
無料 muryō	free of charge フリー オブ チャージ	무료 ムリョ	免費 ミエンフェイ	ฟรี フリー	gratis グラティス
め メガネ megane	glasses グラーシィズ	안경 アンギョン	眼鏡 イエンジン	แว่นตา ウェンター	gafas ガファス (f)
目薬 megusuri	eye drop アイ ドロップ	안약 アニャク	眼藥水 イエンヤオスイ	ยาหยอดตา ヤーヨーッター	colirio コリリオ (m)
めまい memai	vertigo ヴァーティゴゥ	현기증 ヒョンギチュン	頭暈 トウオユン	เวียนหัว ウイアンホアー	vértigo ベルティゴ (m)
綿棒 menbō	swab スワブ	면봉 ミョンボン	綿花棒 ミエンフアバン	ก้านสำลีเช็ดหู ガーンサムリーキアーフー	bastonsillo バストンシージョ (m)
も 申し込む mōshikomu	booking ブキング	신청하다 シンチョンハダ	預約 ユーユエ	จอง チョーン	reservar レセルバール
毛布 mōhu	blanket ブランケット	담요 タムニョ	毛毯 マオタン	ผ้าห่ม パーホム	manta マンタ (f)
持ち帰り mochikaeri	take out テイカウト	테이크아웃 テイクアウッ	外帶 ウァイダイ	นำกลับบ้าน ナムグラッバーン	para llevar パラ ジェバール
モバイル決済 mobairu kessai	mobile payment モバイル ペイメント	모바일 결제 モバイル キョルチェ	行動支付 シンドンジーフ	ชำระทางโทรศัพท์ シャムラターントラサップ	pago móvil パゴ モビル (m)

基本辞書 む〜も

日本語 *Japanese*	英語 *English*	韓国語 한국어	中国語 中文	タイ語 ไทย	スペイン語 Español
や **夜景** yakei	**night view** ナイト ビュー	야경 ヤギョン	夜景 イエジン	**วิวกลางคืน** ウィウグラーンクーン	visión nocturna ビシオン ノクトゥルナ
野菜 yasai	**vegetable** ヴェジタブル	야채 ヤチェ	蔬菜 スーツァイ	**ผัก** パック	vegetal ベヘタル (m)
薬局 yakkyoku	**pharmacy** ファーマシー	약국 ヤㇰクㇰ	藥局 ヤオジュー	**ร้านขายยา** ラーンカーイヤー	farmacia ファルマシア (f)
山 yama	**mountain** マウンテン	산 サン	山 サン	**ภูเขา** プーカウ	montaña モンターニャ (f)
ゆ **湯（お風呂の）** yu	**hot water** ホット ウォーター	온수 オンス	熱水 ラースイ	**น้ำร้อน** ナームローン	agua caliente アグア カリエンテ (m)
夕食 yūshoku	**dinner** ディナー	저녁 チョニョㇰ	晚餐 ワンツァン	**อาหารเย็น** アーハーンイェン	cena セナ (f)
有名な yūmeina	**famous** フェイマス	유명한 ユミョンハン	有名(的) ヨウミン(ダ)	**มีชื่อเสียง** ミーシューシアン	famoso ファモソ (m)
有料の yūryōno	**charged** チャージド	유료 ユリョ	付費的 フーフェイダ	**ต้องจ่าย** トンチャーイ	cuesta クエスタ
ゆでた yudeta	**boiled** ボイルド	끓인 クリン	煮熟的 ズーソウダ	**ต้ม** トム	cocido コシード
指輪 yubiwa	**ring** リング	반지 パンジ	戒指 ジエジー	**แหวน** ウェーン	anillo アニージョ (m)
よ **酔う（酒に）** you	**get drunk** ゲッドランク	취하다 チィハダ	醉 ズイ	**เมา** マウ	emboracharse エンボラチャルセ
汚れる yogoreru	**dirty** ダーティー	더러워지다 トロウォジダ	弄髒 ノンザン	**สกปรก** ソッガプロック	ensuciar エンスシアール
夜中 yonaka	**midnight** ミッナイト	새벽 セビョㇰ	午夜 ウーイエ	**เที่ยงคืน** ティアンクーン	medianoche メディアノーチェ
予約する yoyaku suru	**reserve** リザーヴ	예약하다 イェヤッカダ	預約 ユーユエ	**จอง** チョーン	reservar レセルバール

日本語 *Japanese*	英語 *English*	韓国語 한국어	中国語 中文	タイ語 ไทย	スペイン語 Español
予約を取り消す yoyaku wo torikesu	cancel キャンセゥ	예약을 취소하다 イェヤグル チュィソハダ	取消預約 チュウシャオユーユエ	ยกเลิกการจอง ヨックルークガーンチョーン	cancelar カンセラール
夜 yoru	night ナイト	밤 パム	晩上 ワンサン	กลางคืน グラーンクーン	noche ノーチェ (f)
ら **ライター** raitā	lighter ライター	라이터 ライト	打火機 ダーフオジー	ไฟแช็ค ファイシェック	mechero メチェロ (m)
LAN ケーブル LAN kēburu	LAN cable ラン ケイブゥ	랜 케이블 レン ケイブル	網路線 ワンルーシエン	สายแลน サーイレーン	cable de LAN カブレ デ ラン (m)
り **料金** ryōkin	price / fee プライス / フィー	요금 ヨグム	費用 フェイヨン	ค่าธรรมเนียม カータムニアム	precio プレシオ (m)
領収書 ryōshūsho	receipt リシート	영수증 ヨンスジュン	收據 ショウジュー	ใบเสร็จ バイセッ	recibo レシーボ (m)
旅行会社 ryokō gaisha	travel agent トラヴェル エイジェント	여행사 ヨヘンサ	旅行社 リュウシンサー	บริษัทท่องเที่ยว ボリサットンティアウ	agencia de viajes アヘンシア デ ビアヘス (f)
リンス rinsu	conditioner コンディショナー	린스 リンス	潤絲精 ルンスージン	ครีมนวดผม クリームヌアーッポム	acondicionador アコンディシオナドール (m)
る **ルーター** rūtā	router ルーター	라우터 ラウト	路由器 ルーヨウチー	เร้าเตอร์ ラウトゥー	enrutador エンルタドール (m)
れ **冷蔵庫** reizōko	fridge フリッジ	냉장고 ネンジャンゴ	冰箱 ビンシャン	ตู้เย็น トゥーイエン	nevera ネベラ (f)
レジ reji	cashier キャッシャー	계산대 ケサンデ	收銀台 ソウインタイ	แคชเชียร์ キャッシアー	caja カハ (f)
わ **ワインオープナー** wain ōpunā	wine opener ワイン オウプナー	와인 오프너 ワイン オプノ	開瓶器 カイピンチー	ที่เปิดไวน์ ティープーッワイン	sacacorchos サカコルチョス (m)
割引き waribiki	discount ディスカウント	할인 ハリン	折扣 ザーコウ	ลดราคา ロッラーカー	descuento デスクエント (m)
ワンピース wanpīsu	one-piece ワンピース	원피스 ウォンピス	洋裝 / 連身裙 ヤンズアン / リエンセンチウン	ชุดเดรส シュッドレス	vestido ベスティード (m)

新6ヵ国語会話
英語・韓国語・中国語(繁体字)・タイ語・スペイン語

初版印刷○ 2021年2月15日
初版発行○ 2021年3月1日

編集人… 山本祐介
発行人… 今井敏行
発行所… JTBパブリッシング
印刷所… 佐川印刷

●企画/編集
JTBパブリッシング
海外情報事業部

●翻訳/編集協力
森本有紀
ゴーシュ(五島洪、齋碧海、宮川あかね)
金孝珍
山本華子
森下実希
ランズ
北原チャンチャヤー
村岡佳子

●イラスト
アトリエプラン

●表紙/本文デザイン
川口デザイン 川口繋治郎

JTBパブリッシング
〒162-8446
東京都新宿区払方町25-5
編集…03-6888-7878
販売…03-6888-7893
広告…03-6888-7833
https://jtbpublishing.co.jp/

旅とおでかけ旬情報
https://rurubu.jp/andmore

204302 751070
ISBN978-4-533-14341-0　C2087